Christoph Türcke
Natur und Gender

Christoph Türcke

Natur und Gender

Kritik eines Machbarkeitswahns

C.H.Beck

© Verlag C.H.Beck oHG, München 2021
www.chbeck.de
Umschlaggestaltung: Kunst oder Reklame, München
Satz: C.H.Beck.Media.Solutions, Nördlingen
Druck und Bindung: CPI – Ebner & Spiegel, Ulm
Gedruckt auf säurefreiem und alterungsbeständigem Papier
Printed in Germany
ISBN 978 3 406 75729 7

myclimate
klimaneutral produziert
www.chbeck.de/nachhaltig

Inhalt

Einleitung

Anscheinend ist die Natur das, was wir aus ihr machen. Wie niemand zuvor hat der Homo sapiens sie nach seinen Wünschen hergerichtet: Wälder gerodet, Sümpfe trockengelegt, Dämme, Straßen, Häuser, Fahrzeuge und Automaten gebaut; seinen Körper mit Kleidung verhüllt, geschützt und geschmückt; seine Lebensdauer und -qualität durch chirurgische Eingriffe, Medikamente, Stützen, Prothesen, Implantate und Therapien aller Art drastisch erhöht. Warum soll er diese Entwicklung stoppen, sich aufs Heilen von Krankheiten beschränken und nicht auch gesunde Organismen weiter optimieren, so weit, wie die Technik es gestattet? Zumal sie selbst zunehmend dazu nötigt. Hat sie doch Lebensverhältnisse beschert, die sich ohne ständig verbesserte technische Hilfestellung schwer aushalten lassen. Wer kommt in Ballungsgebieten noch ohne hoch effizienten Lärm- und Atemschutz zurecht, ohne maximal zeitsparende Verkehrslogistik, ohne ein fein dosiertes Set von Stimulantien und Tranquilizern, ohne ausgefeilte Physio- und Psychotherapien? Wer kann sich in einer smart designten Umgebung wohl fühlen, wenn der eigene Körper ein undesigntes Gebilde mit wild wachsenden Gliedmaßen, unkorrigierten Gesichtszügen und unterbeschäftigten Hirnarealen geblieben ist? Und wenn sich schon Getreide, Gemüse und Schlachtvieh durch Genmanipulation zu längerer Haltbarkeit und höheren Erträgen lenken lassen, warum soll man dann nicht auch den menschlichen Genbestand durch gezielte Eingriffe besser auf die Anforderungen des modernen Lebens einstellen können? Noch gibt es zwar einigen Widerstand dagegen, zumal strittig ist, in welche Richtung die «Verbesserung» des menschlichen Genoms gehen soll. Um so größer ist die Empfänglichkeit für alle neu entwickelten Seh-, Hör-, Sprech- oder Bewegungshilfen, die sensorisch oder motorisch eingeschränkten Menschen gleichberechtigte Teilnahme am gesellschaftlichen Leben eröffnen. Bis in den Leistungssport sind diese Hilfen vorgedrungen. Bei den Paralympics erbringen schwerbehinderte Athleten körperliche Höchstleistungen, die denen von Olympischen Spielen nicht nachstehen – und beeindrucken zudem durch ihren eisernen Willen, körperliche Einschränkungen nicht als Schicksal hinzunehmen.

Damit ändert sich das Gesamtverständnis von Behinderung. Bis vor wenigen Jahrzehnten schien es einen festen naturbasierten Maßstab zu haben: den Durchschnitt der körperlichen und geistigen Wahrnehmungs- und Bewegungsfähigkeit, den es in jeder menschlichen Altersgruppe gibt. Wer deutlich dahinter zurückblieb, galt als behindert. Derzeit bildet sich ein anderes Verständnis heraus, welches besagt: Niemand ist von Natur aus behindert. Im Prinzip kann jeder unbeschränkt am gesellschaftlichen Leben teilhaben. Es müssen ihm nur genügend helfende Materialien und Geräte zur Verfügung gestellt werden, gelegentlich auch Personen, die sie bedienen. Behindert ist, wem solche Hilfen vorenthalten werden. Behinderung definiert sich vom Stand der Technik aus. Mit jedem technischen Fortschritt weitet sich allerdings auch ihr Radius. Wer gelähmt ist, muß sämtliche technischen Möglichkeiten in Anspruch nehmen dürfen, die ihn beweglich machen. Wer an körperlicher Unförmigkeit leidet – hohem Gewicht, ausladenden Hüften, kleinen Brüsten, langer Nase etc. –, muß sich dank aller zur Verfügung stehenden medizinisch-kosmetischen Mittel ansehnlicher machen dürfen. Andernfalls findet Behinderung statt. So die Auffassung der amerikanischen Schönheitsaktivistin Cindy Jackson. «38-mal hat sie das Messer gegen sich richten lassen und verlangt, dass es ihr Fleisch durchschneidet, Knorpel abtrennt und Blutbahnen über ihren

Körper zieht. Sie hat unter Schmerzen gekämpft, bis ihre alte Haut weggeätzt und ihre Knochen abgemeißelt waren, bis sie endlich das Gefühl hatte, sie selbst zu sein.» Die Londoner Klinik, die ihr das ermöglichte, nennt sie «‹Ort der Gerechtigkeit›. Hier kann sich jeder nach eigener Vorstellung neu erfinden. Hier korrigiert das Skalpell die launische Natur. Menschenrecht der Schönheit!» «Warum soll Schönheit sich nicht der Chancengleichheit beugen? Hat etwa nicht jedermann ein Recht darauf, gesund zu bleiben und, unabhängig von seiner sozialen Herkunft, Professor oder Millionär zu werden? Hat man sich nicht in fast allen Bereichen von der Ergebenheit in das Schicksal getrennt?»[1]

Auch das Geschlecht gilt nicht mehr als Schicksal. Drastisch wächst die «Gruppe von Menschen, die sich nicht mit dem Geschlecht identifizieren, das ihnen bei Geburt zugewiesen wurde», «die ihr Geschlecht ‹wechseln› wollen, die Hormone erhalten wollen, auch geschlechtsangleichende Operationen wünschen». «‹Transgender› ist unter Jugendlichen inzwischen sehr verbreitet. Vor 20 Jahren war es noch eine absolute Rarität, die wenigsten Kinder- und Jugendpsychotherapeuten sind mit diesem Thema jemals konfrontiert worden. Vor 10 Jahren ging es dann los, mit einer Dynamisierung in den vergangenen 5 Jahren.»[2] Laut SPIEGEL baten in Großbritannien vor neun Jahren 97 Kinder und Jugendliche den *Gender Identity Development Service* um Hilfe. 2017/18 waren es 2519. Im Raum München hat sich die Zahl der registrierten Hilfebedürftigen seit 2013 verfünffacht. In den USA halten sich bereits etwa 150 000 Dreizehn- bis Siebzehnjährige für transgender. Es steigt nicht nur die Zahl; auch der Leidensdruck wächst. Mädchen «kommen mit abgeschnürten Brü-

---

1 Butta 2002, 9
2 Korte 2019, 48

sten» zum Arzt, «gehen nicht mehr aus dem Haus, wenn sie ihre Tage haben, weil sie am Boden zerstört sind. Wir sehen Jugendliche, die depressiv sind oder sich mit einer Rasierklinge so massiv verletzen, dass man sie chirurgisch versorgen muss.» Sie sagen: «Macht doch endlich, gebt mir meine Hormone, sonst bringe ich mich um.»[3]

Ärzte, die hier die gewünschten Medikamente oder chirurgischen Eingriffe verweigern, geraten in den Verdacht der unterlassenen Hilfeleistung. Verstoßen sie nicht gegen den hippokratischen Eid, wenn sie Menschen, die an ihrem herkömmlichen Geschlecht ähnlich leiden wie andere an Aussatz oder einer Lähmung, die technisch vorhandenen Mittel zur Geschlechtsumwandlung vorenthalten? Bestimmte Massenmedien geben diesem Verdacht derzeit eine Weltbühne; «das ganze Transgender-Thema wird gegenwärtig sehr gehypt, vor allem auf YouTube und Instagram. Es gibt eine Reihe von Transjungen, die Stars auf diesen Kanälen sind, die als Influencer fungieren. Bei ‹Germany's Next Topmodel› haben Transmädchen mitgemacht. Diese Personen haben eine Vorbildfunktion.»[4] Wie auch Gender Studies gut im Trend liegen, wenn sie zwischen Natur und Inszenierung kaum mehr unterscheiden. «In einer Welt, in der wir die Geschlechtsrolle als die natürlichste Sache denken, gemeißelt in DNA, und alles verzweifelt buchstäblich nehmen, ist es gut, daran zu erinnern, dass man Geschlecht nicht ist, sondern inszeniert, verkörpert, spielt. Schon dem Romancier Balzac war klar, dass Frauen und Männer mit den Weibchen und Männchen der Tierwelt kaum etwas zu tun haben. Es ist Zeit für mehr Schräges, Verrücktes, *Queeres*, und weniger Identitäres.»[5] Das

3 Korte 2019, 50
4 Korte 2019, 48
5 Vinken 2019, 5

Schlagwort dafür heißt «transident». Transgender ist nur ein Aspekt davon, Umwandlung des Geschlechts oder der sexuellen Orientierung nur eine besondere Form, sich jenseits von natürlicher Mitgift, von Heterosexualität und binären Strukturen aller Art eine selbstgewählte Identität zu verschaffen.

Im transidenten Klima gedeiht ein folgenreicher Fehlschluß: Weil die Natur nichts ein für allemal Feststehendes, «Gemeißeltes» ist, kann sie nur etwas durch «uns», die Menschen, Inszeniertes sein. Als ob es nichts Drittes gäbe. Zwar ist unabweisbar, daß wir die Natur nur durch die Filter unserer Wahrnehmung zu erfassen vermögen sowie durch Instrumente, mit denen wir sie bei jeder Berührung auch ein klein wenig verändern. Insofern stimmt sogar der Satz: Die Natur ist das, was wir aus ihr machen. Aber ist sie *nur* das – und sonst nichts? Erst diese Frage rührt an den Nerv des Problems. Wer sie munter bejaht, mag sich auf dem Weg zur Emanzipation von allen Naturschranken wähnen. Faktisch befindet er sich am Übergang von der Realitätstüchtigkeit zum Machbarkeits-, um nicht zu sagen, zum Schöpfungswahn. Wie sehr die aktuellen sozialen Kräfteverhältnisse diesen Wahn fördern: Darum geht es auf den folgenden Seiten.

I. Natur

Constructio – Creatio

Sich herrichten gehört zum Menschsein. Der biblische Mythos vom Garten Eden hat das mit wenigen, unübertroffenen
Worten herausgearbeitet. Eva und Adam aßen vom Baum der
Erkenntnis. «Da gingen den beiden die Augen auf, und sie
sahen, daß sie nackt waren. Und sie hefteten Feigenblätter
zusammen und machten sich Schurze.»[1] Nacktheit «sehen» ist
kein bloß optischer Vorgang, auch keine neutrale Feststellung,
sondern ein erkennendes Sehen, das zu dem optischen Vorgang etwas hinzudenkt: Das Gesehene soll nicht so bleiben,
wie es ist. Es ist bedeckungsbedürftig; in diesem Fall zugleich
bearbeitungsbedürftig. Schurze lagen ja nicht fertig herum.
Adam und Eva mußten sie aus Feigenblättern erst herstellen.
Sie richteten etwas her, um sich selbst herzurichten. Kultur ist
die Herrichtung von Natur – und in ständiger Entwicklung
begriffen. Man kann ihrem neuesten Stand weit hinterherhin-
ken, aber ihr nicht völlig entkommen. Selbst wer auf ein eigenes Auto, auf Telefon, Internetanschluß, Website verzichtet,
kommt an Strom, Kanalisation, öffentlichen Verkehrsmitteln
oder fabrikmäßig hergestellten Lebensmitteln nicht ganz vorbei. Auch für rückständige Zeitgenossen gilt: Ihre Körper, Lebensmittel und Gebrauchsgegenstände sind etwas Hergerich-
tetes – Konstruiertes.

Das lateinische Verb *construere* kommt von *strues*, einem
Substantiv, das «Schicht» heißt, ursprünglich die Holzschicht

---

1 Genesis 3,7

eines (Opfer-)Scheiterhaufens bezeichnet, dann den aufgeschichteten Haufen von Opferkuchen, später auch die dicht aufgestellte Masse von Soldaten. Entsprechend heißt *struere* (auf-)schichten, aufhäufen (etwa Gaben auf dem Altar) oder (Soldaten) in Schlachtordnung aufstellen. Bei *construere* kommt ein architektonischer Akzent hinzu: zusammenschichten, zusammenfügen, aufbauen, errichten. *Constructio* ist die geordnete schichtweise Zusammenfügung, vorwiegend von Steinen, *structura* das Aufgeschichtete (Mauerwerk, Bau oder generell Ordnung), *structor* der Maurer oder Architekt. Konstruktion ist nie voraussetzungslos. Sie braucht stets ein Material, aus dem konstruiert wird, und einen Konstrukteur. Das Material kann selbst schon ein Konstrukt sein, etwa ein industriell gefertigtes Autoteil, und der Konstrukteur, der das Auto zusammenfügt, ein Roboter. Dann konstruiert ein Konstrukt aus konstruierten Materialien ein neues Konstrukt. Aber das ist schon ein hochentwickelter Spezialfall von Konstruktion, nie ihr Elementarfall. Ihre Anfangsmaterialien können keine Konstrukte gewesen sein. Die Feigenblätter, aus denen die ersten Schurze entstanden, waren naturgegeben. Und Adam und Eva, die mythischen Menschheitseltern, waren, als sie zu den Feigenblättern griffen, noch unhergerichtete Naturwesen. Erst recht gilt das für unsere realhistorischen Vorfahren: jene Hominiden, die aus naturgegebenen Geröllsteinen erste Faustkeile machten (und an Schurze gewiß noch nicht dachten). Ohne naturgegebene Voraussetzungen wäre es nie zu ersten Konstruktionen gekommen.

Was aber heißt «naturgegeben»? Ist die Natur nicht selbst eine Konstruktion? Zumindest hat sie eine *structura*. Sie läßt bestimmte stabile Gleichförmigkeiten erkennen: etwa Gesteinsformationen, die unabsehbar lange zusammenhalten, Tages- und Jahreszeiten, die in immer gleicher Weise aufeinanderfolgen, Organismen, die in immer gleicher Weise wachsen und sich so fortpflanzen, daß ihre Art erhalten bleibt, etc.

Und doch ist die Natur nicht immer schon so gewesen wie jetzt. Ihre *structura* ist geworden, und sie steht nicht ein für allemal fest. Das ist nicht erst ein Gedanke der Evolutionstheorie. Er steckt bereits tief in der antiken Mythologie. Für sie ist die Weltordnung das Resultat einer göttlichen *constructio* – und «Welt» zunächst etwas ganz Beschränktes: der Lebensraum eines Stammes. Der jeweilige Stamm wähnt sich durch eine höhere Gewalt, will sagen eine Gottheit, zusammengefügt – dank eines Rituals, das er ihr zu Ehren immer wieder am selben Ort zur gleichen Zeit in gleicher Weise zelebrieren muß. Unterschiede zwischen Ritual-, Sozial- und Weltordnung kennt er noch kaum. Verläuft das Ritual, in dessen Zentrum die Opferdarbringung steht, nicht genau wie vorgesehen, so erscheint die Ordnung als solche versehrt, der Lauf der Jahreszeiten und Gestirne sowie das organische Wachstum nicht minder angetastet als der soziale Zusammenhalt des Kollektivs. Erdbeben, Seuchen, Sonnenfinsternisse gelten als göttliche Strafen für rituelle Versäumnisse.

Erst den antiken Hochkulturen, die sich allesamt durch militärische Siege über schwächere Völker und Einverleibung von deren Gebräuchen und Göttern konstituierten, ging allmählich auf, daß die Weltordnung nicht das Anhängsel einer Ritualordnung ist, sondern umgekehrt Ritualordnungen Teile einer umfassenden Welt bilden. Ein sumerischer Hymnus preist daher Enlil, den großen Schöpfer- und Reichsgott von Nippur, so: «Du knickst das Feindesland wie einen Rohrstengel», «Die Starken wirfst Du nieder, trittst an des Himmels Tür, / Du greifst an den Riegel des Himmels, / Reißt das himmlische Türschloß ab, / Entfernst des Himmels Verschluß, / Das widerspenstige Land wirfst Du in Haufen nieder!»[2] Die Niederwerfung irdischer Feinde und die Eroberung des Himmels

---

2 Beyerlin 1975, 125

gehören zusammen. Die Reichsgründung gilt zugleich als Weltgründung. Von Marduk, dem obersten Gott des babylonischen Reiches, erzählt das Reichsepos *Enuma Elish*, er habe Tiamat, den schrecklichen weiblichen Urmeeresdrachen, erschlagen, «wie ein Schalentier» zerschnitten, aus der oberen Hälfte den Himmel und aus der unteren die Erde gemacht. Und er «setzte Wächter hin und gebot ihnen, ihre Wasser nicht herausfließen zu lassen»,[3] damit nicht alles wieder ins Chaos versinke. Die sich schlängelnde Wassergewalt des Meeres ist zwar besiegt, bildet aber den Urstoff der bestehenden Welt und bedroht permanent ihren Bestand.

Besonders eindrücklich schildert Hesiod das Zustandekommen der bestehenden Weltordnung. Der Titan Zeus wendet sich gegen die Titanen. In einem spektakulären Kampf gegen sie, der die Erde zuinnerst erbeben läßt und alle Naturelemente entfesselt, konstituiert er die olympische Welt und macht seine unterworfenen Gegner zu deren Unterwelt, die nie ganz aufhört zu rumoren.[4] Die Weltordnung ist hart erkämpft – eine stets unvollkommene Bändigung von Unruheherden. Davon zittert selbst bei Platon noch etwas nach, obwohl er die Ordnung stiftende göttliche Macht nicht mehr als einen Kämpfer vorstellt, sondern als Baumeister (*demiourgós* oder *tektainómenos*), der allerdings ein diffuses, «in ungehöriger und ordnungsloser Bewegung» befindliches Weltbaumaterial vorfand. Zum Glück stand ihm ein optimales «Paradigma» für sein Bauvorhaben vor Augen: das schlechterdings Unvergängliche, sich selbst Gleichbleibende, Ideelle. Nach diesem Vorbild setzte er sein Baumaterial zusammen und «führte es aus der Unordnung zur Ordnung».[5] Diese Ord-

---

3 *Enuma Elish*, zitiert nach Illerhaus 2011, 6
4 Hesiod, *Theogonie*, 617 ff.
5 Platon, *Timaios*, 28 c und 30 a

nung ist nicht perfekt, weil mit Vergänglichkeit, Aussetzern und Abweichungen geschlagen, verdient aber dennoch den Titel *kosmos* (= wohlgestaltetes Gebilde, Schmuck), weil sie das Beste ist, was sich aus dem diffusen, unordentlichen Baumaterial machen ließ.

Göttliche Mächte konstruieren aus diffus-widerspenstigem Material eine Ordnung. Nach diesem Muster ist in allen antiken Hochkulturen die Weltentstehung gedacht. Nur *einer* Tradition war das nicht genug: der jüdisch-christlichen. Schon im dritten Satz der biblischen Schöpfungsgeschichte heißt es: «Und Gott sprach: Es werde Licht! Und es ward Licht.»[6] Das ist *keine* Baumeistertätigkeit. Gott erschafft das Licht nicht durch Zusammenfügen, sondern durch Aussprechen. Wie simpel das klingt! Und doch vollzog sich in diesen kargen Worten ein epochaler Durchbruch. Schöpfung wird hier sprachanalog vorgestellt. Wie der Stimmlaut vom Sprecher, so soll das Weltelement Licht vom göttlichen Geist hervorgebracht worden sein. Vor seiner Artikulation ist der Laut nirgends. Ebenso soll Gott durch sein Sprechen das Licht hervorgerufen haben – nicht aus einem Versteck, sondern aus dem Nichtsein ins Dasein. Und er ist dabei von dem Licht, das er hervorruft und durchwirkt, ebenso strikt geschieden wie im menschlichen Sprechen die Bedeutung vom physischen Schall. Zwar macht sie ihn überhaupt erst zur Sprache, bleibt aber ganz unvermischt mit ihm.

Und warum heißt es dann im nächsten Satz: «Und Gott schied das Licht von der Finsternis»? *War* es mit seiner Hervorrufung nicht bereits von ihr geschieden? Das ist die Unklarheit, die auch sämtlichen weiteren Schöpfungsakten in Genesis 1 anhaftet. Jedes Mal spricht Gott aus, was werden soll, wobei er nahezu evolutionslogisch von den anorgani-

6 Genesis 1,3

schen Elementen über die Pflanzen, Wasser-, Flug-, Kriech- und Säugetiere bis hin zu den Menschen fortschreitet. Dann heißt es refrainartig: «Und es geschah also», was den Autor nicht hindert, fast jedes Mal auch noch anzufügen, daß Gott «machte», was er gesagt hatte. Warum diese Verdopplung, dieses Schwanken zwischen Gott als Sprecher und Macher der Welt?

Das erhellt erst aus der historischen Situation, der dieser Text entsprungen ist. Jerusalem war wenige Jahre zuvor (587 v. Chr.) zerstört, seine Oberschicht nach Babylon verschleppt worden, das Volk Israel zerrieben. Sein Gott hatte es nicht errettet. Nach antiker Logik hatte er sich als Schwächling erwiesen. Es gab keinen vernünftigen Grund, an ihm festzuhalten, aber allen Anlaß, zu den siegreichen Göttern Babylons überzulaufen. Doch die tonangebenden Priester, die die Verschleppten in Babylon zusammenzuhalten suchten, taten das Gegenteil. Sie überhöhten ihren Gott, statt ihn loszulassen. War *er* nicht der Regisseur in all ihrem Unglück? Hatte er nicht sein Volk für dessen Missetaten gestraft und dafür die Weltmacht Babylon in seinen Dienst genommen, weil er – der Gott schlechthin war? Im Moment größter Ohnmacht spreizten seine Getreuen ihn zum einzig existierenden Gott auf und setzten alle anderen Götter zu bloß menschengemachten Götzen herab. Erst diese Kehrtwende – man darf sie getrost eine Revolution im Gottesbegriff nennen – führte zum strengen Monotheismus. Dessen erstes prominentes Dokument ist der Text, der später zum ersten Kapitel der Bibel wurde: Genesis 1. Streng aber ist erst ein Monotheismus, für den der eine Gott «Schöpfer aller Dinge» ist. Er kann keinerlei Weltbaumaterial vorgefunden haben.

Deshalb war der Gedanke des Erschaffens durch Aussprechen so genial. Er war aber auch derart neu, daß er kontinuierlicher Selbstbeglaubigung bedurfte; deshalb jedes Mal die Hinzufügung «und Gott machte» (oder «schied»). Sie bekräftigt auf geradezu rituelle Weise, daß Gottes Aussprechen selbst schon ein Machen gewesen sei. Nur war der Erzählstil der jüdischen Priester trotz seiner geschliffenen, abgründigen Knappheit noch nicht philosophisch genug, um dieses Zugleich unmißverständlich darzustellen. Er vermochte Gleichzeitigkeit nur im Modus des Nacheinanders auszudrücken, verbunden durch das Wörtchen «und», womit das angehängte «und Gott machte», das doch das Ineinanderfallen von Aussprechen und Machen beglaubigen sollte, beide auseinandertreten ließ, als wären sie zweierlei.

Um so eindeutiger ist Genesis 1 in anderer Hinsicht. Nirgends wird irgendein Material genannt, *aus dem* Gott etwas geschaffen haben soll. Er selbst ist als immer schon daseiend gedacht, alles andere aber als aus ihm entstanden. Und so laufen trotz der genannten Unschärfe Sprechen und Machen auf dasselbe hinaus: einen göttlichen Sprechakt *(speech act)*, der die Welt zwar in Etappen, aber völlig voraussetzungslos hervorbringt. Dafür haben die christlichen Kirchenväter lediglich neue, philosophisch versierte Worte gefunden, als sie sieben Jahrhunderte später sagten: Gott hat «Nichtseiendes» *(ouk ontas)* geschaffen, oder genauer, «aus dem Nichtseienden» *(ek tou me ontos; de nihilo)*.[7] Im Kirchenlatein hat sich dafür bald eine feste Formel gebildet: *creatio ex nihilo* («Schöpfung aus nichts»). Sie gilt bis heute als dogmatischer Lehrsatz. An den mag glauben, wer will. Aber er hält auch für diejenigen, die nicht an ihn glauben, eine unhintergehbare Einsicht bereit: Erst in der Abgrenzung von *creatio* gewinnt *constructio* scharfe Konturen. Für ein klarsichtiges Naturverständnis ist es unerläßlich, beide sorgsam zu unterscheiden. Um so bemerkenswerter, daß der Siegeszug neuzeitlicher Technik und Wissenschaft zwar ständig mit dieser Unterscheidung zu tun

---

7 Z. B. Justin, *Apologie*, I, 10; Tertullian, *De praescriptionibus*, 13.

hat, sie aber auch immer wieder verschwimmen läßt. Offenbar ist sie leicht zu machen, aber schwer durchzuhalten.

Erfindung

Dafür ist der erste Wissenschaftstheoretiker der frühen Neuzeit ein Kronzeuge: Francis Bacon. Er war als englischer Lordkanzler zu Beginn des 17. Jahrhunderts einer der politisch einflußreichsten Männer seiner Zeit. Dennoch traute er der Politik weit weniger zu als der Technik. «Denn die Wohltaten der Erfinder können dem ganzen menschlichen Geschlecht zugute kommen, die politischen hingegen nur den Menschen bestimmter Orte, auch dauern diese nur befristet, nur über wenige Menschenalter, jene hingegen für alle Zeiten. Auch vollzieht sich eine Verbesserung des politischen Zustandes meistens nicht ohne Gewalt und Unordnung, aber die Erfindungen beglücken und tun wohl, ohne jemandem ein Unrecht oder ein Leid zu bereiten. Die Erfindungen sind gleichsam neue Schöpfungen *(novae creationes)* und sind Nachahmungen der göttlichen Werke.»[8] Zwar entstehen sie nicht aus nichts wie Gottes Schöpfung, aber immerhin fügen sie Naturstoffe auf eine Weise zusammen, wie es Naturkräfte von sich aus nicht tun. Gott ging aus sich heraus, als er die Welt schuf. Die Erfindungen wiederum gehen über die von Gott geschaffene Natur hinaus. Der winzige Überschuß, den sie ihr dabei hinzusetzen – auch der kommt gewissermaßen aus nichts. Er ist, wie unscheinbar auch immer, ein Abkömmling der göttlichen Schöpferkraft: das kreative Moment in der erfinderischen Konstruktion.

Drei Erfindungen haben es Bacon besonders angetan: «die Buchdruckerkunst, das Schießpulver und der Kompaß. Diese

8 Bacon 1990 [1620], 269. Weitere Seitenzahlen im Text.

drei haben nämlich die Gestalt und das Antlitz der Dinge auf der Erde verändert, die erste im Schrifttum, die zweite im Kriegswesen, die dritte in der Schiffahrt. Zahllose Veränderungen der Dinge sind ihnen gefolgt, und es scheint, daß kein Weltreich, keine Sekte, kein Gestirn eine größere Wirkung und größeren Einfluß auf die menschlichen Belange ausgeübt haben als diese mechanischen Dinge.» (271) Und doch waren sie «lange Zeit hindurch den Menschen verborgen», sind «weder durch die Philosophie noch durch die rationalen Künste, sondern durch Zufall und bei Gelegenheit entdeckt worden» (231). Es wäre «vor ihrer Erfindung kaum jemandem in den Sinn gekommen», «darüber überhaupt nur Vermutungen anzustellen» (229). Wie aber, wenn der Forschergeist nicht mehr bloß sporadische Zufallstreffer landen, sondern zu einer planmäßigen Naturergründung übergehen würde? Wenn er, statt aufs Geratewohl zu experimentieren oder vorschnell Verallgemeinerungen vorzunehmen, zunächst einzelne Naturphänomene gründlich beobachtete, sie mit ähnlichen anderen vergliche, ihre Regelmäßigkeiten durch verschiedene Versuchsanordnungen geduldig erprobte, aber verallgemeinernde Schlüsse daraus erst zöge, wenn sie sich wirklich aufdrängten, und so allmählich, statt in den «Bewegungen und Wendungen des Geistes» befangen zu bleiben, zur «Natur der Dinge» (265) gelangte?

Das ist die neue induktive Methode, mit der Bacon seine Epoche beschenken wollte. Durch einen arbeitsteiligen Forschungsprozeß planmäßig befolgt, würde sie, so hoffte er, die Natur in kürzester Zeit dazu bringen, den größten Teil ihrer Geheimnisse preiszugeben. Die theologische Grundierung dieser Hoffnung scheint am deutlichsten in seiner Frühschrift *Valerius Terminus* durch. Dort ist das eigenwillige, um nicht zu sagen, häretische theologische Konzept, das in seiner Methodenlehre Regie führt, noch klar zu erkennen. In späteren Schriften hat er es immer unkenntlicher werden lassen. Seine

Wissenschaftstheorie sollte keine Scherereien mit der Kirche bekommen – als etwas ganz Profanes erscheinen, was die Theologie nichts angeht. Im *Valerius Terminus* hingegen ist es noch «unser Heiland», der uns aufgegeben hat, «zwei Bücher» zu studieren, «wenn wir vor dem Irrtum sicher sein wollen; erstens die Heilige Schrift, die den Willen Gottes offenbart, und zweitens seine Geschöpfe, die seine Macht zum Ausdruck bringen. Und das zweite Buch wird uns bezeugen, daß nichts, was das erste Buch lehrt, für unmöglich genommen werden darf.»[9]

In der herkömmlichen Theologie kommen diese «zwei Bücher» zwar gelegentlich vor, aber nur marginal – und in umgekehrter Reihenfolge. Zuerst die Natur, «geschrieben mit dem Finger Gottes, das heißt durch göttliche Kraft geschaffen».[10] Sie war rundum gut und vollauf genug, und die Menschen lebten mit ihr in vollkommenem, unverdunkeltem Einklang, bis sie ihnen durch ihren Sündenfall fremd, dunkel, widersetzlich wurde, so daß sie sie nicht mehr als Gottes gute Schöpfung wahrnehmen – «lesen» – konnten. Da gab Gott ihnen sein Wort als heilige Schrift, gewissermaßen als zweites Buch an die Hand, dessen Lektüre sie so nahe wie möglich an die Lesefähigkeit des ersten Buchs zurückführen sollte. Bei Bacon ist es umgekehrt. Das zweite Buch ist die Natur. Deren Studium, man könnte auch sagen, «Lektüre» – mit Hilfe der neuen induktiven Methode, versteht sich – soll die Menschheit dem paradiesischen Zustand, von dem das erste Buch erzählte, so nahe wie möglich bringen. Und je gründlicher das Studium der Natur, desto mehr wird sich herausstellen, daß bei den angeblichen biblischen Wundern, Rätseln und Ge-

---

9 Bacon 1984 [1603], 41. Weitere Seitenzahlen im Text.
10 Hugo von St. Viktor, *Eruditio didascalica VII, 4*, in: Blumenberg 181, 53

heimnissen alles ganz natürlich zugegangen ist. Die induktive Naturauslegung geht zwar einen profanen wissenschaftlichen Weg, ist aber eine Art Kryptotheologie – nicht minder gottgefällig als die Bibelauslegung. «Das wahre Ziel des Wissens ist vielmehr, die Hoheit und die Macht des Menschen (denn sobald der Mensch fähig sein wird, die Geschöpfe bei ihren wahren Namen zu nennen, wird er sie beherrschen), die er im Urzustande der Schöpfung hatte, wiederherzustellen und ihm größtenteils wiederzugeben» sowie ihm «die Entdeckung aller Tätigkeiten und Möglichkeiten von Tätigkeiten, von der Unsterblichkeit (so sie möglich wäre) bis zum unbedeutendsten mechanischen Handgriff» (43) zu eröffnen.

Naturforschung im Sinne Bacons hat sich um die Heilige Schrift nicht zu kümmern, sondern sich in Naturdetails zu versenken und behutsame Verallgemeinerungen daraus zu gewinnen. Aber gerade indem sie das tut, betreibt sie nichts geringeres als maximale Rückannäherung an den paradiesischen Zustand, auch wenn sie zwei Makel des Sündenfalls nicht wieder wegbekommen wird: Sterblichkeit und Mühsal. «Ewigkeit ist dem Menschen verwehrt, wiewohl der Lauf der Dinge verzögert» werden kann; und auch Forschung bleibt Arbeit, weil «die Willigkeit des Geschöpfes sich in Unwilligkeit verkehrt hat» (43). Doch wie hoch veranschlagt Bacon diese Arbeit! In seiner fragmentarisch gebliebenen Schrift über die fiktive Insel *Nova Atlantis* hat er ihr ein epochales Denkmal gesetzt. Dort gibt es ein «Haus Salomon», ein umfassendes Forschungszentrum mit dem Zweck, «die Ursachen des Naturgeschehens zu ergründen, die geheimen Bewegungen in den Dingen und die inneren Kräfte der Natur zu erforschen und die Grenzen der menschlichen Macht so weit auszudehnen, um alle möglichen Dinge zu bewirken».[11] Da sind «ge-

---

11 Bacon 1982 [1624], 43. Weitere Seitenzahlen im Text.

räumige und tiefe unterirdische Höhlen», die dazu dienen, «alle möglichen Substanzen zum Gerinnen zu bringen, zu härten und abzukühlen», um «natürliche Mineralien künstlich herzustellen und neue künstliche Metalle aus Gesteinen zu erzeugen». Es gibt Türme «bis zu einer Höhe von einer halben Meile», von wo aus «Wind, Regen, Schnee, Hagel und feurige Meteore» beobachtet werden. In Seen wird bei Bedarf «Süßwasser aus Salzwasser durch Filtration gewonnen» oder «Süßwasser in Salzwasser umgewandelt». «Reißende Strudel und Wasserfälle» dienen «zur Erzeugung von kräftigen Bewegungen», ebenso «Maschinen, welche die Winde abfangen, sie vervielfältigen und verstärken». «Wir haben auch Maschinen, die nur durch Bewegung Wärme erzeugen. Außerdem fangen wir an gewissen Stellen die starke Sonnenstrahlung auf.» «Brunnen und künstliche Quellen» werden «zur Nachahmung der natürlichen Quellwasser und Bäder angelegt». In besonderen Zisternen wird das «sogenannte Paradieswasser gewonnen, ein sehr wirksames Heilmittel», das «der Gesundheit außerordentlich zuträglich ist und lebensverlängernd wirkt». Es gibt pharmazeutische Labore, Treibhäuser zur Beschleunigung des Pflanzenwachstums, ein Areal für Tierversuche, Häuser für Optik, Akustik, Riechsubstanzen und schließlich – für Bacon besonders wichtig – Simulationslaboratorien. Das sind zum einen «Gebäude, in denen wir meteorologische Erscheinungen» sowie «die Erzeugung von Insekten und anderen kleinen Tieren in der Luft, von Fröschen, Fliegen, Heuschrecken usw. nachahmen und zur Darstellung bringen» (45); zum andern ein «Haus der Sinnestäuschungen, in dem wir alle möglichen Zauberkünste, Taschenspielerkniffe, Gaukeleien und Illusionen sowie deren Trugschlüsse darstellen. Ihr könnt euch denken, daß es uns, die wir es in der Naturerkenntnis und -beherrschung so wunderbar weit gebracht haben, ein leichtes wäre, den menschlichen Sinnen sehr viel vorzuspiegeln, wenn wir natürliche Dinge mit dem Nimbus des Wunders ausschmücken und aufbauschen würden. Aber uns ist jeder Betrug und jede Lüge verhaßt»; «nur eine reine, ungeschminkte, durch keinen Wunderglauben beeinflußte Darstellung darf gegeben werden» (54).

Das «Haus Salomon» mag Bacons Zeitgenossen als ein Abstrusitätenkabinett vorgekommen sein. Doch das meiste, was er da phantasierte, hat sich als prinzipiell machbar erwiesen. Nur brachte es nicht das Menschheitsglück, das die heilsgeschichtlich aufgeladene Induktionsmethode verhieß, die mit jeder Erfindung das durch den Sündenfall verursachte Naturdunkel ein wenig heller machen und die Menschheit voranbringen sollte – weg vom ursprünglichen Sündenstand und hin zum verlorengegangenen Zustand vor der Sünde. Der Fortschritt der Forschung ist hier zugleich als Rückgang gedacht. Je mehr er vom Ursprung wegführt, desto näher gelangt er, gleichsam hintenherum, wieder an ihn heran.[12] Nie werden sündeninfizierte Menschen zwar aus eigener Kraft so weit kommen, wie Adam einst war, der keine Naturforschung nötig hatte, weil ihm im Garten Eden alle Dinge offenbar waren und er sie nur beim Namen zu nennen brauchte, damit sie sich ihm fügten. Aber der induktive Forschungsprozeß soll der adamitischen Namenssprache so nahe wie irgend möglich kommen.[13] Das tut er, wo er das, was die Natur selbst tut, optimal nachzumachen oder zu simulieren weiß. «Was ich nicht

---

12 Heinrich von Kleist hat Bacons *Valerius Terminus* nicht gekannt – und dennoch einen berühmten Satz formuliert, der als dessen Quintessenz gelesen werden kann: «[D]as Paradies ist verriegelt und der Cherub hinter uns; wir müssen die Reise um die Welt machen, und sehen, ob es vielleicht von hinten irgendwo wieder offen ist.» (Kleist 1982 [1810], 342)

13 Auch Walter Benjamin wurde nicht gewahr, in welchem Maße sein Konstrukt einer paradiesischen Namenssprache sich bei Bacon bereits vorskizziert findet; cf. Benjamin 1977 [1916], 144 f.

kreieren kann, das verstehe ich nicht», lautet ein Bonmot des Physiknobelpreisträgers Richard Feynman.[14] Es war auch schon das Motto des «Hauses Salomon», als dessen avanciertteste Einrichtungen nicht von ungefähr die Simulationslaboratorien firmieren. Nur in dem Maße, in dem man Naturkräfte und -wesen simulieren und reproduzieren kann, versteht man sie auch. Und nur wer Sinnestäuschungen, Trug- und Gaukelwerk zu simulieren vermag, durchschaut sie vollständig und kann jene «Idole und falschen Begriffe, welche vom menschlichen Verstand schon Besitz ergriffen haben und tief in ihm wurzeln»,[15] ganz loswerden. Statt «simulieren» könnte man hier übrigens auch «inszenieren» sagen. Ja, Bacon schwebt durchaus eine möglichst umfassende Inszenierung der Natur vor; allerdings nicht, wie im heutigen Regietheater, als launenhafte, sensationsträchtige Bühnenselbstverwirklichung. Die umfassendste Inszenierung ist für ihn vielmehr diejenige, die sich der Natur am engsten anschmiegt, am tiefsten in ihre Geheimnisse eindringt, am strengsten wissenschaftlich verfährt. Wo den Simulationslaboratorien Inszenierungen gelingen, die von Naturprozessen praktisch nicht mehr unterscheidbar sind, da erreichen Forschung und Erfindung ihre Obergrenze. Sie berühren das Zielband, das sie vom Paradies trennt. Sie rücken demjenigen am nächsten, der ihnen menschheitsgeschichtlich am fernsten ist, der nichts erforschen und erfinden mußte, weil ihm die gesamte Natur offenbar und gefügig war und ihm genügte, sie namentlich auszusprechen, um eins mit ihr zu sein: Adam.

Vollständig erkannt hat man erst, was man selbst herstellen kann. So läßt sich Bacons Wissenschaftslehre durchaus pointieren. Aber es dauerte noch fast ein Jahrhundert, bis Giam-

14 Armbruster 2017, 20
15 Bacon 1990 [1620], 99

battista Vico eine schnittige Formel dafür lieferte: «Das Wahre und das Gemachte sind austauschbar» *(Verum et factum reciprocantur)*; «daher ist in Gott das erste Wahre, weil er der erste Macher *(factor)* ist». «Das göttliche Wahre ist das umfassende Bild der Dinge, gleichsam eine Plastik; das menschliche Wahre ist ein Monogramm oder ein Oberflächenbild, gleichsam ein Gemälde; und wie das göttliche Wahre das ist, was Gott, indem er es erkennt, anordnet und erzeugt, so ist das menschliche Wahre das, was der Mensch, indem er Kenntnis davon gewinnt, sowohl zusammensetzt als auch macht. Und so ist Wissenschaft die Erkenntnis, wie eine Sache entsteht, wobei der Geist, indem er den Entstehungsmodus erkennt, die Sache herstellt, weil er ihre Elemente zusammensetzt; Gott den vollständigen Sachverhalt, weil er alles begreift, der Mensch nur die Oberfläche davon, weil er nur das Äußere begreift.»[16] Beiläufig erinnern diese Sätze an etwas ganz Zentrales: Fakten sind, wie das lateinische *factum* besagt, Gemachtheiten, im Unterschied zu Daten (Gegebenheiten).[17] Für Gott gibt es nach Vico nur Fakten: Gemachtes. Weil er alles gemacht hat, erkennt er alles. Er verfügt über unbegrenzte, unbedingte Wahrheit. Für Menschen gibt es hingegen weit

16 Vico 1979 [1710], 34 und 36 (eigene Übersetzung)
17 Was in der digitalen Welt «Daten» heißt, sind selbstverständlich keine Gegebenheiten, sondern das, was von der physischen Realität übrigbleibt, wenn man sie in 0-1-Kombinationen zerlegt, also etwas extrem Artifizielles. Um so irreführender ist die Rede von digitalen Daten als den «Rohstoffen» der modernen Welt, als würden sie ähnlich gewonnen wie die Naturgegebenheiten Erdöl oder seltene Erden. Dabei sind es mathematische Produkte, die sich unbegrenzt weiter vervielfältigen lassen. Sie sind das einzige, was digitale Maschinen zu verarbeiten in der Lage sind. Ob das, was sich in Daten zerlegen läßt, damit auch erkannt und verstanden ist, ist allerdings eine andere Frage.

mehr Daten als Fakten. Ständig treffen sie auf Gegebenheiten, die sie weder gemacht haben noch durchschauen. Sie erkennen nur die Oberfläche davon. An Daten, die noch nicht in Fakten verwandelt sind, ist stets etwas Fremdes, Undurchschautes. Was hingegen gemacht ist, ist voll durchschaut, seine Erkenntnis nicht bloß annähernd, sondern ganz wahr, so daß im begrenzten Bereich des Selbstgemachten sogar der Mensch ganz durchschaut, was er macht. Hier hat er an der Wahrheit selbst teil, nicht bloß an einem Abglanz von ihr. Der neuzeitliche Forschergeist hat diesen Bereich enorm erweitert. Allerdings ist er nicht unendlich dehnbar. Wissenschaft hat Grenzen – und mit ihr auch das *verum et factum reciprocantur*. Gott etwa darf kein Faktum sein. Undenkbar für Vico, ihn unter die Erfindungen zu rechnen wie das Schießpulver oder den Kompaß. Gott ist Gegebenheit (Datum) schlechthin. Er macht und erkennt alle Wahrheit, weil er selbst das schlechterdings Wahre ist. Nur deshalb sind auch menschliche Entdeckungen und Erfindungen wahr. Ihre Wahrheit ist Teil seiner absoluten Wahrheit. Für sich genommen ist Menschengemachtes nämlich bloß – gemacht. Bei einem Gewehr oder Mauerwerk stellt sich häufig die Frage, ob es solide konstruiert ist oder wer es gebaut hat, aber gewöhnlich nicht, ob es «wahr» ist.[18]

Deshalb war Vico – wie Bacon – so daran gelegen, daß Menschengemachtes auf etwas beruht, was nicht von Menschen gemacht ist: Gottes Schöpfung. Das war auch für René Descartes entscheidend. Daß zwei plus drei fünf sind und jedes Quadrat vier Seiten hat, mag noch so unwiderleglich sein. *Wahr* ist es erst, wenn eine weise und gute höhere Macht – Gott – die Welt so eingerichtet hat, daß zumindest unwiderlegliche und evidente Sachverhalte keine Vorspiegelungen

18 Cf. Hösle 1990, LXIX ff.

eines diabolischen Betrügers sind.[19] Andernfalls wäre nicht einmal auf Evidenzen Verlaß. Deshalb setzten alle großen Pioniere der neuzeitlichen Wissenschaft – Bacon, Descartes, Leibniz, Galilei, Newton – auf einen guten Gott. Wo, wenn nicht an seiner Schöpfung, sollte menschliches Erkennen und Erfinden Halt und Maß finden? Wie sollte man an Menschengemachtem zwischen Blendwerk und Aufklärung, zwischen Fake und Wissenschaft unterscheiden, wenn nicht von ihr aus? Wehe, wenn dieser Maßstab ausfällt. Dann ist menschliches Machwerk nur noch an anderem menschlichen Machwerk meßbar und Konstruktion nicht länger begrenzte Tätigkeit innerhalb einer umfassenden, von Menschen nicht konstruierten Welt. Sie wird grenzen- und haltlos. Wie man sich bettet, so liegt man. Wie man sich die Welt zurechtlegt, so ist sie. *Verum et factum reciprocantur* heißt dann bloß noch: Alles von Menschen Gemachte ist gleichermaßen wahr. Wahrheit und Trug sind nicht mehr unterscheidbar.

Befragung

Diese Konsequenz bahnte sich in der Mitte des 18. Jahrhunderts an, als eine neue Generation aufgeklärter Geister nicht länger willens war, Naturwissenschaft auf den Glauben an einen guten Schöpfergott zu bauen. Sie muß in sich selbst Bestand haben und sich allein auf das gründen, worüber Menschen wirklich verfügen, nämlich ihre Vernunft. In dieser Überzeugung begannen Denis Diderot und Jean Le Rond d'Alembert um 1750 das Mammutwerk der französischen *Enzyklopädie* und setzten einen neuen profanen Wissenschaftsstandard, der auf die gesamte europäische Gelehrtenwelt aus-

19 Descartes 1959 [1641], 37

strahlte und mit dem Vorhaben der englischen Empiristen um John Locke, George Berkeley und David Hume, alle Wissenschaft auf Wahrnehmung und Erfahrung zu gründen, bestens korrespondierte. Doch Wahrnehmung und Erfahrung sind subjektiv. Wie sollen sie zu unzweifelhaften Vernunfteinsichten führen? Wenn aber weder sie noch ein guter Gott das vermögen, wer dann? Und wie soll die Vernunft wissen, wann sie untrüglich ist, wenn sie nichts hat als sich selbst? Die Krise, in die diese Fragen stürzten, hat niemand so exemplarisch durchgemacht wie Immanuel Kant. Sein Eingeständnis: Wir haben die Welt nur so, wie sie uns erscheint, wie wir sie uns zurechtlegen. Sein Programm: zeigen, daß sie dennoch nicht bloß unsere Konstruktion sein kann, weil Konstruktion nie voraussetzungslos ist. Stets braucht sie etwas, womit, und etwas, woraus konstruiert wird: Werkzeuge und Material. Andernfalls wäre sie Konstruktion mit nichts und aus nichts, also nicht einmal Konstruktion, sondern *creatio ex nihilo*. Die nicht konstruierten Voraussetzungen menschlicher Weltkonstruktion herauszuarbeiten: das war das Ziel der *Kritik der reinen Vernunft*. Sie hat epochale Maßstäbe gesetzt. Philosophie, so hat Alfred North Whitehead mit intelligenter Übertreibung gesagt, besteht eigentlich bloß «aus einer Reihe von Fußnoten zu Platon».[20] Viel weniger übertrieben ist es, sämtliche Spielarten des philosophischen Konstruktivismus als Fußnoten zu Kant zu bezeichnen. Wer immer hier kompetent mitreden will, ist, ob er will oder nicht, auf Kant zurückverwiesen und steht wie dieser erneut vor der Frage, ob etwas aus der Innenwelt bloßer Konstruktion hinausführt.

Gewiß nicht die philosophische Disziplin der Logik, war Kants erste Antwort. In der hat «die Vernunft es nur mit sich

20 Whitehead 1995, 91

selbst zu tun».²¹ Sie mag sich zwar um ein stimmiges Verhältnis zwischen Begriffen, Urteilen und Schlüssen, zwischen
Subjekt, Prädikat und Objekt bemühen. Das besagt jedoch
nichts über die Außenwelt. Innere logische Stimmigkeit kann
auch ein Wahnsystem haben. Wie aber versichert man sich der
Außenwelt? Nur über einen guten Gott, hatte Descartes gesagt, der gewährleistet, daß alles, was *mir* so unzweifelhaft
und evident erscheint, daß ich es nicht anders denken kann,
auch außerhalb von mir und überall, unzweifelhaft ist: wahr.
Für Kant ist das purer Dogmatismus und ein unnötiger Umweg. Der Außenbezug liegt in der menschlichen Vernunft
selbst, ist seine These – und sein Kronzeuge die Geometrie.
«Daß die gerade Linie zwischen zweien Punkten die kürzeste
sei» (57), muß nicht erst durch diverse Versuche erprobt werden. Daß es nicht anders sein kann, ergibt sich bereits aus den
mathematischen Definitionen von Punkt und Gerade. Und
doch ist diese Einsicht nicht nur begrifflich. «Der Begriff des
Kürzesten» ist nämlich kein mathematischer; er «kann durch
keine Zergliederung aus dem Begriffe der geraden Linie gezogen werden. Anschauung muß also hier zu Hülfe genommen
werden.» (57) Ähnlich wird der naturwissenschaftliche Satz,
«daß in allen Veränderungen der körperlichen Welt die Quantität der Materie unverändert bleibe» (58), nicht erst durch
eine Serie naturwissenschaftlicher Experimente einsichtig; er
ist es, wie Kant sagt, «a priori»²², allein durch Kombination

21 Kant 1968 [1787], 22. Weitere Seitenzahlen im Text.
22 «A priori» heißt wörtlich «von vornherein». Kant übersetzt «von
   aller Erfahrung unabhängig» (46), gelegentlich auch «vor aller Erfahrung». Das ist mißverständlich, kommt doch das «a priori»
   Genannte stets in Erfahrungskontexten vor. Man muß schon
   mehr Erfahrung als Sechsjährige haben, ehe man einsieht, daß die
   kürzeste Verbindung zwischen zwei Punkten die Gerade ist, wie
   auch nur in bezug auf beobachtete Veränderungen von Natur-

bestimmter Begriffe – und bedarf doch der Anschauung, weil zum Begriff der Materie zwar «die Gegenwart im Raume» gehört, aber «nicht die Beharrlichkeit» (58).

Die unwiderleglichen Basissätze der Geometrie und Naturwissenschaft scheinen also gleich mitzubeweisen, daß die Begriffe von vornherein mit Raum und Zeit, der Sphäre der Anschauung, verknüpft sind und letztere nicht erst nachträglich hinzutritt, weshalb es Kant nicht im geringsten stört, «daß die Vernunft nur das einsieht, was sie selbst nach ihrem Entwurfe hervorbringt» (23). Denn sie ist nicht Alleinhervorbringer ihrer Einsichten. Da spricht noch etwas anderes mit: die Natur. «Die Vernunft muß mit ihren Prinzipien, nach denen allein übereinkommende Erscheinungen für Gesetze gelten können, in einer Hand, und mit dem Experiment, das sie nach jenen ausdachte, in der anderen, an die Natur gehen, zwar um von ihr belehrt zu werden, aber nicht in der Qualität eines Schülers, […] sondern eines bestallten Richters, der die Zeugen nötigt, auf die Fragen zu antworten, die er ihnen vorlegt.» (23) Die Fragen, die der «Richter» stellt, gehören zwar einer wissenschaftlichen Versuchsanordnung an, also einem sorgsam ausgeheckten Konstrukt. Doch die Antworten, die er bekommt, sind nicht seine. Er weiß sie nicht im voraus. Er empfängt sie von den befragten Naturgegenständen und -kräften selbst. Allerdings nicht so, daß sie sich ihm dabei voll zu erkennen gäben; sie verraten ihm nur, was er ihnen durch die Fragestellung des Experiments abnötigt.

Damit tritt Kant in eine brisante Tradition. Befragung heißt

---

phänomenen der Satz von der Unveränderlichkeit der Quantität plausibel werden kann. Was Kant «a priori» nennt, ist nicht da, *ehe* Erfahrungen gemacht werden; es ist «immer schon da», *wenn* sie gemacht werden. Es ergibt sich nicht aus ihnen, sondern ermöglicht sie.

lateinisch *inquisitio* und ist der Name für ein kirchliches Verfahren zur Überprüfung der christlichen Gesinnung. Etabliert wurde es im 13. Jahrhundert, nachdem die römische Kurie erstmals einen Kreuzzug nach innen, also nicht bloß nach Jerusalem gegen die Muslime, sondern ins allerchristlichste Südfrankreich zur Ausrottung der häretischen Sekte der Katharer, für nötig befunden hatte. Nun waren die Katharer zwar vertilgt. Aber schwelte die Neigung zur Häresie nicht fort; mußte nicht schon ihr Frühstadium bekämpft werden? Und so sandte Papst Gregor IX. 1233 «Predigermönche [= Dominikaner] gegen die Ketzer Frankreichs und der benachbarten Provinzen» und ermächtigte sie, den ortsansässigen Klerikern, sollten sie lässig gegen Ketzerei sein, «ihre Pfründen für immer zu nehmen und gegen sie und alle anderen ohne Berufung vorzugehen».[23] Das war der Beginn der Inquisition. Von ferne sah sie vielleicht bloß wie eine etwas gründlichere Art der Gemeindeinspektion aus. Doch sie setzte den Kreuzzug nach innen mit einem neuen Konzept fort: der systematischen Befragung verdächtiger Personen zur Früherkennung von Widerchristlichkeit.

So unschön hat einst die qualitative empirische Sozialforschung angefangen. Wer in ihr Visier geriet, sei es durch Denunziation, Rachebedürfnis oder unglückliche Umstände, hatte kaum eine Chance, ihr zu entkommen. Sie trat durchaus, wie es Kant vom Naturforscher sagt, «mit ihren Prinzipien in einer Hand, und mit dem Experiment, das sie nach jenen ausdachte, in der anderen», vor die Verdächtigen. Nur waren ihre Prinzipien nicht unbestreitbare Vernunftgrundsätze, sondern angeblich geoffenbarte Glaubenssätze und das nach ihnen ausgedachte Experiment – die Folter. Das Geständnis der Ketzerei, das sie den Beschuldigten abpreßte, war für die Inquisi-

23 Gregor IX., in: Lea 1985 [1905 ff.], 134

toren unerläßlich. Sie brauchten es, um sich der Rechtmäßigkeit ihres Anfangsverdachts nachträglich zu versichern. Ein paranoider Zirkelschluß, der aber zugleich einen neuen Weg der Naturerforschung eröffnete. Durch planmäßige Befragung wurde die innere Natur der Verdächtigten bis in ihre innersten Regungen, Wünsche, Gedanken hinein gnadenlos analysiert. Wenn sich so aber die innere Natur erforschen ließ, warum nicht auch die äußere? Sie «muß auf die Folter gespannt werden, damit sie uns ihre Geheimnisse preisgibt», soll bereits im 13. Jahrhundert der Franziskanermönch Roger Bacon gesagt haben,[24] der wegen seiner kühnen alchemistischen, astronomischen und optischen Studien seinem Orden nicht geheuer war und deshalb Jahre im Arrest verbrachte. Er war sowohl Opfer der neuen inquisitorischen Mentalität als auch einer der Pioniere ihrer Wendung ins Naturwissenschaftliche. Experimente, so sein Geistesblitz, stellen der Natur strenge Fragen, auf die ihre Körper zuverlässige Antwort geben sollen. «Befragt» werden sie durch Erhitzung, Vermischung, Zerlegung etc., und wenn sie darauf stets gleich reagieren, nennt man das «gesetzmäßiges Verhalten». Naturgesetze sind immer gleiche, voraussagbare Antworten der Natur auf experimentelle Befragung. Im Fall einer abweichenden Antwort ist entweder das Experiment unsauber durchgeführt worden – oder das Naturgesetz revisionsbedürftig.

Freilich ist es ein Riesenunterschied, ob im Bann einer beschränkten Glaubensdoktrin auf paranoide Weise Verdächtige gequält oder ob mit berechenbaren, wiederholbaren Experimenten Metalle, Säuren, Kalke etc. genötigt werden, auf immer gleiche Weise zu reagieren. In der modernen Naturwissenschaft kam die Inquisition gewissermaßen zur Vernunft. Aber das forensische Setting – Befragung von Zeugen (die

24 Bloch 1977, 106

auch Angeklagte sind) durch Richter – hat sich erhalten. Und Kant sagt: So verhält sich nicht nur die Naturwissenschaft zur Natur, sondern die menschliche Vernunft überhaupt. Nur wenn sie an etwas Bestätigung findet, was sich von ihren eigenen Operationen ersichtlich unterscheidet, kann sie aus der Echokammer ihrer selbst heraustreten.

Kant glaubt zwei Ausgänge zu sehen. Den einen wähnt er in der Vernunft selbst. Wenn sie, ohne zuvor eigens Experimente anzustellen, «a priori» zu unwiderleglichen sachhaltigen Einsichten fähig ist, dann muß im Homo sapiens, der vernunftbegabten Spezies, ein besonderes Ordnungs- oder Konstruktionsvermögen angelegt sein, das sich der einzelne nicht erst erwirbt, sondern bereits anwendet, sobald er beginnt, sich die Welt anzueignen oder zurechtzulegen. Es mag sich in jedem Individuum anders entwickeln, was es jedoch nur kann, sofern es in allen Individuen der Spezies Mensch bereits steckt. Wie aber kam es dorthin? Gemeinplätze wie «Es gehört zum menschlichen Genom» oder «zur Funktionsweise des menschlichen Gehirns» besagen wenig. Aus der Analyse des Genoms oder der erblichen Hirnkonsistenz des Homo sapiens erfährt man nämlich über die Aktionsweise seiner sensorisch-mentalen Ordnungskräfte herzlich wenig. Es ist diese Wissenslücke, die Kant mit dem Wörtchen «transzendental» mehr bezeichnet als gefüllt hat. Das lateinische *transcendere* heißt überschreiten. Transzendent oder transzendental nannte man damals gewöhnlich die höhere oder tiefere Sphäre ewiger Ideen und intelligibler Substanzen, die sich dem menschlichen Geist angeblich auftut, wenn er die Grenzen der Sinnenwelt überschreitet. Für Kant hingegen ist «transzendental» ein negativer, um nicht zu sagen, ein Verlegenheitsbegriff. Er steht für die spezifische mentale Mitgift, die allem menschlichen Tun und Erleiden immer schon anhaftet, ohne daß man sagen könnte, woher sie käme. Aus der Natur? Das ist ja gerade zweifelhaft. Von Gott? Das wäre bloß ein schöpfungstheologischer Glaubenssatz. Das Transzendentale aber steht ganz für sich. Es ist aus nichts anderem herleitbar und doch auf erstaunliche Weise *da*. Mit andern Worten: Es hat die Signatur eines Wunders – gerade dadurch, daß Kant darauf verzichtet, es aus Höherem oder Tieferem herzuleiten.

Sinnesreize dringen auf alle Lebewesen ein und wollen verarbeitet sein. Daß das in Raum und Zeit geschieht, ist nicht zu leugnen, besagt aber wenig darüber, wie das bei Menschen konkret vor sich geht.[25] Ihre spezifischen Ordnungskräfte, die dafür sorgen, daß eine Vielfalt von Sinnesreizen zu einem Verbund strukturierter Gegenstände und Konstellationen wird, nennt Kant «reine Verstandesbegriffe» oder «Kategorien». Darunter versteht er nicht einzelne Begriffe, weder empirische (Mutter, Vater, Stuhl, Tisch etc.) noch gar metaphysische (Gott, Unsterblichkeit etc.). Die nämlich sind allesamt erworben. Sie lassen sich aber nur erwerben, wo es schon ein Vermögen gibt, Begriffe zu bilden und vernünftige Ordnung unter ihnen herzustellen. Dies Vermögen, so Kant, entsteht weder aus Sinnesdaten noch aus der Tätigkeit der Sinnesorgane, aber auch nicht aus Raum und Zeit. Wir bringen es immer schon mit, und es hat die Kapazität, die Sinnesdaten vierfach zu ordnen: 1. quantitativ: danach, ob sie ein Ding, viele Dinge oder die Gesamtheit von Dingen ergeben (Einheit – Vielheit – Allheit); 2. qualitativ: danach, ob dies Quantitative als seiend zu erachten ist (Realität), als nichtseiend (Negation) oder in bestimmter Hinsicht als seiend, in anderer nicht (Limitation); 3. relational: danach, wie die Sinnesdaten unter-

---

25 Die Probleme, die daraus entstehen, daß Kant Raum und Zeit zu «transzendentalen Anschauungsformen» erklärt, die wir, die Menschen, immer schon mitbringen, die erst durch uns zu Weltordnungskräften werden, während sie der gesamten Tierwelt komplett fehlen, können hier übergangen werden.

einander verknüpft sind, ob sie das Bestehen einer Sache ausmachen oder nur ihr Zubehör (Substanz-Akzidens), ob sie Ursache oder Wirkung sind oder in Wechselwirkung miteinander stehen; 4. modal: danach, ob sie möglich oder unmöglich, notwendig oder zufällig sind.

Das ist Kants berühmte Kategorientafel: sein Verzeichnis der transzendentalen begrifflichen Mitgift (118 f.). Wie vollständig es ist, ist hier nicht zu erörtern; nur sein Status. Kategorien, so die Pointe, sind keine begrifflichen Konstrukte, sondern dasjenige, womit und wodurch Begriffe konstruiert werden. Wo immer das geschieht, sind Quantität, Qualität, Relation und Modalität im Spiel, was nur möglich ist, wenn zur Mitgift der Kategorien eine ursprüngliche Konsistenz gehört, durch die sie immer schon sowohl untereinander als auch mit Raum und Zeit zusammenhängen. Was aber macht sie zusammenhängend? Laut Kant eine «ursprünglich-synthetische Einheit der Apperzeption» (136). Das ist für ihn keine immer schon vorhandene Ich-Substanz, die im Standby-Modus auf ihren Einsatz wartet, sondern eine punktuelle Zusammenfassungsleistung: ein «Ich denke», das «alle meine Vorstellungen begleiten können» (136) muß. Es existiert nur, sofern es tätig ist. Ohne seinen Konsistenz stiftenden «Actus der Spontaneität» (136) käme es nie zu Vorstellungen, Gedanken, Erfahrungen, fügten sich Sinnesdaten nie zu einem durch naturwissenschaftliche Experimente als regelmäßig und zuverlässig erweisbaren Erfahrungsraum. Was aber schlechterdings spontan ist, ist aus nichts anderem herleitbar. Man kann sein Vorhandensein nur staunend zur Kenntnis nehmen.

Ding an sich

Doch selbst für Kant bedarf dies Wunder einer Bodenstation: der Naturgegebenheit der Sinnesreize. Empfunden werden können solche Reize nur, sofern *etwas* in ihnen empfunden wird, zum Beispiel der Reiz von Licht auf die Netzhaut, von Druck auf den Tastsinn, von Schall auf das Trommelfell. Aber immer nur ihr Reiz, nie Licht, Druck und Schall selbst. Andrerseits: Wenn es Licht, Druck und Schall als solche samt ihrer Eigenart, Reiz auszuüben, nicht gäbe, so würde gar nichts empfunden. Wir vollziehen zwar eine Konstruktion, wenn wir dank unserer transzendentalen Mitgift diffuse Sinnesreize zu einer Erlebniseinheit zusammenziehen. Aber wenn dies Erleben sachhaltig sein soll und nicht bloß ein Hirngespinst, muß die Konstruktion eine Konstruktion *von etwas* sein. Besagtes Etwas ist jedoch weder wahrnehmbar noch erlebbar. Man kann nach Kant weder irgendetwas über seine Beschaffenheit oder Funktionsweise in Erfahrung bringen noch die transzendentale Mitgift überhaupt nur auf es anwenden, ja sich nicht einmal «die geringste Vorstellung seiner Möglichkeit machen». Dennoch ist es für ihn schlechterdings denknotwendig als «Grenzbegriff», der lediglich «von negativem Gebrauche» ist und nichts tut, als «die Anmaßung der Sinnlichkeit einzuschränken» (282), wenn sie suggeriert, es erfahrbar machen zu können. Dieses Etwas nennt er «Ding an sich selbst» (279); man darf auch sagen: Natur an sich.

Dieses Ansich ist ein Ärgernis – ein Ding ohne Eigenschaften, ja ohne Ort. Nicht einmal den Anschaungsformen von Raum und Zeit soll es unterliegen. Und dennoch denknotwendig sein? Warum hat Kant seiner Transzendentalphilosophie ein solches Kuckucksei ins Nest gelegt? Wenn unsere Welt Erscheinung von etwas ist, müßte es dann nicht dieses dubiose Etwas sein, wodurch sie konstituiert wird? Wozu dann aber noch unsere transzendentale Mitgift? Hat jedoch diese Mitgift weltkonstituierende Kraft, wozu dann ein Ansich, von dem Kant nichts zu sagen weiß, als daß es denknotwendig ist? Und so trachteten alle, die von Kants Transzendentalphilosophie geprägt waren, aber etwas Eigenes daraus zu machen suchten, das ort- und eigenschaftslose Ansich der Natur loszuwerden. Wir brauchen es nicht, meinte der junge Johann Gottlieb Fichte. Das von Kant entdeckte transzendentale Vermögen genügt vollkommen. Es ist leistungsfähiger als von ihm selbst gedacht. Wenn es stimmt, daß das «Ich denke», das «alle meine Vorstellungen begleiten können» muß, ein ursprünglicher «Actus der Spontaneität» ist, dann stellt sich durch ihn das menschliche Ich überhaupt erst selbst her, und zwar so, daß es sich zugleich von dem, was es nicht ist, unterscheidet. In Fichteschen Termini: Indem sich das Ich durch «eine Handlung der Freiheit» selbst «setzt», «setzt» es zugleich das Nicht-Ich.[26] Und das Nicht-Ich ist nichts Geringeres als die gesamte Sinnenwelt einschließlich der «Sinnlichkeit» des Menschen. Zur Konstitution dieser Welt ist kein Ansich nötig. Umgekehrt: Dies Ansich ist eine Setzung Kants – sein Denkprodukt. Sagt er nicht selbst, daß das Ansich ein «Noumenon» (277), ein Gedachtes oder zu Denkendes sei?

Damit verwandelt sich die Kantschen Konstruktion aus etwas in eine Konstruktion aus nichts: eine kaum verbrämte *creatio ex nihilo*. Wie sich in Genesis 1,3 Gott als Gott bestätigt, indem er das Licht ausspricht, so «setzt» sich hier das reine, transzendentale Ich, indem es die Welt «setzt».[27] Es bringt zugleich sich und sie hervor, ohne daß man wüßte, wie und woraus. Der ordnenden Kraft des Transzendentalen eine zusätzliche Schöpfungspotenz anzudichten, die Kant ihm gerade vorenthielt: dieses Verfahren hat bei den Kant-Überbietern des 19. Jahrhunderts Schule gemacht, namentlich im

---

26 Fichte 1972 [1794], 64 und 62
27 In immer wieder neuen Anläufen hat Fichte versucht, diesem «Setzen» den Anstrich von Objektivität und Unausweichlichkeit zu geben – und zu kaschieren, daß es bloß ein anderes Wort für Erschaffung ist (Fichte 2017 [1801/02] und öfter).

Fahrwasser von Georg Wilhelm Friedrich Hegel. Auch für Hegel ist das Ansich eine Setzung, nur nicht eine des menschlichen Ich, sondern des göttlichen Weltgeistes, der im Zuge seiner Entäußerung in die Natur auch die Gestalt von Wesenheiten oder Essenzen annimmt, die der Erscheinungswelt zugrunde liegen und sich in ihr manifestieren. So gibt es für Hegel zwar ein Ansich der Natur; aber die Natur ist lediglich Niederschlag des Geistes. Sie kommt zustande, indem er «sich selbst frei entläßt».[28] Er schlägt sich nicht *in etwas* nieder, sondern sein Niederschlag ist ihre Entstehung *aus nichts*. Das Ansich der Natur existiert lediglich als göttliche *creatio* (Faktum) und nicht, wie bei Kant, als Gegebenheit (Datum).

Das Hegelsche System ist eine welthaltige Enzyklopädie, die ihresgleichen sucht. Aber zugleich ist sie auch eine gigantische Schöpfungstheologie. Natur, Gesellschaft, Kunst, Religion und begriffliches Denken firmieren darin allesamt als Sedimente des göttliche Weltgeists. Aber selbst die Marburger Neukantianer, die einen solchen Weltgeist als Voraussetzung der Naturwissenschaften ablehnten und sich auf Kants ungleich bescheideneren Begriff des Transzendentalen zurückbesannen, haderten mit dem Ansich. Hatte der Königsberger Meister nicht gesagt, daß «die Vernunft nur das einsieht, was sie selbst nach ihrem Entwurfe hervorbringt»(23)? Wenn das stimmt, nun, dann ist auch das Ansich ihr Entwurf. «Es gibt für das Denken kein Sein, das nicht im Denken selbst gesetzt würde. Denken heißt nichts anders als: setzen, daß etwas sei», sagt Paul Natorp. «Damit aber entfällt nun ganz die Frage nach einem dem Denken und zu denken ‹Gegebenen›.»[29] Naturgegebenes gibt es nach dieser Lesart eigentlich gar nicht. Sinnesdaten sind immer erst nachträglich gegeben, nachdem

---

28 Hegel 1969 [1835], 573
29 Natorp ²1921, 48. Weitere Seitenzahlen im Text.

«in jedem Urakte des Denkens, als Akt der Bestimmung, ein X sich bestimmt» hat «als Eines und doch Mannigfaltiges». Alles, was das «psychophysische Ich» in seiner Umgebung vorfindet, hat besagtes «X», die transzendentale Urkraft im Menschen, immer schon «gesetzt». Sie ist die Begründungskraft schlechthin. Sie genügt zur Fundierung der Naturwissenschaften. Ein «Ding an sich selbst» braucht man dafür nicht. Es stört nur. Verführte es Kant nicht dazu, *zwei* Urheber der Sinnenwelt anzunehmen: sowohl die transzendentale Mitgift der Vernunft als auch die Natur an sich? Man muß hier konsequenter sein als er: gar nicht erst den Eindruck entstehen lassen, «daß das Mannigfaltige als solches gegeben und nur die Einheit dieses Mannigfaltigen durchs Denken erst hineinzubringen wäre» (47), sondern «dem Urakt des Erkennens, dem Akte der Synthesis» (46), mehr vertrauen als Kant selbst und diesen Akt als alleinigen Stifter der Sinnenwelt begreifen. So erst wird die Transzendentalphilosophie ihre metaphysischen Schlacken los und erreicht das Niveau einer modernen Wissenschaftstheorie.

Das hofften zumindest führende Neukantianer wie Paul Natorp, Hermann Cohen oder Heinrich Rickert. Doch was sie als Abschütteln letzter metaphysischer Schlacken ausgaben, war die Wiederaufbereitung des alten Konflikts von Konstruktion und Kreation.[30] Die Götter der Mythologie waren als Konstrukteure vorgestellt worden, die die Welt aus schon Vorhandenem errichtet hatten: aus Daten. Aus christlicher Sicht war das unzulänglich. Erst ein Gott, der nichts vorfindet, sondern alles erschafft, keine Daten kennt, sondern nur Fakten, ist wahrhafter Gott. Die Neukantianer wollten ähnlich über Kant hinaus wie die christliche Schöpfungslehre über die antiken Welterschaffungsmythologien. Deshalb ihre

30 Das hat Karl Heinz Haag schneidend gezeigt: Haag 1983, 128 ff.

Allergie gegen Kants Begriff des «Gegebenen». Die Sinnenwelt sollte doch immer schon durch den transzendentalen Urakt «gesetzt» sein. Auch Kants Begriff «Erscheinung» wurde
gemieden und durch «Immanenz» ersetzt, um die Frage, *wovon* die Erscheinung Erscheinung ist, gar nicht mehr stellen
zu müssen. «Die Immanenzphilosophie ist daher in jeder
Hinsicht freudig zu begrüßen als Erlösung von allen transzen-
denten Objekten»;[31] nüchterner gesagt, als Entsorgung des
Ansich. Neben der transzendentalen Hervorbringungskraft
sollte es keinen weiteren Urheber der Sinnenwelt geben, alles
aus ihr kommen, als voraussetzungsloses «Setzen» und «Bestimmen»: *creatio ex nihilo.* Frei nach Exodus 20,2: ‹Ich bin
das Transzendentale, dein Gott, der dich aus der Knechtschaft
der Metaphysik hinausgeführt hat. Du sollst keine andern
Götter haben neben mir.›

Bemerkenswert, wie tief der Neukantianismus in die Fußstapfen von Fichte und Hegel eingesunken ist. Er glaubte
zwar nicht an den Weltgeist, übernahm aber bereitwillig die
nebulöse, schöpfungstheologisch aufgeladene Terminologie
des «Setzens» und «Bestimmens», mit der Fichte und Hegel
so virtuos jongliert hatten, und blies damit das Transzendentale im Menschen auf – tief befangen im Siegesrausch der Naturerforschung und -beherrschung, der im 19. Jahrhundert
ganz Mitteleuropa ergriffen hatte. Als der junge Karl Marx die
«Industrie das aufgeschlagne Buch der menschlichen Wesens-
kräfte, die sinnlich vorliegende menschliche Psychologie»[32]
nannte, traf er diese Siegesstimmung genau. In Fabrikschlo-
ten, städtischen Arbeitervierteln, Straßen-, Schienen- und Te-
legrafennetzen schien sich geradezu empirisch zu beweisen,
daß die Natur lediglich das sei, was der Homo sapiens aus ihr

31 Rickert ⁶1928, 70
32 Marx 1974 [1844], 542

macht. Zudem hatten die Marburger, wie schon Fichte und Hegel, durchaus nicht nur unrecht, als sie über das «Ding an sich selbst» die Nase rümpften. Ein Ding ohne Eigenschaften, von dem man keine Anschauung, keine Ortsangabe, lediglich den Begriff hat: Wozu soll das gut sein?

Das merkt man erst, wenn man es zu eliminieren versucht. Dann stellt sich heraus: Es hat den Status einer Sicherung. Die Sicherung ist die schwächste Stelle im Stromkreis, aber seine Stärke ist, daß er sie hat. Sie springt heraus, wenn er über seine Verhältnisse lebt. Sie hält nicht stand, aber zu seinen Gunsten. Und wenn die Vernunft «nur das einsieht, was sie selbst nach ihrem Entwurfe hervorbringt», wenn sie nur *sich* hat, nur im eigenen Saft kocht, nur in der Echokammer ihrer selbst umhertappt, wo ist dann die Sicherung, die sie davor bewahrt, an ihren eigenen Hervorbringungen Gedanke und Wunsch, realitätstüchtige Vorstellung und untüchtige Phantasie, Wahrheit und Trug zu verwechseln? Das Transzendentale, das immer schon unfehlbar seinen vernünftigen schöpferischen Urakt vollzogen haben soll, ehe der empirische Mensch zu Fehleinschätzungen kommt, ist doch auch bloß etwas, was die Vernunft sich selbst zuspricht. Sie bleibt dabei bei sich. Wenn sie das Transzendentale zu ihrem eigenen Gipfel- und Angelpunkt erklärt, der über alle Zweifel erhaben ist, weil er alle Vernunftoperationen allererst ermöglicht, so ist das lediglich *ihre* Erklärung. Und so hoch Kant diese auch veranschlagte – immerhin ist *er* der Begründer der Transzendentalphilosophie –, allein auf sie mochte er sich nicht verlassen. Deshalb reklamierte er ein äußeres Korrektiv, eben jenes Ansich, das die Vernunft vor Größenwahn schützen und eine Grenze zwischen real und imaginär, Erscheinung und Schein zumindest anzeigen soll. Es selbst kann diese Grenze zwar nicht ziehen, aber es sträubt sich, wenn Menschen sie eklatant ignorieren. So hat das Ansich für Kant durchaus eine verneinende, begrenzende Funktion. Darüber hinaus freilich bleibt es leer:

das eigenschafts- und ortlose Jenseits der Erscheinungswelt. Doch ist das schon alles? Läßt sich über das Ansich nicht ein wenig mehr ausmachen?

Selbstorganisation

Durchaus, sobald man sich vergegenwärtigt, daß der transzendentale Standpunkt, von dem aus es so leer erscheint, viel windiger ist als es selbst. Zwar ist einzuräumen, daß sich in den Menschen eine spezifische mentale Mitgift artikuliert, sobald sie beginnen, ihre Umgebung wahrzunehmen. Aber warum soll diese Mitgift «transzendental» sein, also ungeworden, ohne jede Entstehungsbedingung stets zur Stelle, wo immer menschliche Wesen denken? Der Homo sapiens ist ein Spätprodukt der Naturgeschichte. Sein Körperbau, sein aufrechter Gang, seine Gehirnkonsistenz haben sich in vielen Jahrtausenden zu dem entwickelt, was sie sind. Die mentale Mitgift aber soll davon ausgenommen sein? Absurd. Sie gehört selbstverständlich jener langen Geschichte der Abwehrmechanismen an, die bereits mit den Einzellern begann – Gebilden, die vor einigen Milliarden Jahren aus einer molekularen Ursuppe hervorgegangen sind. Über ihr Zustandekommen haben die Biologen Humberto Maturana und Francisco Varela Bahnbrechendes herausgefunden. Dabei kommt dem Kohlenstoff, einem außerordentlich wandlungsfähigen und vereinigungsbereiten Urelement, eine Schlüsselrolle zu, und zwar von dem Zeitpunkt an, als «die aus Kohlenstoffketten bestehenden Moleküle – *die organischen Moleküle* – sich anhäuften und diversifizierten»[33] – unter anderem zu Aminosäuren und Proteinen.

33 Maturana/Varela 1987, 44

Moleküle sind nie mehr als chemische Zusammensetzungen. Aber bestimmte Moleküle, nämlich Proteine, entwickelten im Zuge größerer Molekülanhäufungen die Eigenschaft, sich von den andern abzusondern und allmählich einen stabilen, plastischen und durchlässigen «Rand» zu bilden: eine «Membran»[34], die ihrerseits die andern Moleküle zu umschließen und beieinanderzuhalten begann. Von dieser Membranbildung an sind die Moleküle mehr als nur chemisch. Sie treten in eine neue Form von Interaktion. Man kann nicht sagen, woher dies Neue kommt, sondern nur staunend feststellen, daß es irgendwann *da* ist. Es hat sich organisiert, ohne daß sich ein Organisator angeben ließe. Daher spricht man von «Selbstorganisation», wenn eine Membran bewirkt, daß bestimmte Moleküle zusammenbleiben und miteinander zu einem Zellkern verwachsen, die Zellkernbildung wiederum bewirkt, daß sich die Membran stabilisiert und diese Wechselwirkung einen Zellraum entstehen läßt, der abgegrenzt, aber nicht undurchlässig ist. Membranen sind semipermeabel. Sie atmen. Und sobald sie das tun, wollen sie damit nicht mehr aufhören. Anders gesagt: Einzeller wollen leben.

Dazu brauchen sie Nährstoffe, und deren Ein- und Ausfuhr geschieht durch die Membranen. Sie atmen aus der molekularen «Suppe» um sie herum bestimmte Stoffe ein, andere stoßen sie ab. Ein gewisses Quantum von Natrium- oder Calciumionen zum Beispiel lassen sie herein. Es wird in den inneren Zellstoffwechsel integriert, ein unverarbeiteter Rest davon wieder ausgestoßen. Bei Cäsium- und Lithiumionen hingegen gelingt das nicht. Die Membran läßt sie erst gar nicht durch.[35] Sie selektiert doppelt: nach außen, indem sie einiges hereinläßt, anderes nicht; nach innen, indem sie einiges vom Her-

34 Maturana/Varela 1987, 53
35 Maturana/Varela 1987, 86

eingelassenen ausscheidet, anderes assimiliert. Sie fungiert gleichermaßen als Atmungs-, Verdauungs- und Wahrnehmungsorgan. Bei Einzellern sind diese drei Funktionen noch ungeschieden. Und doch vollbringen sie, bei aller Primitivität, eine höchst erstaunliche Leistung. Was befähigt sie zu dieser Selektion? Woher «wissen» sie, was ihnen bekommt und was nicht? Tatsächlich müssen sie, um leben zu können, über ein minimales «Körperwissen» verfügen.[36] Es hat unzählige Wiederholungen zur Voraussetzung. Über Millionen Jahre hinweg haben sich Kohlenstoffmoleküle angehäuft und diversifiziert, ohne irgendeine Drift zu Einzellern zu haben. Als bestimmte Molekülverbindungen dann eine solche Drift entwickelten, muß es wiederum unvorstellbar lange gedauert haben, bis es tatsächlich zu Einzellern kam. Die unzähligen gescheiterten Anläufe in diese Richtung verraten wiederum nicht, warum in einigen Fällen die Zellbildung schließlich gelang und sich Kerne mit Membranen umgaben, die in der Lage waren zu atmen – also nach innen wie nach außen zwischen genießbaren und ungenießbaren Nährstoffen zu unterscheiden.

Daß diese Unterscheidung «gelernt» wurde und Einzeller durch «Selbstorganisation» entstanden sind, ist nicht falsch, besagt aber wenig, verrät nämlich nichts darüber, woher die Fähigkeit zur Organisation bzw. zum Lernen kommt. Ihre Vorgeschichte, ihre Voraussetzungen, ihre Materialien mögen allesamt angebbar sein. Aber der Moment, von dem an ihre Selbstbewegung, ihr Eigenleben unversehens *da* ist und die Membran zu atmen beginnt – er offenbart nicht, was ihn bewirkt hat. Wer auf die Frage, was einen Seiltänzer oder Klaviervirtuosen zu seiner atemberaubenden Koordinationslei-

---

36 Für Vittorio Hösle (2018, 60) wäre dies «Wissen» beinahe schon ein Verstehen. Siehe unten, S. 71, Fn. 59.

stung befähigt, die Antwort bekommt: «Das macht er selbst», hat durchaus Anlaß, sich gefoppt zu fühlen. Daß Einzeller «sich selbst» organisieren, gilt hingegen, seit Maturana und Varela dafür das griechische Fremdwort *autopoietisch* reklamierten,[37] in der systemischen Biologie als zureichende Erklärung für die Entstehung des Lebens, und die allgemeine Systemtheorie, die, im Gefolge Niklas Luhmanns, nicht nur organische, sondern auch soziale Gebilde aller Art untersucht, hat auf den Begriff Autopoiesis nahezu ihr ganzes Selbstverständnis gegründet. Systeme, so ihr Mantra, erzeugen sich selbst.

Daß ein Gebilde sich selbst organisiert, heißt jedoch lediglich: Man weiß nicht, wer oder was es dazu in die Lage versetzt hat. «Selbstorganisation» ist keine Erklärung, sondern ein Verlegenheitsbegriff – nicht anders als «transzendental», was ja bei Kant so viel heißt wie nicht herleitbar, aber stets präsent, wo Menschen denken und handeln. Als Verlegenheitsbegriffe, als Chiffren des Nichtwissens, sind beide Worte übrigens durchaus brauchbar, zumal das Staunenerregende, im wörtlichen Sinne Wunderbare beim Einzeller nicht geringer ist als bei der reinen Vernunft. Auch er vollzieht in dem Moment, wo sein Eigenleben beginnt, eine ursprüngliche Synthesis. Zwar ist sie nicht «immer schon da», wie Kant es vom Transzendentalen behauptet, sondern erst von einem bestimmten Moment an. In diesem Moment vollzieht sich ein qualitativer Sprung: von unbelebter Materie zu belebter. Ein unerhört folgenreicher Überschuß entsteht. Aber es läßt sich nicht sagen, woher er kommt. Er ist der blinde Fleck in aller Erklärung. Formeln wie «dialektischer Umschlag von Quantität in Qualität» oder «Selbsterzeugung» erhellen ihn nicht. Nur seine Bedingungen lassen sich angeben. Und dann ist er

37 Maturana/Varela 1987, 50

plötzlich da. Ein organisches Gebilde beginnt zu selektieren, was ihm guttut und was nicht. Es betreibt Stoffwechsel zwischen innen und außen. Wo eine Membran diesen Austausch regelt, atmet sie, und wo Atmung ist, ist auch Atemnot.

Wie weit diese Not bereits Spurenelemente einer Empfindung, gar eines Leidens enthält, läßt sich nicht ermitteln. Aber schon für Einzeller gilt: Wo es Atmung gibt, gibt es ein Weiter-atmen-Wollen. Einzeller halten nicht aus Jux zusammen, sondern aus Not, so minimal diese auch sein mag; genauso wie sie aus Not darauf verfallen sind, sich zu teilen. Das war nämlich nicht von Anfang an so. «In der Tat war ihre allererste Reproduktion eine Fragmentierung als Folge des Zusammenprallens mit anderen Wesen aus dem umliegenden Milieu.»[38] Schroffer gesagt: Zellteilung war zunächst einmal Zerstörung von außen. Einzeller waren weitgehend schutzlos. Ihr Leben stand jeden Moment auf der Kippe. Offenbar war das die Urszene des Sprichworts «Not macht gelehrig». In vielen von ihnen muß sich allmählich ein Impuls geregt haben, der zerstörerischen Teilung von außen gleichsam vorzugreifen, sie in eigener Regie selbst zu veranstalten, um sie zu überdauern. Wie Zerstörung von außen in innere Teilung übergehen und unzählige primitive Zellen es schließlich schaffen konnten, sich so zu teilen, daß sie dabei nicht zugrunde gingen, sondern sich verdoppelten – auch das gehört zu den frühen Wundern des Erdenlebens. Dennoch hat Zellteilung nicht als mechanische Entkoppelung begonnen, sondern als Elementarform organischer Notwehr: gewissermaßen als List von Einzellern gegen ihre übermächtige Umgebung. Erst der Erfolg dieser List hat organisches Wachstum in großem Stil entfesselt. Wie sich zuvor Proteine zusammengetan und mit einer Membran umgeben hatten, so verbanden sich nun geteilte Zellen und

38 Maturana/Varela 1987, 75

umgaben sich ihrerseits mit einer Haut, die sie von ihrer Umwelt unterscheidet. Es entstanden Zweizeller, Mehrzeller, Vielzeller, immer komplexere Organismen, schließlich welche mit besonderen Keimzellen, die neben dem innerkörperlichen Wachstumsprozeß durch Zellteilung und -assoziation eine weitere Art der Zellgenerierung in Gang setzten: durch Fusion.

Diese Fusion ist ein höchst voraussetzungsvoller Vorgang. Primitive Organismen, für die es bis anhin nur durch Zellteilung ein Fortleben ihrer Spezies gegeben hatte, müssen – offenkundig aus Lebensnot – dazu gelangt sein, zwei konträre, aber füreinander empfängliche Arten von Keimzellen auszubilden. Not macht erfinderisch. Aber wie sie Organismen zu der List gebracht hat, das Überleben ihrer Spezies in eine Zweierstruktur von Keimzellen gleichsam auszulagern, so daß, wenn je ein Keimstoff der einen Zellart auf einen von der andern trifft und mit ihm verschmilzt, ein neuer Einzeller entsteht, der fähig ist, sich wiederum durch Zellteilung zu einem ganzen Organismus auszuwachsen, das wird sich schwerlich erhellen lassen. Dennoch war der Erfolg so durchschlagend, daß es bei dieser Zweierstruktur geblieben ist. Der eine Keimstoff wirkt befruchtend, die andere wird befruchtet; der eine dringt zur Fusion in den anderen ein; letzteren nennt man weiblich, ersteren männlich. Ansätze zur Ausbildung weiterer Keimzell- und Keimstoffarten sind nicht bekannt. Anscheinend hat keine Not zu ihnen gedrängt. Und so ist die auf Keimzellen beruhende Fortpflanzung von den Fischen und Reptilien bis zu den Säugetieren, Primaten, Hominiden über die Zweigeschlechtlichkeit nicht hinausgelangt.[39]

Im Zuge des unvorstellbar langwierigen Differenzierungsprozesses primitiver Organismen, der unter anderem zur Aus-

39 Zum «dritten» Geschlecht siehe unten, S. 164 ff.

bildung besonderer Keimzellen zur Arterhaltung führte, sind auch Atmung, Verdauung und Wahrnehmung auseinandergetreten – und haben dennoch nicht aufgehört, aneinander teilzuhaben. Die Verdauung hat sich bei komplexen Organismen zwar im Körperinneren zentriert, während die Wahrnehmungsorgane über die Oberfläche der Außenhaut verstreut sind. Doch Gesichts-, Gehör-, Geruchs-, Geschmacks- und Tastsinn sind gewissermaßen arbeitsteilige Spezifikationen dieser Haut, die weiterhin auch als Atmungsorgan fungiert und dabei zugleich den gemeinsamen Boden der Sinne bildet. Deren Ensemble nennt man Sensorium. Es ist gewissermaßen der Außenposten von Verdauung und Fortpflanzung. Es sortiert Gefahren, Nahrungsmittel und Sexualobjekte bereits vor, ehe der Organismus davon direkt berührt wird. Ohne ein solches Vorchecking sind komplexere Organismen kaum mehr lebensfähig. Die Sinnesreize wirken wiederum wie verflüchtigte Nährstoffe, sind einerseits unentbehrliche Signale, die die Sinnesorgane in Gang halten, andrerseits Eindringlinge. Wahrnehmung ist immer zugleich Rezeption und Abwehr. Sie kann Sinnesreize gar nicht aufnehmen, ohne sie zu selektieren und sich so gegen ihre Zudringlichkeit zu schützen. Diese Selektion oder Filterung aber ist eine die Außen- und Innenwelt gleichermaßen strukturierende Leistung. Sie legt sich die Außenwelt zurecht und stabilisiert damit zugleich die Innenwelt. Mit andern Worten: Sie ist die Urform der Konstruktion. «Die Welt» ist für sie freilich nicht, wie für Ludwig Wittgenstein, «alles, was der Fall ist»,[40] sondern lediglich alles, was ein winziger Organismus in sich hineinläßt oder abweist. «Das will ich essen oder will es ausspucken»[41] war Sigmund Freuds Formel dafür. Er sah darin die Urform des Urteils.

40 Wittgenstein 1984 [1918], 11
41 Freud 1975 [1925], 374

Und in der Tat: Konstruktionen haben als Primitivurteile, als ungelenke, vielfach fehlgreifende Ja-nein-Selektionen begonnen. Die Welt reduziert sich für sie auf das Genießbare und Ungenießbare der unmittelbaren Umgebung, wie für Kaiser Wilhelm II. die Welt der Musik auf den Radetzkymarsch oder nicht den Radetzkymarsch. Zwischentöne, Zwischenstadien, Vielfalt gibt es in der Urkonstruktion noch nicht; Organismen sind erst allmählich aufnahmefähig für sie geworden.

Mit dem Zuwachs solcher Aufnahmefähigkeit haben sich freilich auch die Wahrnehmungsorgane differenziert – weit über die anfängliche Selektionsfunktion hinaus. Die Augen, Ohren und Nasen von Katzen, Hunden, Hasen, Rehen oder Pferden nehmen weit mehr wahr als lediglich Feind-, Beute-, Brut- und Partnersignale. Wie weit sie das vielfältige Drumherum um diese Signale tatsächlich fokussieren, ist schwer zu ermitteln. Aber wo die Wahrnehmungskapazität über die bloßen Selbsterhaltungsfunktionen hinausgeht, bildet sich zumindest das Potential, Dinge und Konstellationen als solche wahrzunehmen und nicht ausschließlich den Grad ihrer Bedrohlichkeit oder Attraktivität. «Dinge als solche»: da schwingt schon das «Ding an sich» mit. Doch Tiere sind keine Philosophen. Für sie ist das Ansich lediglich ein schattenhaftes Beiher: dasjenige in ihrer Umwelt, was nicht darin aufgeht, Bedrohung oder Attraktion auszuüben, aber nichts, was für sich genommen relevant wäre.

Flucht nach vorn

Wer verstehen will, was Konstruktion ist, muß sich auf ihre tierischen Vorformen zurückbesinnen. Längst ehe Menschen sich Schonräume bauten oder Holz zum Opferfeuer aufschichteten, das ihnen den Schutz höherer Mächte verschaffen sollte, haben Organismen sich ihre Umgebung durch Filte-

rung so zu konstruieren versucht, daß sie von ihr nicht über-
wältigt würden. Konstruktion ist ursprünglich ein von Flucht-
und Abwehrimpulsen gesteuertes Verhalten, mit andern
Worten: ein Triebgeschehen. Trieb, so zeigt sich daran, ist
ursprünglich der Drang zur Flucht oder Abwehr, durch den
sich Organismen lebendig zu erhalten suchen. Sexualdrang ist
eine relativ späte Abzweigung davon, die sich erst nach Millionen Jahren Naturgeschichte eingestellt hat und das Kunst-
stück vollbrachte, den Fluchtdrang in die Gegenrichtung um-
zubiegen: in einen Drang zur Zellfusion. Auch der aber hat
den Fluchtcharakter nicht völlig verloren. Sexualdrang muß
stets inneren Druck loswerden. Er ist keineswegs Motor pu-
ren Behagens. Gerade Freud sagt: «Die Empfindungen mit
Lustcharakter haben nichts Drängendes an sich, dagegen im
höchsten Grad die Unlustempfindungen. Diese drängen auf
Veränderung, auf Abfuhr, und darum deuten wir die Unlust auf eine Erhöhung, die Lust auf eine Erniedrigung der
Energiebesetzung.»[42] Das kommt daher, daß der Sexualdrang
immer schon Abkömmling von etwas anderem ist, nicht Trieb
überhaupt. Wo immer Freud von den «Nöten des Lebens»[43]
spricht, trägt er dem Rechnung. Hingegen verengt er sein eigenes Spektrum, wo er Not auf Sexualnot reduziert oder gar
glaubt, menschliche Kultur aus Sexualneid samt den Maßnahmen zu seiner Eindämmung herleiten zu können: der Erschla-
gung des «Urvaters», der alle Frauen der Horde für sich be-
anspruchte, durch eine «Brüderschar», die nach der Tat, von
schlechtem Gewissen befallen, auf die begehrten Frauen ver-
zichtete und bei weiblichen Wesen anderer Horden Befriedi-
gung suchte.[44]

42 Freud 1975 [1923], 291
43 Freud 1974 [1930], 212
44 Freud 1974 [1912/13], 426 ff.

Das ändert nichts an Freuds bahnbrechenden triebtheoretischen Einsichten. Organismen sind Triebwesen. Doch man bekommt nie den Trieb selbst zu fassen, immer nur seine Manifestationen. Zunächst sind das Verhaltensweisen, die sich durch unzählige Wiederholungen bei der Selektion der Außenwelt derart eingespielt haben, daß sie immer wieder gleich ablaufen und bei der Fortpflanzung als Disposition an die nächste Generation weitergegeben werden. Man nennt sie Instinkte oder «angeborene auslösende Mechanismen». Für jede neue Generation sind diese Mechanismen «immer schon da», und dennoch haben jahrtausendelange Ablagerungsprozesse sie erst zu dem werden lassen, was sie sind. In Kantischer Terminologie könnte man sagen: Der Trieb ist das Ansich der organischen Natur, das in den instinktiven Verhaltensweisen der Lebewesen erscheint. In Freuds Worten, bezogen auf den Homo sapiens, liest sich das so: «Ein Trieb kann nie Objekt des Bewußtseins werden, nur die Vorstellung, die ihn repräsentiert. [...] Würde der Trieb sich nicht an eine Vorstellung heften oder nicht als ein Affektzustand zum Vorschein kommen, könnten wir nichts von ihm wissen.»[45] Anders gesagt: Vorstellung, Bewußtsein, Wissen, kurzum, das gesamte mentale Repertoire ist lediglich eine Verhaltensdisposition, in der sich der Trieb, die Flucht- und Abwehrregung des Lebendigen gegen alles Zerstörerische, auf spezifische Weise artikuliert – und verbirgt. Auch Kants «ursprünglich-synthetische Einheit der Apperzeption» gehört zu dieser Disposition. Sie ist Erscheinung, nicht Ansich. Muskelkontraktionen sind in allen komplexen Organismen elementare Abwehrimpulse gegen unangenehme Reize. Synthesis aber ist Kontraktion. Sie zieht Vielfältiges zu einer Einheit zusammen. Mentale Synthesis ist zwar kein muskulärer Vorgang, aber ohne ein Minimum

45 Freud 1975 [1915], 136

an Konzentration, also psychophysischer Gespanntheit, nicht möglich. Sie ist zwar durchaus ein «Actus der Spontaneität» und dennoch bloß eine hoch sublime Manifestation von Triebregungen, nicht reine Vernunft. Vernunft ist nie «rein». Hier gilt Friedrich Nietzsches genialer Satz: «Der reine Geist ist die reine Lüge».[46]

Schon im Einzeller regte sich der Trieb, und im Menschen ist er alles andere als gestillt. Nur hat er dort eine Wende vollzogen, die, obwohl kaum 200 000 Jahre alt, also vergleichsweise jung, eine Zäsur ohnegleichen darstellt. Bis dahin hatten Triebregungen gewöhnlich eine eindeutige Richtung: quälenden äußeren Reiz fliehen oder innerem Druck ein Ventil verschaffen. In komplexeren Lebewesen kam es zwar gelegentlich vor, daß instinktive Impulse miteinander in Konflikt gerieten und dann den Organismus sporadisch lähmten oder zu Übersprungshandlungen veranlaßten. Aber solche Ausnahmen änderten wenig am Normalfall. Dann jedoch begannen jene Hominiden, deren Gehirn im Verhältnis zum Gesamtvolumen des Körpers am größten geraten, deren Organismus also am meisten von Nerven durchzogen war, kollektiv eine Verhaltensweise einzuüben, in der sich die Triebrichtung umkehrte. Nicht vom Reiz weg, sondern zu ihm hin; ihn nicht eliminieren, sondern reproduzieren, war die Devise.

Von dieser Umwendung, um nicht zu sagen, Revolution des Triebs haben sich nur späte Zeugnisse erhalten, die allerdings ihrerseits zur menschlichen Frühgeschichte gehören. Sobald altsteinzeitliche Siedlungsplätze die geordnete Gestalt von Stätten annahmen, waren sie um ein Zentrum gruppiert: einen Berggipfel, einen Stein, Pfahl, Herd oder um Gräber. Zentrum aber hieß Opferzentrum, und Begräbnis war von Opferung anfangs nicht trennscharf geschieden. Auch die

46 Nietzsche 1988 [1889], 175

alten Erzählschichten der antiken Mythologie erinnern fast immer ans Opfer. Wenn es nicht selbst die zentrale Handlung ist, ist es ihr Hintergrund oder die treibende Kraft der Erzählung. Das griechische Verb *rezein* hat diesen Sachverhalt aufbewahrt. Es bedeutet sowohl «Opfer darbringen» als auch generell «handeln, tätig sein» und nimmt das Opfern als Inbegriff menschlichen Handelns, als menschenspezifische Tätigkeit schlechthin. Töten – das tun auch die Tiere, gelegentlich auch ihresgleichen. Aber rituell töten, in feierlicher Versammlung an einem bestimmten Ort nach einem festgelegten Schema: das ist ein exklusives Merkmal des Menschen.

Geopfert wurde das Teuerste: Mitmenschen, später auch Großtiere. So etwas tut man nur aus tiefer Not, nicht aus Spaß. Offenkundig sollte die Opferschlachtung von Grauenhaftem Entlastung bringen. Nur wie sollte sie das leisten? Sie war doch selbst grauenhaft – ein auf den ersten Blick absurdes Verhalten, das sich erst im Nachhinein als erstrangige Instinktklugheit erwies. Es hatte übrigens schon in der Urgeschichte des Lebendigen einen denkwürdigen Vorläufer, als Einzeller einen Dreh fanden, ihrer eigenen Zerstörung durch Zellteilung zuvorzukommen, sich gewissermaßen in vorauseilendem Gehorsam selbst antaten, was ihnen drohte, und dadurch nicht nur überlebten, sondern eine grandiose Erfolgsgeschichte exponentieller Zellvermehrung in Gang setzten. Etwas Ähnliches vollzog sich nun noch einmal auf dem Niveau hochkomplexer, extrem nervenlastiger Organismen. Für unerträgliche Reize, vor denen sie nicht rechtzeitig hatten fliehen, die sie aber auch nicht hatten abwehren können, von denen sie also förmlich überschwemmt waren, suchten sie nachträglich Kanäle und Abfuhrwege in ihrem Nervensystem zu bahnen, was ihnen nur gelang, indem sie das, was ihnen widerfahren war, auf eigene Faust zu wiederholen begannen. Über ausgesuchte Einzelne des eigenen Kollektivs gemeinsam noch einmal ähnlich herfallen, wie traumatisierende Naturgewalten (wilde Tiere, Erdbeben, Unwetter etc.) über das ganze Kollektiv hergefallen waren, und dies in bestimmten Abständen immer wieder tun, so daß das Unerträgliche allmählich erträglich, gewöhnlich, um nicht zu sagen, vertraut wurde: dieser Kunstgriff, sich das drohende Schreckliche in dosierter Form selbst anzutun, um es zu überleben, ist die Urform des *traumatischen Wiederholungszwangs*. Erst Freud hat seine Funktionsweise voll aufgedeckt, allerdings nur das Peinigende daran hervorgehoben, nicht das Kulturstiftende.[47] Letzteres wiederum hat – fast gleichzeitig mit Freuds Studien hierzu – der Religionspsychologe Rudolf Otto auf die Formel gebracht: «Vor dem mir graut, zu dem michs drängt.» Das war allerdings seine Definition *des Heiligen*.[48] Von der Logik des traumatischen Wiederholungszwangs wußte er nichts. Aber dessen Wirken, die Umstülpung des Triebs in die Gegenrichtung, des Fluchtimpulses zur Flucht nach vorn, der Abwehr des Schrecklichen zur Schutzsuche beim Schrecklichen, hat er mustergültig erfaßt. Seine Formel gestattet, diese physiologische Wende auch religionstheoretisch auszudrücken: Die Urform des traumatischen Wiederholungszwangs ist die Heiligung des Schreckens.

Sporadische Suspendierung des Fluchtimpulses gibt es auch bei anderen Spezies. Im Augenblick der Gefahr macht sich der Hase dem Erdboden gleich, die Spannerraupe dem Ast, auf dem sie hockt; die Scholle nimmt die Farbe des Meeresgrundes an etc. Mimikry ist in der Tierwelt weit verbreitet. Doch der traumatische Wiederholungszwang ist einen entscheidenden Schritt weitergegangen. Zwar wird auch er anfangs kaum mehr gewesen sein als ein physiologischer Impuls. Auf traumatische Erlebnisse folgte deren diffuse reflexhafte Wieder-

47 Freud 1975 [1920], 229ff.
48 Otto 1963 [1917], 42

holung. Doch die Pointe des traumatischen Wiederholungszwangs ist, daß er sein eigenes Tun nicht aushält; wiederholt er
doch Schreckliches, damit es *aufhöre*, schrecklich zu sein. Er
ist nicht nur Flucht nach vorn; er flieht auch vor sich selbst.
Und sein Fluchtdrang hat ihm, durch jahrtausendelange Insistenz, schließlich ein Ventil geöffnet und ihn zu einem Über-
schießen nach außen befähigt: zur Projektion seiner selbst in
ein höheres Etwas, das die Schlachtung zu verlangen schien.
Das war das später so genannte Heilige. *Ihm* wurden nun besonders ausgesuchte und zubereitete lebendige Wesen geschlachtet, damit es Ruhe gebe und sich aus einer Schreckens-
macht in eine Schutzmacht verwandele. Das Heilige wirkte
wie später in der Hochkultur das hysterische Symptom. Es
gab einem diffusen inneren Zwang eine äußere Gestalt – ein
Wozu, um nicht zu sagen: einen Sinn. Erst dadurch verwandelte sich die reflexhafte Zwangswiederholung allmählich in
eine intentionale sakrale Handlung: den Opfervollzug. Er
machte den gestaltlosen inneren Zwang ungleich erträglicher.

Der Drang des inneren Zwangs nach äußerer Manifestation
war freilich nur die Kehrseite einer Triebbewegung nach innen: einer Introversion, deren Insistenz etwas schlechterdings
Neues eröffnet hat – den mentalen Raum. Er gehört zum Rät-
selhaftesten der Naturgeschichte. Es gab diesen Raum nirgends, bevor er sich öffnete. Seine Öffnung und seine Entstehung sind identisch. Genauso wie mentale Synthesis eine
Kontraktion und doch kein muskulärer Vorgang ist, so hat
auch der mentale Raum keinerlei physische Ausdehnung. Er
ist imaginär – wie die höhere Macht, die zunächst sein einziger
Inhalt war. Deren Imagination muß maximal primitiv und undeutlich begonnen haben: in Gestalt eines diffusen Schemens,
der von Tier- oder Menschenähnlichkeit noch weit entfernt
war – so etwas wie ein Spuk, der auf dem Höhepunkt kollektiver Erregung die Opfergemeinde überkam. Im entscheidenden Moment der Darbringung, wo der tödliche Schlag

gegen das auserwählte Opfer erfolgte, spukte es. Theologisch gesprochen: Das Heilige «erschien» – als die das Kollektiv rettende Kraft. Das ist die Urszene der Epiphanie. In ihr begann sich von der Flucht nach vorn eine Flucht nach innen abzuzweigen. Anders gesagt: Von den eingespielten Wahrnehmungs- und Wiederholungspraktiken, mit denen das Hominidenkollektiv die äußeren Reize aufzufangen suchte, begannen sich Wahrnehmungsniederschläge abzulösen und zu einer spukenden Erregungsmasse zu verselbständigen: zu Halluzinationen.

Einbildung

Halluzinationen sind Wahrnehmungsniederschläge, die sich selbst von Wahrnehmungen nicht zu unterscheiden vermögen: «als Wahrnehmungen verkannte Vorstellungen» oder auch «Wahrnehmungen ohne entsprechenden Reiz von außen»,[49] wie eine klassische psychiatrische Definition lautet. Sie versteht darunter allerdings ausschließlich Krankheitszustände und ignoriert, daß derartige Zustände einst das Elementarstadium des Menschengeistes ausmachten. Halluzinationen bilden die Grundschicht und den Nährboden des mentalen Raums. Wie Wahrnehmungen nie nur Rezeption von Reizen sind, sondern stets deren aktive Filterung, um sie erträglich zu machen, so waren die ersten Wahrnehmungsniederschläge wiederum Schutzmaßnahmen gegen die Unerträglichkeit bestimmter Wahrnehmungen – gewissermaßen gegen sich selbst gewendete, sich selbst verleugnende Wahrnehmungen. Sie leugneten den Opferschrecken, indem sie die Errettung von ihm in ihn hineinwünschten. Halluzinationen haben als

49 Bleuler [13]1975, 36 und 32

Wunschbilder begonnen, die die Wahrnehmung unerträglicher äußerer Sinnesreize durch deren eigenes Gegenteil überformten. Sie entstanden in höchster Not. Nur inständiges Verlangen nach Rettung befähigte dazu – wir wissen nicht, wie –, von furchtbaren Wahrnehmungsbildern eine konträre Bildschicht «ohne entsprechenden Reiz von außen» abzuzweigen. Das Fachwort für diesen extrem triebhaften Vorgang heißt «Einbildung»: Herstellung innerer Bilder, die vor äußeren Sinnesreizen zu schützen versuchten – wie an der Außenhaut angebrachte Amulette den bösen Blick äußerer Gefahr abwehren und auf den Urheber zurückwenden sollen. Der mentale Innenraum öffnete sich als innerer Schonraum zur Nachbearbeitung unbewältigter Wahrnehmungen. Hier konnten sie ein eigenes bildliches Nachleben entwickeln, wie ja auch Opferrituale kollektiv inszenierte Nachbilder erlebten Schreckens waren. Sie gaben in wörtlichem Sinn eine Vorstellung von ihm, führten ihn in fest geformten Gestalten immer wieder auf, um ihn zu bewältigen.[50]

Halluzinatorische Realitätsüberformung war die mentale Initialleistung. Woher wir das wissen? Haben doch nie Anthropologen oder Reporter die Menschwerdung als Augenzeugen begleitet. Dennoch gibt es einen starken postumen Zeugen dafür: das Phänomen des Traums. Träume sind «Wahrnehmungen ohne entsprechenden Reiz von außen», und nahezu alle Menschen träumen. «Der Traum ist also eine Psychose, mit allen Ungereimtheiten, Wahnbildungen, Sinnestäuschungen einer solchen», wiewohl «harmlos, selbst mit einer nützlichen Funktion betraut», nämlich der Nachbearbeitung unverdauter, schlafstörender Sinnesreize. Er ist «Hüter des Schlafes»,[51]

50 Zur Konstellation Wiederholungszwang – Opfer – Einbildung siehe ausführlich Türcke 2008, 60 ff.
51 Freud 1994 [1940], 67 und 66

nicht sein Störer: eine mentale Sicherung im nie ganz versiegenden Strom sensorischer Reize, unverzichtbar für seelischen Ausgleich. Und er ist «primitive Denktätigkeit»[52]. Nicht derart, daß bei Frühmenschen das Denken genauso verlaufen wäre wie bei Heutigen das Träumen. Der Traum ist ja längst marginalisiert, gewöhnlich auf den Schlafzustand beschränkt. Er findet nur zu den Konditionen einer ausgeprägten «Traumzensur» statt, die bestimmte Anforderungen des Wachzustands auch noch im Schlaf aufrechterhält, und er verblaßt oder verfliegt gewöhnlich, sobald der Träumer erwacht. Kurzum, heutiges Träumen ist nur noch ein sporadischer, gestauchter Rückstand der primitiven Denktätigkeit von einst. Aber der Rückstand läßt erraten, was Halluzinationen ursprünglich taten. Sie öffneten einen imaginären inneren Schonraum gegen die Zudringlichkeit der Außenweltreize.

Allerdings waren Halluzinationen ein völlig ungenügender Schutz – lediglich das erste Stadium der Distanzgewinnung. Sie klebten noch förmlich an der physiologischen Wahrnehmung und waren unfähig, sich von ihr zu unterscheiden. Diese epochale, in ihrer Tragweite kaum zu überschätzende Unterscheidung gelang erst im zweiten Stadium der Einbildung, anders gesagt, durch eine Einbildung zweiten Grades: die Verflüchtigung des halluzinatorischen Bildgehalts zu Vorstellungen. Dieser Prozeß wird kaum weniger mühsam und langwierig verlaufen sein als die Abzweigung der Halluzination von der Wahrnehmung. Und wie erst gegen sich selbst gewendete, sich selbst verleugnende Wahrnehmungen halluzinatorisch geworden sind, so erst gegen sich selbst gewendete, ihren eigenen Bildgehalt verscheuchende Halluzinationen zu Vorstellungen. Zu Vorstellungen gehört die Gewißheit, daß sie etwas anderes sind als Wahrnehmungen. Sie hören zwar

---

52 Freud 1972 [1900], 539

nicht auf, vom halluzinatorischen Bildgehalt zu zehren, der, wie der Traum täglich beweist, aus dem mentalen Untergrund keineswegs verschwunden ist. Aber er flammt in den Vorstellungen nur noch kurz auf und verglimmt.

Was zurückbleibt, ist schwer zu benennen. Es sind gleichsam ausgebrannte Gehäuse, weitgehend entsinnliche, entbildlichte Schemata. Ihr Verlust an Sinnlichkeit hat ihnen freilich einen epochalen Gewinn an Spielraum gegenüber je einzelnen Reizen verschafft – und damit eine geradezu jokerartige Vielseitigkeit. Vorstellungen sind tatsächlich so etwas wie Joker. Sie können für eine Vielzahl einander ähnlicher Einzelbilder und -reize stehen. Sie bilden sie nicht ab; sie repräsentieren sie nur noch: als verallgemeinerte oder verallgemeinerbare Rückstände von Besonderem. In der Jokereigenschaft öffnet sich die Dimension des Allgemeinen. Vorstellungen überdauern die Bilder und Reize, von denen sie ausgelöst wurden. Sie lösen sich davon ab. Sie verflüchtigen sich zu Mustern, die sich dank ihrer Jokerhaftigkeit ebenso im Zustand der Präsenz befinden können wie in die Latenz absinken – und daraus durch Wiedervergegenwärtigung *(repraesentatio)* erneut hervortreten. Und wenn an solch feste und zugleich multiapplikative Muster immer wieder gleichartige Lautgebilde andocken, entstehen Begriffe. Das sind lautgestützte Vorstellungen, in denen Vorstellung und Laut – man könnte auch sagen: optische und akustische Muster – sich wechselseitig stabilisieren. Die Vorstellungen geben den Lauten eine Bedeutung, während die Laute die Vorstellungen immer wieder hervorrufen, ihre Einsatzbereitschaft erhöhen, sie unablässig neu kombinieren und ihre Selbständigkeit gegen die Außenwelt stärken. Je mehr Distanz und Eigenständigkeit ihnen aber zuwächst, desto weniger haben sie es nötig, die Außenwelt bloß abzuwehren, desto mehr können sie sich ihr öffnen, desto differenzierter können sie daran Ungenießbares und Genießbares, Abträgliches und Zuträgliches selektieren und jene Kultur der Filterung in Gang setzen, die die Signatur des Mentalen ausmacht.

Flucht und Abwehr sind die natürlichen Triebregungen des Lebendigen. Der mentale Raum mit seinem halluzinatorischen Untergrund, seinem schier unerschöpflichen Vorstellungsarsenal und Begriffspotential: er ist der Ort, wo sich diese Triebhaftigkeit auf bisher einmalige Weise gelockert, um nicht zu sagen, denaturiert hat, ohne deshalb den Flucht- und Abwehrimpuls gänzlich zu verlieren. Daß sich das Mentale als Schutzmaßnahme konstituiert hat, verraten, wenn auch unfreiwillig, selbst noch jene vorgeblich reinen Verstandesbegriffe oder Kategorien, die nach Kant immer schon am Werk sind, wenn Menschen Begriffe bilden. Sie sind, so seine These, nicht nur immer schon da, sondern auch immer schon «auf Objekte» bezogen. Aber warum? Aus Lust und Laune? Völlig motivlos? Schwerlich. Was Organismen, vom Einzeller bis zum Homo sapiens, existentiell auf ihre Umgebung bezieht, ist die Gefahr, die von ihr ausgeht. An wesentlichen Punkten hat Kants Kategorientafel den Subtext einer Gefahrenabwehrtafel – bis in die Reihenfolge hinein, in der er seine vier «Klassen» von Kategorien aufführt: Quantität, Qualität, Relation und Modalität. In dieser Abfolge sedimentiert sich frühe Menschheitsgeschichte. Mit einer Ausnahme. Kant hat die Quantität vor die Qualität gesetzt; offenbar, weil ihm nichts ist so zweifelsfrei erschien wie das Zähl- und Meßbare. Doch Zählen ist kein Erstes; quantifiziert werden kann nur Qualitatives. Menschheitsgeschichtlich kommt zuerst die Qualität. Und das Qualitative schlechthin ist die Gefahr. Sind befremdliche Gestalten, Geräusche oder Gerüche gefährlich, ungefährlich oder grenzwertig? Diese Frage hat sich in den Kategorien der Qualität niedergeschlagen: «Realität, Negation, Limitation». Dann erst stellt sich die Frage: Droht eines, droht vieles, etwa *ein* wildes Tier oder ein ganzes Rudel? «Einheit, Vielheit, Allheit» sind folglich die Kategorien der

Quantität. Wo man zählt, hat man bereits ein wenig Distanz zum Gezählten. Die Kategorien der Relation setzen die Distanznahme und Gefahrendifferenzierung fort. An Naturgewalten wie Blitz und Donner, Sturm und Überschwemmung haben die frühen Menschen zu unterscheiden gelernt, was die Gefahr selbst ist und was bloß ihre Begleitung; was Ursache und was Wirkung. Bei Kant bleiben davon geglättete Verallgemeinerungen zurück: «Inhärenz und Subsistenz», «Kausalität und Dependenz». Die Kategorien der Modalität schließlich nehmen weiteren Abstand von der unmittelbaren Gegenwart der Gefahr, indem sie die Dimension der Zukunft öffnen und nicht nur von außen drohende, sondern auch selbsterzeugte Gefahren einbeziehen, wie sie etwa Opferschlachtungen, Beute- und Kriegszüge mit sich bringen. Ist es möglich, diese Gefahren durch akribischen Ritualvollzug abzuwenden, ihnen durch Jagd- oder Kriegsgeschick zu entrinnen? Werden sie von höheren Mächten auferlegt oder durch priesterliche Eigeninteressen heraufbeschworen? Solche existentiellen Fragen finden sich bei Kant zu den Kategorien «Möglichkeit – Unmöglichkeit» sowie «Notwendigkeit – Zufälligkeit» neutralisiert.[53]

Die sogenannten Kategorien haben sich anfangs an tödlichen Gefahren entzündet und sind erst allmählich zu einer allgemeinen mentalen Disposition abgesunken. In der Reihenfolge Qualität, Quantität, Relation, Modalität hat sich zudem der historische Prozeß fortschreitender Distanzgewinnung gegenüber Naturgewalten sedimentiert. Kant hingegen

---

53 Es ist nicht nötig, hier alle zwölf seiner Kategorien pedantisch durchzunehmen. Ob die magische Zwölfzahl sachlich zwingend oder eher durch gewisse Überschneidungen und Redundanzen erschlichen ist, ist ohnehin umstritten – und für den Erweis des Gefahrensubtexts nicht ausschlaggebend.

hielt sämtliche seiner Kategorien für gleich ursprünglich und allgemein: für das reine Vermögen zu jeglichen Begriffen, das die Vernunft immer schon befähigt, an die Natur in der Rolle «eines bestallten Richters» heranzutreten, «der die Zeugen nötigt, auf die Fragen zu antworten, die er ihnen vorlegt» (23). Doch dies angebliche Urvermögen ist das Produkt jahrtausendelanger Ablagerungen und besagtes Richteramt eine ausgesprochen späte Errungenschaft der Menschheit. Das Mentale hat ganz klein angefangen; nicht richtend, sondern schutzsuchend und schützend. Bis daraus eine Bastion wurde, die den Homo sapiens in die Lage versetzte, seine gesamte Umgebung, ja schließlich den ganzen Erdball durch seine spezifischen Produktivkräfte zu prägen – das hat viele Jahrtausende gedauert. Die berühmten Worte, die in Genesis 1,28 der Schöpfergott ans erste Menschenpaar richtet, markieren den Umschlagspunkt, an dem Verteidigungs- in Angriffskräfte übergehen. «Seid fruchtbar und mehret euch und füllet die Erde und machet sie euch untertan, und herrschet über die Fische im Meer und die Vögel des Himmels, über das Vieh und alle Tiere, die auf der Erde sich regen!»[54] Das wurde in Babylon geschrieben, einer jener Großstädte, wo die Trockenlegung von Feuchtgebieten, die Anlage von Äckern, die Indienstnahme von Tieren und Sklaven, der Bau von Tempeln, Festungen und Häusern, die Kontraktion militärischer Kräfte zu einem Stand gelangt war, auf dem ein Gefühl für das erdbeherrschende Potential menschlicher Produktivkräfte

---

54 Das hebräische Wort für «untertan machen» heißt übrigens *kabas*, wörtlich «niedertreten, unterwerfen», das für «herrschen» *radah*, wörtlich «die Kelter treten». Keine Spur also von einer Aufforderung Gottes zu schonendem Umgang mit der Natur, die ökologiebewegte Theologen gern in diese Stelle hineinprojizieren.

durchaus aufkommen konnte, wenn auch lediglich in Gestalt einer kühnen Zukunftsvision, die erst der neuzeitliche Erfindungs- und Wissenschaftsgeist voll realitätstüchtig gemacht hat.

Das Verhältnis von Natur und Geist ist eines von ungleichen Kräften. Geist ist eine Fliehkraft der Natur. Alte Sprachen haben eine Erinnerung daran aufbewahrt. Sowohl das hebräische Wort für Geist (ruah) als auch das griechische (pneuma) bedeuten ursprünglich Wind, Hauch, Atem. Sie stehen für verflüchtigte Stofflichkeit. Der göttliche Geist, so die Vorstellung, braust oder weht im Wind daher; der menschliche Geist, als schwacher Abkömmling davon, äußert sich im Stimmhauch von geformten Lauten. Man liegt durchaus auf der Linie dieses Gedankens, wenn man den mentalen Raum, das *back office* menschlicher Stimmlaute, als Verflüchtigungsmaximum bezeichnet. Er ist ein Wahrnehmungsniederschlag, insofern etwas Physisches; aber ohne Ausdehnung, insofern etwas Metaphysisches – oder zumindest Metaphorisches. Anders gesagt: Er ist über sich selbst hinausgewachsene, denaturierte Natur. Nur durch das denaturierte Filterensemble ihres Sensoriums, ihrer Halluzinationen, Vorstellungen und Begriffe hindurch erfahren die Menschen die Natur, also nie, wie sie an sich ist. Durch besagte Filter legen menschliche Organismen sich ihre Umgebung zurecht, wehren einiges ab, lassen vieles in sich hinein, blenden manches aus, heben anderes hervor – und machen sich so ihr Konstrukt von der Welt. Doch taten sie das ursprünglich aus Not: um an der Übermacht der äußeren Natur nicht zugrunde zu gehen. Diese Übermacht gehört zwar zu ihrem Weltkonstrukt. Aber nur weil die Natur übermächtig *ist*, haben Menschen es nötig, sie zu konstruieren. Ihre Übermacht ist sowohl Konstrukt als auch primärer Auslöser jeglicher Konstruktion – etwas, was der Natur selbst angehört, genauso wie der Trieb, der sich im menschlichen Filterensemble manifestiert, selbst im menschlichen Organismus umherschweift, auch wenn er sich als solcher nicht erfassen läßt.

Die Natur als solche, so zeigt sich, ist also doch etwas konkreter als Kants leeres Ansich. Sie ist ein Feld von Kräften. An denen macht sich zunächst einmal ihr zudringliches, überwältigendes Wirken nach außen bemerkbar. Oft ist es traumatisierend oder tödlich. Je stabiler Lebewesen freilich werden, desto mehr haben sie die Chance, an der Zudringlichkeit auch das Reizvolle, Sanfte, Anschmiegsame zu erleben: die milde Abendsonne, in der sich die Katze räkelt; die goldene Banane, die den Affen anlacht; das Moos, das den Gang des Fuchses abfedert. Die Natur ist nicht 24 Stunden am Tag schrecklich. Nur ist ihre behagliche oder gar beglückende Seite eine Art Überschuß oder Zutat zu ihrer traumatisierenden Prägekraft. Zum Kraftfeld der Natur gehört aber genauso ihre innere Kohäsionswirkung. Nicht erst die erstaunliche Synthesis, welche Einzeller im Zuge ihrer Selbstorganisation vollbringen, ist eine Kohäsionsleistung. Die Moleküle, die dabei synthetisiert werden, sind ihrerseits bereits Zusammenballungen von Stoffpartikeln. Das gilt für organische Materie ebenso wie für anorganische. Die Konsistenz von Mineralien oder Metallen etwa verdankt sich einer Kohäsionskraft, die sich zwar nirgends als solche *in flagranti* dingfest machen läßt, aber ohne die derartige Stoffe mit jahrtausendelanger Haltbarkeit nicht hätten entstehen können. Und selbst die härtesten von ihnen sind ja geworden, nicht von Ewigkeit her.

Überhaupt kann Stoff nur existieren dank einer Minimalkonsistenz. Um es in aristotelischer Terminologie zu sagen: Es gibt nirgends ungeformte Materie. Kein Teilchen kann so klein sein, daß es keine Form mehr hätte. Und doch ist Materie nicht Form. Form kann nur Form *von etwas* sein; andernfalls wäre sie nicht einmal Form. Weder ist Materie auf Form reduzierbar, noch Form auf Materie. Ihre Zweiheit ist unaufhebbar, obwohl sie nur zusammen existieren.[55] Ohne Minimalkonsistenz von Naturstoffen gäbe es ferner weder Wahrnehmungsorgane, noch könnten diese Organe etwas Bestimmtes fokussieren. Sie könnten nicht «auf Objekte gehen», wie es bei Kant heißt. Absurd die Vorstellung, erst die mentalen Kräfte brächten Konsistenz in die Welt, als wäre die Natur vor der Menschwerdung lediglich ein diffuser Brei gewesen. Umgekehrt: Nur auf den Kredit einer natürlichen Minimalkonsistenz sind konsistente Wahrnehmungen möglich, das heißt Wahrnehmungen, die so klar aus dem diffusen Perzeptionskontinuum wahrnehmungsfähiger Organismen hervorstechen (*clare et distincte* heißt das bei Descartes), daß Vorstellungen und Begriffe aus ihnen überhaupt hervorgehen können und fähig werden, sich allmählich zu einem Verbund zu fügen, dessen Konsistenz eine spezifisch mentale ist: das Sich-nicht-Widersprechen. Dafür hat sich nachträglich das Wort «vernünftig» eingebürgert.

Eigensinn der Natur

Vernunft ist Konsistenz zweiten Grades, lediglich eine bestimmte Form von Konsistenz; doch nicht alle Konsistenz ist vernünftig. Die von Naturstoffen zum Beispiel nicht. Sie ermöglicht zwar Vernunft, aber sie bleibt ihr auch fremd. Denn die Kohäsionskraft, die Naturstoffe konsistent macht, schließt sie auch gegen ihre Umgebung ab. Sie verschafft ihnen einen Eigensinn, was einerseits heißt, den Status von etwas Eigenem, einem «Fürsichsein», wie Hegel sagen würde; andrerseits einen Modus von Unzugänglichkeit, Sprödigkeit, Trotz, wie man ihn assoziiert, wenn man von einem eigensinnigen

---

55 Cf. Aristoteles, *Metaphysik*, 1032 a; 997 b

Menschen spricht. Der Eigensinn der Natur ist zwar etwas, was Vorstellungen und Begriffen Halt gibt. Ohne in der Konsistenz von Naturstoffen einen Fundus zu haben, der für sie ähnlich empfänglich ist wie der Ackerboden für die Saat, würden sie lediglich halt- und fruchtlose Wahngebilde bleiben – im Stadium der Halluzination verharren. Ihr Wirt, der menschliche Organismus, wäre gar nicht lebensfähig. Nur in dem Maße, wie sein vorstellungs- und begriffsgeleitetes Handeln die Natur in einer Weise bearbeitete und formte, die sie sich gefallen ließ, konnte der Homo sapiens eigene Lebensräume innerhalb dieser Natur einrichten und seine spezifischen Produktivkräfte entfalten, die ihn zu einem Grad von Naturbeherrschung befähigte wie keine Spezies zuvor. Doch die Natur läßt sich nicht alles gefallen. Häuser, Autos, Mikrochips lassen sich nicht aus allen Materialien herstellen. Lebensmittel lassen sich nicht durchs Internet schicken. Lichtgeschwindigkeit läßt sich nicht erhöhen. Der Alterungsprozeß von Organismen läßt sich nicht abstellen. Die Natur ist also keineswegs für alle menschlichen Vorstellungen empfänglich. Und selbst dort, wo sie sich empfänglich zeigt, finden die Vorstellungen in ihr nicht einfach ihre volle Entsprechung, sondern lediglich ihr Gegenstück, das die ganze Ambivalenz eines Echos hat. Es bestärkt die Vorstellungen – und wirft sie auf sich zurück.

Von einer angemessenen Entsprechung zwischen Sache und Intellekt *(adaequatio rei et intellectus)*, wie sie Thomas von Aquin, dem Cheftheologen des christlichen Mittelalters, vorschwebte,[56] kann nicht die Rede sein. Sie ist leider bloß eine theologische Wunschfigur: setzt einen Gott voraus, der Intellekte und Dinge so weise aufeinander hingeordnet hat, daß den Menschen, wann immer sie klare Begriffe fassen, Ein-

---

56 Thomas von Aquin, *Summa theologica* I, q. 16, 1

sicht ins Wesen *(essentia)* der Dinge zuteil wird. Das ist klassischer Essentialismus. Nur ist seine mittelalterliche Variante eher als «Begriffsrealismus» bekannt, weil sie unterstellt, daß Begriffe die innere Realität der Dinge wiedergeben, während schon in der Generation nach Thomas eine Denkrichtung erstarkte, die heute «Nominalismus» heißt, weil sie Begriffe lediglich als Bennungen oder Namen *(nomina)* erachtete: als einen Verbund verbaler Zeichen, auf die sich Menschen untereinander verständigt haben, um sich in einer disparaten Umgebung zurechtzufinden; Zeichen, die sich, wie Aktenordner, verschiedenartig anlegen lassen, aber nicht als unaustauschbare Schlüssel zu den Dingen selbst fungieren. Die Realismus-Nominalismus-Kontroverse nennt sich auch Universalienstreit. Ein Irrtum, zu meinen, sie habe sich erledigt.[57] Wo sich Diskurstheorie gegen Ontologie, Intersubjektivismus gegen Objektivismus, Konstruktivismus gegen Essentialismus wendet, da lebt sie umetikettiert und variiert munter fort.[58]

Essentialismus ist auch dann eine Wunschfigur, wenn er sich nichtchristlich artikuliert. Es gab ihn längst in der griechischen Antike. Er kann, wie in der Neuzeit vielfältig geschehen, auch unter religionskritischen oder gar atheistischen Vorzeichen auftreten. Doch stets sieht er in der Konsistenz der Natur etwas Ideelles oder Geistförmiges – einen Sinn, eine Intention, eine Verhaltensrichtlinie, etwas Gutes –, das in menschlichen Begriffen angemessen ausdrückbar ist. Essen-

---

57 Zu ihrer anhaltenden Aktualität siehe Haag 1983 und Mensching 1992.

58 Sogar bis in die bildtheoretischen Kontroversen der zeitgenössischen Ästhetik hinein, wie Gerhard Schweppenhäuser gezeigt hat. Allerdings ohne daß in der Debatte, ob moderne Fotografien Wiedergaben der Realität sind oder bloß Zeichen, der Universalienstreit und seine Tragweite noch nennenswert präsent sind. Cf. Schweppenhäuser 2018, 9 ff.

tialismus lebt über seine Verhältnisse. Aber wer einräumt, daß die Natur aller menschlichen Kultur weit vorausliegt und ohne eine Minimalkonsistenz weder Bestand, Struktur noch Wahrnehmbarkeit hätte, ist noch längst kein Essentialist. Umgekehrt: Erst von diesen Konzessionen aus wird der Punkt sichtbar, an dem die Wunschfigur beginnt. Erst von ihnen aus erschließt sich, was in Realismus und Nominalismus schiefläuft. Beide machen die Rechnung ohne den Eigensinn der Natur. Der ist der Fundus aller Vorstellungen und Begriffe, in scholastischer Terminologie: ihr *fundamentum in re*. Aber er ist auch das, was die Natur verschlossen hält. Sie ist zwar empfänglich für Vorstellungen und Begriffe, aber nie so weit, daß sie ihnen ihr Inneres, ihr Wesen, ihr Ansich offenbarte. Der Eigensinn gehört zur Natur selbst. Ehe er unsere Konstruktion ist, ist er die Bedingung dafür, daß realitätstüchtige Konstruktionen überhaupt zustande kommen. Er ist eine Selbstmitteilung des Ansich, aber eine, die dessen Unzugänglichkeit mitteilt, vergleichbar dem Engel auf der Schwelle des Gartens Eden, der dem Garten zwar angehört, aber nur als die Grenzwache, die Adam und Eva an der Rückkehr in ihn hindern soll. Das ist seine defensive Seite. Der Eigensinn hat aber auch eine offensive: die launische Übermacht traumatisierender Naturgewalt, mit der der Homo sapiens, längst ehe er fähig wurde, über das verschlossene Naturinnere zu rätseln, ausgiebig Bekanntschaft gemacht hat. Nur auf der Flucht vor dieser Übermacht hat sich ihm der mentale Schonraum geöffnet. Sie läßt sich durch mentale Filterung und Konstruktion zwar abmildern und zurückdrängen, aber auch durch maximale Entfaltung von Mental- und Produktivkräften nie wegkonstruieren.

Die gleichzeitige Realität und Unzugänglichkeit des Ansich ist also nicht bloß eine fixe Idee Kants, sondern eines seiner Vermächtnisse. Die Natur selbst nötigt uns die Einsicht auf, daß ihr Ansich denknotwendig und gleichwohl nicht einsehbar ist. Freilich ist das eine «softe» Nötigung, eine bloß gedankliche, die sich erst in halbwegs abgefederten Umgebungen einstellt, wo die mentalen Kräfte nicht mehr durch unmittelbare Gefahren absorbiert sind, sondern sich einen gewissen eigenen Spielraum, sozusagen einen Eigensinn zweiten Grades, erobert haben. Wie die Wahrnehmungsorgane komplexer Organismen, je mehr sie sich für Bedrohliches und Attraktives schärften, auch die Fähigkeit gewannen, mehr als nur Gefahren-, Beute- und Partnersignale wahrzunehmen, so haben auch die mentalen Kräfte einen Überschuß über die bloße Gefahrenabwehr hinaus entwickelt – gewissermaßen ein eigenes Kräfteparallelogramm. Das Fachwort dafür ist «Logik». Während der Wahrnehmungsüberschuß aber lediglich in einer Erweiterung besteht, im Empfänglichwerden auch für schwächere Reize, die nicht sogleich zur Reaktion nötigen, sondern lediglich mitbemerkt werden, beiherspielen, einen ersten Hauch ästhetischer Annehmlichkeit bekommen, so ist mit dem mentalen Überschuß eine Richtungsänderung verbunden. Vorstellungen, die sich von der Wahrnehmung ablösen, sind nicht mehr in jedem Moment zwingend auf Sinnesreize angewiesen. Sie hören zwar nicht auf, von Wahrnehmungen zu zehren, aber dank der Trieblockerung, die im mentalen Raum waltet, kann sich jede von ihnen auch direkt auf andere Vorstellungen beziehen.[59]

59 Berührt sich, was hier «mentaler Überschuß» genannt wird, mit dem, was bei Vittorio Hösle (2018, 60 ff.) «Supervenienz» heißt? Die Denkkoordinaten sind verschieden. Mentaler Überschuß ist als flüchtig gewordene Natur gedacht. Eine zur Natur hinzukommende (supervenierende) Mentalität ist hingegen kaum anders vorstellbar denn als etwas Draufgesatteltes. Der Sattel muß auf den Pferderücken passen; er muß eine von ihm unterschiedene Konsistenz haben, von ihm ohne Beschädigung ablösbar sein – und er läßt die Frage offen, wo er denn herkommt. Wenn

Der mentale Raum ist ein Treibhaus für Vorstellungen von Vorstellungen und ihren Ablegern, den Begriffen (die ja nichts anderes als wortfähige Vorstellungen sind). Ihn deshalb einen Raum der Selbstbezüglichkeit oder Reflexivität zu nennen, ist freilich voreilig. Vorstellungen beziehen sich nie direkt auf sich selbst, immer nur auf ihresgleichen. Sich vorstellen, daß man sich eine Rose vorstellt, ist etwas anderes, als sich eine Rose vorzustellen. Zwar läuft die Vorstellung der Vorstellung mentalintern ab, also ohne einen Umweg über Sinnesreize zu nehmen. Insofern mag sie in einem groben Sinne reflexiv genannt werden: «Denken des Denkens», wie Aristoteles sagt.[60] Doch im Detail findet ein solches nie statt. Vergegenwärtigen läßt sich eine Vorstellung immer nur durch andere Vorstellungen. Und erst ein Aggregat von vielen Vorstellungen, die einander stützen und überprüfen, kann über die Leistungsfähigkeit und Reichweite des Vorstellungsvermögens als Ganzem Zuverlässiges ermitteln.

Zur eisernen Ration von Kants Ermittlungen gehört, daß das Ansich jenseits menschlicher Einsicht bleibt. Wir können ihm nicht in die Karten schauen. Bleibt es damit aber auch jenseits aller Erfahrung? Keineswegs. Wann immer Lebewesen mit ihrer Umgebung zu tun haben, haben sie mit der Natur selbst zu tun. Indem sie sie filtern, erscheint sie ihnen. Die Erscheinung ist das innere Bild von bestimmten Dingen und

«Supervenienz» jedoch primär als mentaler Zuschlag zur Natur gedacht wird, bekommt sie etwas sehr Überschußähnliches – und Elementares. Dies Elementare nennt Hösle «Verstehen». Seine unglaublich material- und gedankenreichen Nachweise, daß alles Verbalisieren, Interpretieren, Erklären und Handeln stets schon Verstehen voraussetzt und daß sich Verstehen nur als Ausgerichtetsein *auf etwas* vollziehen kann, sind für das hier entwickelte Überschuß-Konzept sehr hilfreich gewesen.
60 Aristoteles, *Metaphysik* XII, 1074 b

Sachverhalten, das sie *haben*, aber nicht ein Bild, das sie *sehen*. Sie ist ein innerer Zustand, aber kein Ding. Anders gesagt: Die Erscheinung eines Dings ist dessen Erlebtwerden, nicht ein Objekt der Wahrnehmung. Letzteres aber wird suggeriert, sobald das Ding an sich jenseits aller Erfahrung verortet wird. In diesem Moment verläßt Kant die Logik seines eigenen Erscheinungsbegriffs. Die Erscheinung ist nicht mehr Erscheinung *von etwas*, sondern ein eigenes Ding: eine vorgelagerte Fassade. Jedes Naturding tritt nun doppelt auf: als empirisch zugängliche Erscheinung (Objekt 1) und als das dahinter versteckte, aller Erfahrung entrückte Ansich (Objekt 2). Doch so tickt die Natur nicht. Jedes wirkliche Ding ist nur *eines*. Organismen sind Lebewesen, nicht auch noch Erscheinungen von Lebewesen. Bei jedem Stoffwechsel- und Filterungsprozeß haben sie es mit der Natur selbst zu tun; womit denn sonst. Freilich werden ihnen dabei immer nur filterungsbedürftige Aspekte von ihr zuteil. So erfahren sie das Ansich der Natur ständig, aber nur negativ, als etwas, was sich verweigert, verschließt, entzieht. Das Ding an sich ist nicht leere ‹Hinterwelt›[61], wie Nietzsche spottete. Es ist, ganz im Gegenteil, «Vollding»[62]. So der treffende Ausdruck Edmund Husserls, der keine Umständlichkeit und Redundanz gescheut hat, um den Wahrnehmungsprozeß, wie er bei erwachsenen Menschen unter Hochkulturbedingungen verläuft, haarklein zu analysieren.

Daß sich von einem wahrgenommenen Ding immer nur ein Aspekt zeigt, also vom vor uns befindlichen Tisch nur die Vorderseite aus einem bestimmten Winkel, unter bestimmten Lichtverhältnissen innerhalb einer bestimmten Raumanordnung, war auch schon vorher bekannt. Husserl fügt hinzu: Nicht einmal dieser Aspekt ist einfach bloß er selbst. Er bringt

61 Nietzsche 1988 [1883], 35 ff.
62 Husserl 1986 [1918–1926], 56. Weitere Seitenzahlen im Text.

immer schon eine Vorgeschichte mit und stellt sich erst durch Abkehr von einem anderen Aspekt ein, zum Beispiel durch Veränderung der Blickrichtung. Der zuvor fokussierte Stuhl wird noch mitgesehen oder, wenn schon aus dem Blickfeld geraten, zumindest noch als zur Umgebung des Tisches gehörig vergegenwärtigt. Objekte werden nie umgebungslos wahrgenommen. Ihre Umgebung aber, ihr «Hof» (58), wie Husserl sagt, hat unscharfe Ränder. Nie läßt sich genau sagen, was ihm noch angehört und was nicht mehr. Das hat mit der Vergangenheits- und Zukunftsdimension zu tun, die in jeder aktuellen Wahrnehmung steckt. Eben noch Wahrgenommenes, das seine Hör- oder Sichtbarkeit gerade verloren hat, gehört gleichwohl noch zum «Hof». Obwohl als Sinneswahrnehmung nicht mehr da, ist es wiederum auch nicht so verschwunden, daß man es durch Erinnerung eigens zurückholen müßte. Es ist ein Rückstand des gerade Passierten in der aktuellen Wahrnehmung, eine «Retention» (61). Ohne diesen Rückstand gleichsam mitzuschleppen, kann Wahrnehmung gar nicht lebendig und plastisch sein, genausowenig wie ohne Zukunftsorientiertheit. Die Betrachtung besagten Tischs zum Beispiel ist von zahllosen winzigen Erwartungen begleitet, etwa daß er in ständig wechselnder Beleuchtung dennoch derselbe bleibt, daß seine dem Blick abgekehrten Seiten aus dem gleichen Material und mit derselben Sorgfalt gefertigt sind wie die zugekehrten, daß er nicht anfangen wird zu tanzen etc. Diese Erwartungen nennt Husserl «Protentionen» (60). Retentionen und Protentionen umgeben die physiologische Wahrnehmungsleistung ähnlich wie der Hof das wahrgenommene Ding und sorgen dafür, daß das Fokussieren eines Dings ein ständiges Oszillieren um das Fokussierte ist – und zudem stets im Begriff, sich zu anderen Fokussierungen hin zu verschieben. Ein endloser Prozeß. «Wir mögen ein Ding noch so vollkommen wahrnehmen, es fällt nie in der Allseitigkeit der ihm zukommenden und es

sinnendinglich ausmachenden Eigenheiten in die Wahrnehmung.» (55)

Das «Vollding» wird also nie erreicht. Bei Husserl kommt
noch erschwerend eine große Verzichtsgeste hinzu, die er in
Anlehnung an die altgriechischen Skeptiker *epoché* (Enthaltung) nennt.[63] Er will nur noch Wahrnehmungen untersuchen, ohne sich darauf einzulassen, ob es sich dabei um Wahrnehmungen wirklicher Dinge handelt; Schluß machen mit
dem fruchtlosen Streit darüber, ob es wirkliche Dinge gibt;
statt dessen sich dabei bescheiden, was unstrittig ist: daß es
Wahrnehmungen gibt. Husserls *epoché* ist ein Musterfall von
Triebverzicht, der, wie wir von Freud wissen, stets auf Umlei-
tung, nie auf völlige Preisgabe des Triebs hinausläuft. So auch
hier. Sobald die wirklichen Dinge ausgeklammert und nur
noch Wahrnehmungen übrig sind, bekommen letztere unversehens selber den Status von Dingen. Das ist die Falle, in die
schon Kant getappt war, als er behauptete, das «Ding an sich»
sei jenseits aller Erfahrung. Damit war es praktisch ausgeklammert. Was blieb, war eine Welt von Erscheinungen. Nur
sie kamen noch als Objekte von Wahrnehmung, Erkenntnis
und Wissenschaft in Frage – womit sie *nolens volens* selber zu
Dingen mutierten. Bei Husserl hingegen ist es das Wahrgenommene, das Dingcharakter annimmt. Es ergibt aber nur
noch eine Welt innerer Dinge. In denen schlägt sich keine
Außenwelt mehr nieder. Dinge sind lediglich Wahrnehmungs-
dinge – Inhalte der Wahrnehmung, ihr nur gegeben, sofern *sie*
es ist, die sie erzeugt, sofern es *ihr* Raum ist, dem sie angehö-
ren. Der Wahrnehmungsraum mutet an wie ein geschlossener
Behälter; die Wahrnehmung wie die Innenarchitektin, die ihn
rundum ausstattet. Nur sie strukturiert, bestückt und erfüllt
ihn. Die Fülle des Wahrgenommenen und Vorgestellten ist al-

63 Husserl 1985 [1913], 140 ff.

lein ihr Werk. Ob aber diese Wahrnehmungswelt bloß Gaukelwerk ist oder auch außerhalb der Wahrnehmung eine Entsprechung hat, wer weiß? So hatte schon Descartes gefragt und geantwortet: Nur wenn ein guter Gott garantiert, daß zumindest die schlechterdings evidenten Wahrnehmungen und Vorstellungen nicht trügen, dann gibt es Wahrheit – und eine Außenwelt. Husserl hält Descartes' Gottesbeweis mit Recht für mißlungen. Aber er hat keine durchschlagende Alternative. Er weiß keinen wissenschaftlich unzweifelhaften Ausweg aus der Innenwelt dieses Behälters. Daher seine *epoché*. Lieber nichts über das Außen sagen als etwas Falsches.

Doch das Problem ist nicht, wie man aus dem Behälter hinauskommt, sondern der Behälter selbst. Er ist keineswegs ein Urphänomen, sondern ein spätmenschliches Konstrukt: ein wohltemperierter Wahrnehmungsraum, eingebettet in die dicke Watte einer Hochkultur, weitgehend abgefedert gegen die zudringliche Übermacht der Natur. Schock, Schreck, Trauma, Schmerz kommen hier allenfalls noch als Störenfriede vor. Ihr Beitrag zur Konstitution des menschlichen Wahrnehmungs- und Vorstellungsvermögen ist vergessen. Man nimmt in dieser abgeschirmten Sphäre wahr, indem man sich bestimmten Reizaggregaten zuwendet, sie «intendiert», ohne noch einzurechnen, daß *intendere* (wörtlich: sich auf etwas hin ausspannen, ausstrecken) ursprünglich ebenso ein Akt der Abwehr wie der Hinwendung war, wie sich noch gut an der archaischen Gebetshaltung ablesen läßt. Sie bestand nicht in gefalteten Händen, sondern in den nach oben ausgestreckten Armen der Opfergemeinde, die ebenso auf das erscheinende Heilige zeigen wie vor seiner Zudringlichkeit schützen sollten, damit es nur das ihm zubestimmte Opfer nehme, die andern aber verschone. Auch bei Kleinkindern, die soeben aus dem Mutterleib hinausgepreßt worden sind und nun grellem Licht, Stimmen, die auf sie einreden, Händen, die sie anfassen, ausgeliefert sind, ist «Intention» mindestens

76

Intention
Abwehr   Hinwendung

ebensosehr Geburtsschockverarbeitung und Abwehr zudringlicher Sinnesreize wie Hinwendung zum mütterlichen Körper und seinen Trabanten. Und auch unter Hochkulturbedingungen können Kinder nicht anders in ihre Umgebung eingeführt werden als durch gestisch-verbale Hervorhebung von Dingen und Sachverhalten. «Schau, da ist Mama; horch, wie die Katze schnurrt»: solche Hinweise sind unvermeidlich und kommen nicht umhin, das gezeigte Objekt als etwas Wirkliches zu präsentieren.

Nur an der wirklichen Dingwelt um sie herum können Kinder allmählich lernen, daß sie nicht so ist, wie sie sich ihnen darstellt, daß sie jeder ein wenig anders konstruiert, daß in jede dieser Konstruktionen Vorerfahrungen, Vorlieben, wunschgeleitete Trübungen eingehen und keine vorab gegen Illusionen, Halluzinationen und Irrtümer gefeit ist. Der Zweifel als Dauerbegleiter der eigenen Weltsicht zeugt von besonnener Selbstbescheidung. Im cartesischen Zweifel hingegen, der schlechterdings alles Wahrgenommene verdächtigt, bloß meine Illusion zu sein, schlägt die Selbstbescheidung in Größenwahn um. Das einzig Sichere ist, daß es *mich* gibt – und meine Wahrnehmungen. Der philosophische Begriff dafür ist «Solipsismus». Erst durch mein Herbeibeweisen Gottes versichere ich mich, daß es außerdem auch noch eine Außenwelt gibt, in der einiges von dem, was ich wahrnehme und denke, eine Entsprechung hat – und trete so aus dem Solipsismus hinaus. Aber Gott und Welt sind bloß Abkömmlinge meiner Selbstgewißheit.

Der Trugschluß liegt freilich schon in der absoluten Gewißheit des Zweifels selbst. Zwar kann ich an jedem einzelnen Sinneseindruck zweifeln: daran, daß in diesem Moment wirklich eine Mahlzeit vor mir steht, daß es wirklich meine Hand ist, die ich bewege etc. Aber wenn nicht des öfteren wirkliche Mahlzeiten vor mir stehen, bin ich bald verhungert. Wenn es nicht gewöhnlich wirklich meine Hand ist, die ich bewege, kommt der Gedanke des absoluten Selbstzweifels nie aufs Papier. Niemand ist fähig, ständig seine gesamte Umgebung zu verdächtigen, sie sei bloß seine Illusion. Täglich 24 Stunden an allem zweifeln geht nicht. Die trügerische Hochrechnung des Einzelzweifels zum Gesamtzweifel; das Absehen von frühmenschlicher und frühkindlicher Wahrnehmungspraxis; die Verwechslung der Filtertätigkeit Wahrnehmung mit einer Registriertätigkeit, die alles Wahrgenommene als Inventar eines solipsistisch geschlossenen Wahrnehmungsraums erachtet: das sind die ungenannten Gestehungskosten des cartesischen Selbstzweifels. Und wer den geschlossenen Wahrnehmungsraum erst einmal für bare Münze nimmt, den führt tatsächlich kein Weg mehr heraus, weshalb der Cartesianer Husserl nur noch die Möglichkeit sah, sich jeden Urteils über die Wirklichkeit von Dingen zu enthalten.

Mit dieser Enthaltung aber verpufft die Pointe am «Vollding»-Konzept, die ja gerade darin besteht, daß wir durchaus ständig mit den Dingen selbst zu tun haben, nur eben nie so, daß sie uns dabei «voll» zugänglich werden. Wahrnehmungen und Vorstellungen können nie anders als perspektivisch sein. Aber sie wollen mehr. Aus ihrer Perspektive heraus intendieren sie das jeweilige Ding selbst. Die ausgestreckten Arme der Opfergemeinde intendierten das Heilige selbst. Das Kind, das «Mama» sagt, meint die Mama selbst, der es von unten die Hände entgegenstreckt. Die Physik will die Quarks selbst ergründen, die sie durch Beschleunigungsmaschinen jagt. All diese Intentionen leben über ihre Verhältnisse. Kinder wissen das noch nicht. Sie halten die Dinge für genau das, was sie wahrnehmen, sich vorstellen und benennen. Sie glauben an die *adaequatio rei et intellectus*. Erst im Zuge des Erwachsenwerdens merken sie, daß dieser Glaube trügt, daß es unterschiedliche Perspektiven, Vorlieben, Ausdrucksweisen, Meinungen etc. gibt. Aber hören sie deshalb auf, die Dinge selbst zu intendieren? Sagen sie etwa: «Du, der ich dich für meinen

Sohn Hans halte, reichst du dem, den ich für meine Person halte, das, was ich für das Brot halte?» Kinder würden diese Frage nicht verstehen. Erwachsene aber würden sich veralbert fühlen. Wie es unmöglich ist, die eigene Umgebung permanent zu bezweifeln, so auch, ständig unter konstruktivistischem Vorbehalt zu sprechen. Nie wäre jemand direkt angesprochen; nie käme ein Sprachfluß, nie eine Unterredung zustande.[64] Wer aber «Hans, reichst du mir das Brot?» sagt, hat bereits die angesprochene Person und das benannte Brot selbst intendiert. Er wählt nicht eine Abkürzung, um sich den korrekten, aber umständlichen Weg zu ersparen, sondern den einzig gangbaren Weg – die einzige Möglichkeit, die eigene Umgebung und sich selbst für voll zu nehmen.[65]

Intentionen können nicht anders, als das «Vollding» zu intendieren. Sie sind Triebmanifestationen. Es drängt sie über ihre Perspektive hinaus – hin zu einem überperspektivischen

64 Ein ähnliches Problem bringt das sogenannte Gendern von Sprachen mit sich. Wenn jede erdenkliche Möglichkeit, das weibliche und neuerdings auch das «dritte» Geschlecht ausdrücklich zu nennen, genutzt wird, ist die Stagnation des Sprachflusses nur eine Frage der Zeit. Dazu siehe unten, S. 167 ff., 216 f.

65 Die Redeweise des «Es ist» hat Heinz von Foerster, einer der Pioniere des «radikalen Konstruktivismus» (siehe unten, S. 82 ff.), als «existenziellen Operator» bezeichnet und gescheut wie der Teufel das Weihwasser. «Schon der Satz ‹Es gibt da etwas› scheint mir mit den Präsuppositionen des Realismus vergiftet.» Man sollte daher auf den «selbstreferenziellen Operator» umschalten: «Ich finde». «Auf diese Weise entsteht eine vollkommen andere Beziehung, die einen freien Dialog gestattet.» (Foerster 2002, 25 und 27) Nur daß sich diese Umstellung lediglich im Modus des existenziellen Operators vorschlagen läßt. Der wirklich konsequent angewandte selbstreferenzielle Operator führt nicht zu einem «freien Dialog», sondern zu gar keinem.

Blick, dem die Dinge nicht mehr eigensinnig verschlossen bleiben und der durch ihre Zudringlichkeit nicht mehr getrübt wird. Zu einem solchen Blick, den Thomas Nagel *The View from Nowhere* genannt hat,[66] wäre allerdings nur eine Instanz in der Lage, für die Wahrnehmung, Vorstellung und Begriff eins sind und die sich nicht bloß jetzt hier befindet, sondern allgegenwärtig ist: Gott. Menschen können so nicht blicken, genauso wie sie durch keine innere Wahrnehmung den Trieb selbst zu erfassen vermögen, der sich in ihrem Intendieren artikuliert. Und doch können sie nicht intendieren, ohne vorzugreifen – sowohl auf das Innere ihrer eigenen Triebnatur als auch auf das Innere der äußeren Natur. Dieser Vorgriff ist nicht nur eine der vielen kleinen Protentionen, die jeden Wahrnehmungsakt begleiten, sondern der utopische Überschuß in ihnen allen: ein ständiges Anklopfen an die Tür des Ansich, in der Hoffnung, sie möge sich auftun. Als Francis Bacon intendierte, den Prozeß der induktiven Naturerforschung bis an den Rand der Wiedergewinnung der adamitischen Namenssprache voranzutreiben, also bis zur Rückkehr an die Schwelle des Paradieses, da klopfte auch er an die Tür des Ansich – freilich im Rahmen des christlichen Lehrstücks vom guten Urzustand, in dem die Natur noch ohne jeden Eigensinn gewesen sein soll und menschliches Benennen den Dingen und Wesen nicht nur «adäquat», sondern fähig, ihr Innerstes zu offenbaren. Sowenig haltbar dieses Lehrstück ist, so geeignet war es, den utopischen Impuls im menschlichen Intendieren hervorzukehren. Bei Kant ist dieser Impuls nahezu unkenntlich geworden. Das Ansich ist denknotwendig, aber unzugänglich, sagt er trocken. Aber damit klopft er an dessen Tür. Er greift vor auf etwas, was menschliches Denken nie zu erschließen vermag und dennoch ständig benennen

66 Nagel 1992

muß, um sich überhaupt verständlich zu machen. Das Ansich ist ebenso unerreichbar wie ganz nahe. Es ist nicht «da draußen», es wird ständig berührt. Alle Versuche hingegen, es aus dem Kantischen Denken herauszuoperieren, laufen darauf hinaus, dem menschlichen Intendieren seine Triebspannung oder, anders gesagt, seinen utopischen Impuls wegzuschneiden – es auf bestimmte Weise zu kastrieren.

Radikaler Konstruktivismus

Philosophischer Konstruktivismus besteht aus Fußnoten zu Kant. Die erste markante Note setzte um die Wende zum 19. Jahrhundert Fichte, als er das Ansich zu einem Produkt des transzendentalen Vermögens im menschlichen Ich erklärte. Diese Ich-Setzung geschah in einer Zeit großen historischen Aufbruchs, als die Französische Revolution weltweite Auswirkungen zeitigte, der Selfmademan Napoleon sich zum Kaiser «setzte» und Anstalten machte, ganz Europa und seine Kolonien den Standards eines neuen bürgerlichen Rechts zu unterwerfen, und die Parole «Freiheit, Gleichheit, Brüderlichkeit» hohe Erwartungen an einen globalen Freihandel von Gütern und Ideen zwischen selbstbewußten bürgerlichen Subjekten weckte. Als ein Jahrhundert später prominente Marburger Neukantianer erneut darangingen, der Kantischen Philosophie den Stachel des Ansich zu ziehen, und allein dem transzendentalen Vermögen im menschlichen Subjekt weltkonstituierende Kraft zusprachen, da atmeten sie die Atmosphäre der «Gründerzeit», jenes großen Aufschwungs nach der deutschen Reichsgründung, die Deutschland zur weltweit führenden Wirtschafts- und Wissenschaftsnation hatte aufsteigen lassen. Und auch die dritte Versuchsserie, das Ansich als aufklärungs- und fortschrittshemmendes metaphysisches Relikt abzustoßen, kam aus einer Aufbruchsstimmung. Um die Mitte des 20. Jahrhunderts waren die USA zur dominanten Militär-, Wirtschafts- und Wissenschaftsmacht geworden. Hier hatten sich hochkarätige Wissenschaftler aus aller Welt, viele auf der Flucht vor dem Nationalsozialismus, versammelt. Der Durchbruch in der Atomphysik; der Bau intelligenter Waffensysteme; die Programmierung komplexer Rechenmaschinen; die Fernsteuerung von Flugkörpern in den Weltraum: dies alles ging von den USA aus. In den 1950er Jahren schien es, als ließe sich mit den neuen Einsichten in die Steuerbarkeit von Maschinen auch eine umfassende Steuerung von Natur-, Gesellschafts- und Denkprozessen bewerkstelligen. Es zeichnete sich die Vereinigung von Naturwissenschaft, Informatik, Linguistik, Soziologie und Psychologie zu einer neuen Gesamtwissenschaft ab: der Kybernetik.

Auf weltweit beachteten interdisziplinären Konferenzen präsentierten führende Köpfe der genannten Wissenschaften ihre fachspezifischen Beiträge zur neuen Leitwissenschaft. Kybernetik sollte sich in der Vielfalt ihrer Anwendungsmöglichkeiten bewähren. Um so einmütiger vertraten ihre Pioniere eine bestimmte Grundannahme. Wenn sowohl programmierte Maschinen als auch Organismen fähig sind, sich selbst zu steuern, dann steckt in ihnen auch eine ähnliche Steuerungslogik. Ihre Innensteuerung mag Außenwirkungen haben, aber nur sofern sie ihrer eigenen Programmatik folgt. Dabei entstehen Konstruktionen, die in sich selbst funktionieren, aber nichts über die Beschaffenheit ihrer äußeren Umgebung besagen. Das ist beim Menschen nicht anders als bei der Rechenmaschine oder der Kaurischnecke. Die Welt, die er dank seiner mentalen Fähigkeiten konstruiert, mag reichhaltiger sein als die aller andern Lebewesen, aber sie ist seine Innenwelt, sonst nichts. Diese Auffassung hat Ernst von Glasersfeld «radikalen Konstruktivismus» genannt. Dieser tritt in die Fußstapfen der Marburger Neukantianer. Anders als sie aber interessiert er sich nicht mehr für das mentale Grundvermögen, das Vorstellungen und Begriffen Konsistenz verleiht und einige von ihnen sogar befähigt, Zusammenhänge zu konstruieren, die (wie die kürzeste Linie zwischen zwei Punkten als Gerade) alternativlos evident sind, sich nicht nach Belieben anders konstruieren lassen und zu einer Unterscheidung von richtig und falsch, wahr und unwahr nötigen. Als richtig gilt nur noch der radikale Konstruktivismus selbst, jede einzelne Konstruktion aber als anders konstruierbar – je nach dem Setting, von dem sie ausgeht.

Ein kybernetisches Gebilde heißt «System», und Systeme «operieren». Der Ablauf von Computerprogrammen, Verdauung, Erkenntnis: dies alles sind Operationen – woraus unmittelbar folgen soll, «daß Erkennen und Wissen nicht der Niederschlag eines passiven Empfangens sein können, sondern als Ergebnis von Handlungen eines aktiven Subjekts entstehen».[67] Das ist freilich, als würde man sagen: Weil Verdauung Aktivität ist, kann sie nicht im Empfangen von Nahrungsmitteln bestehen.[68] Zu kybernetischen Konditionen aber ist Operieren nicht Verarbeitung von etwas, sondern Tätigkeit an sich. Erkenntnis soll «nicht ein Handhaben von ‹Dingen an sich›» sein, sondern nur ein «Handeln, das Wissen aufbaut»: «das Operieren jener kognitiven Instanz, die, wie Piaget so schön sagt, sich selbst und somit ihre Erlebenswelt organisiert. Die Erkenntnislehre wird so zu einer Untersuchung der Art und Weise, wie der Intellekt operiert, um aus dem Fluß des Erlebens eine einigermaßen dauerhafte, regelmäßige Welt zu konstruieren». Wo aber hat die kognitive Instanz all

---

67 Glasersfeld 2006 [1985], 30. Weiteres Zitat ebenda.
68 Daß Empfangen nie einfach bloß Untätigkeit ist; daß umgekehrt jeder Tätigkeit auch etwas widerfährt, nämlich eine Begrenzung durch das Objekt, dem sie gilt, hat schon Hegel nach allen Regeln der dialektischen Kunst vorgeführt (Hegel 1970 [1835], 176 ff.).

das Wissen her, das sie aufbaut? Woraus besteht der Fluß des Erlebens, wenn nicht aus Eindrücken, die von außen kommen? Ohne sie wird gar nichts erlebt. Ohne sie mag die kognitive Instanz noch so fleißig sich selbst und ihre Erlebenswelt organisieren; sie läuft leer. Sie bewegt sich ganz so in einem kybernetischen Konstruktionsraum, wie das Gleichnis vom Blindflug es darstellt. «Da sitzt der Pilot in seiner Kabine, er hat keinen Zugang zu einer Außenwelt und reagiert lediglich auf das, was seine Instrumente anzeigen. Aber er fliegt, und es gelingt ihm, glücklich zu landen, obwohl draußen vielleicht gerade ein furchtbarer Sturm tobt.»[69] Die glückliche Landung verdankt sich nicht etwa geschicktem Reagieren auf den Sturm. Sie ist lediglich «viabel». So nennt Glasersfeld «Handlungs- und Denkweisen, die an allen Hindernissen vorbei zum gewünschten Ziel führen» (53). Auf die Außenwelt verweisen sie allenfalls negativ und immer erst nachträglich. Wenn sie ans Ziel gelangt sind, so heißt das: Nichts Äußeres hat sie verunmöglicht.

Es ist nicht schwer, in diesem Konzept die Wiederkehr der Husserlschen Verzichtsgeste zu entdecken. Ob es wirkliche Dinge gibt – wer weiß? Begnüge ich mich also besser damit, was sicher ist: daß es im Innenraum meiner Wahrnehmung jede Menge Wahrgenommenes gibt. Ebensowenig wie Husserl vermag sich der radikale Konstruktivismus aus diesem solipsistischen Innenraum hinauszuargumentieren. Heinz von Foerster hat es immerhin versucht, gewissermaßen unter erschwerten Bedingungen, weil unter kybernetischen Vorzeichen alles Wahrgenommene vorab als erzeugt gedacht wird. Wenn in der Welt, so Foerster, die ich als autonomes menschliches Wesen konstruiere, andere Menschen vorkommen, so muß ich ihnen den gleichen Status wie mir zubilligen. Also

---

69 Glasersfeld 2002, 51. Weitere Seitenzahlen im Text.

können sie nicht bloß meine Konstruktion sein. Ich muß sie als eigenständige Weltkonstrukteure anerkennen und meine Konstruktion mit ihrer abgleichen; «so wird mein solipsistischer Standpunkt unhaltbar, sobald ich ein weiteres autonomes Lebewesen neben mir erfinde.»[70] Man staunt nicht schlecht, beim Kybernetiker Foerster die Denkfigur des frühesten ontologischen Gottesbeweises zu finden. Wenn Gott das unüberbietbar Größte ist, «über das hinaus nichts Größeres gedacht werden kann»,[71] sagte Anselm von Canterbury Ende des 11. Jahrhunderts, dann muß er auch außerhalb menschlichen Denkens existieren. Als bloß Gedachtes wäre er ja nicht das unüberbietbar Größte. Ähnlich Foerster: Wenn ich autonome Lebewesen neben mir erfinde, so müssen sie auch außerhalb meiner Erfindung existieren, sonst wäre sie ja keine autonomen Lebewesen. Wie Descartes nur im Gottesbeweis den Ausweg aus dem solipsistischen Bunker sah, so Foerster nur in einer Anleihe an dessen Argumentation. Die meisten von Foersters Kollegen argumentieren gar nicht erst. Sie erklären sich lediglich zu Nicht-Solipsisten, räumen bereitwillig ein, von vielen andern eigenständigen Weltkonstrukteuren umgeben zu sein, verraten aber nicht, wie das von ihrem Konstruktionsbegriff aus möglich sein soll.

Der radikale Konstruktivismus ist ein Möchtegern-Nicht-Solipsismus. Eines seiner Zauberworte ist *Autopoiesis*. Wir kennen es bereits von Maturana. Er gehört erst zur zweiten Generation des radikalen Konstruktivismus, aber seine Begriffe und Beispiele (das des Blindflugs stammt von *ihm*) zündeten auch bei der ersten Generation. Sein biologischer Ansatz wirkte horizonterweiternd auf ihr Weltbild, das zunächst von Physik und Informatik aus entworfen war, und schien

70 Foerster 2006 [1985], 59
71 «quo maius cogitari nequit», Canterbury 1962 [1099], 84

ihm ein zusätzliches Ferment besonderer Haltbarkeit zu verschaffen. Was den Einzeller konstituiert, ist Autopoiesis. Was die menschliche Welt konstituiert, ist Autopoiesis. Auf den Einzeller können Menschen von außen schauen und daher präzise angeben, worin für ihn die Außenwelt besteht, nämlich vor allem aus den Natrium- oder Calciumionen, die er braucht, und den Cäsium- und Lithiumionen, die er abweist. Auf die Welt, die sie durch ihren eigenen Erlebensstrom und Wissensaufbau erzeugen, können Menschen hingegen nicht von außen schauen. Sie befinden sich selbst darin, samt allem, was sie von Einzellern und Vielzellern, Gott und Kosmos wahrnehmen und aussagen. Daß ihre Weltkonstruktion irgendwelche Stoffe zusammenfügt, die nicht selbst schon von ihr konstruiert wurden? Gott bewahre. Maturanas Beweisstück sind Salamander, denen ein Auge herausoperiert und um 180 Grad gedreht wieder eingesetzt wurde. Es wuchs an, wurde erneut sehtüchtig. Nur waren sie nun nicht mehr ernährungsfähig. «Legt man ungeschädigten Lurchen einen Wurm vor, dann züngeln sie danach und schlucken ihn; dagegen drehten sich die präparierten Tiere um und züngelten voll daneben, genau im Rotationswinkel von 180 Grad.» «Das Experiment bezeugt [...], daß der Salamander seine Motorik in einer senso-motorischen Korrelation auf lokale Netzhautvorgänge abstimmt: Sobald sich irgendwo auf der Retina ein Wurmbild zeigt, züngelt er in die betreffende Richtung.» Das war für Maturana die konstruktivistische Offenbarung. «Nichts könnte besser als diese Konsequenz die rein systemimmanente Arbeitsweise des Nervensystems veranschaulichen, das grundsätzlich nur interne Korrelationen herstellt, ohne äußere Ziele anzupeilen.»[72]

Doch die Offenbarung führt bloß in die Husserl-Falle. Das

72 Maturana 1996, 96f.

Wurmbild auf der Retina wird als Bild genommen, das der Salamander *sieht*, nicht als das Bild, das er innerlich *hat*, indem er den Wurm sieht. Sein Sehbild vom Wurm wird genommen, als sei es ein Objekt, das er anschaut. So entsteht der Schein, als reagiere er lediglich auf das Objekt Wurmbild, und nicht auf den Wurm, der ihm durch das verkehrte Wahrnehmungsorgan verkehrt dargestellt wird. Der Wurm selbst ist damit entsorgt; alles läuft systemimmanent ab. Und wie beim Salamander, so beim Menschen. Er sitzt in der Pilotenkapsel seiner Weltkonstruktion und steuert sich selbst.

Gehirnkonstruktion

Die neuere Hirnforschung hat dieser Auffassung noch eine neue Nuance hinzugefügt. Mag sich der Mensch als Organismus auch ‹selbst› herstellen; für die Konstruktion seiner Wirklichkeit ist nur noch ein bestimmtes Körperorgan zuständig: sein Gehirn. Statt ‹Ich habe ein Gehirn› gilt nun ‹Mein Gehirn konstruiert mein Ich›. «Daß das Ich in der Tat nicht ein einheitliches Wesen, sondern ein komplex zusammengesetztes Phänomen ist, welches die unterschiedlichsten ‹Dissoziationen› aufweisen kann, ist aus der Psychiatrie und Neuropsychologie seit langem bekannt», sagt Gerhard Roth, einer der philosophisch Versiertesten unter den gegenwärtigen Hirnforschern.[73] Und für solche Dissoziationen – genauso wie dafür, «daß wir uns in der Tat nicht als *Produzent* unserer Wahrnehmungen empfinden, sondern daß wir diese Wahrnehmungen ‹erfahren› und manchmal sogar ‹erleiden›» oder daß wir uns in einem Hungerzustand «nicht *willentlich* einen reich gedeckten Tisch vorstellen und an den imaginären Spei-

73 Roth 1994, 293. Weitere Seitenzahlen im Text.

sen satt essen» (294) – sorgen Gehirnvorgänge. «Das Ich ist
ein Gebilde, das entsteht, während sich das Gehirn und seine
Erfahrungswelt entwickeln, und wir haben Grund anzunehmen, daß der Konstitution des Ich dieselben Mechanismen zugrunde liegen wie der Einheit der Wahrnehmung» (294).
Wenn aber das Gehirn der Konstrukteur meiner Wirklichkeit
ist, mein Ich hingegen sein Konstrukt, was passiert dann,
wenn ‹ich› als Hirnforscher Gehirnprozesse analysiere? Ist
dann der Konstrukteur meines Ich wiederum mein Konstrukt?

Gegen diese Verwicklung hilft sich Roth mit einer Sprach-
regelung. Er unterscheidet zwischen dem Fremdwort ‹real›
und dem deutschen ‹wirklich›. Das reale Gehirn ist der Wirk-
lichkeitskonstrukteur. Das Gehirn hingegen, das ‹ich› erfor-
sche, ist, wie mein forschendes Ich selbst, lediglich Bestandteil
dieser konstruierten Wirklichkeit. Hirnforscher untersuchen
wirkliche Gehirne (einschließlich ihres eigenen), entdecken,
daß sie aus Milliarden von Nervenzellen bestehen, unterschiedlichen Arealen, die bei bestimmten Leistungen wie
Empfindung, Wahrnehmung, Vorstellung, Wortbildung jeweils registrierbar aktiv sind und auf schwindelerregend komplexe Weise zusammenwirken. Sie finden heraus, daß schon
für die Verarbeitung kleinster äußerer Reize eine sechsstellige
Zahl von neuronalen Perzeptoren und Transmittern tätig werden. Doch all ihre Einsichten in zerebrale Verläufe betreffen
ausschließlich das wirkliche Gehirn. Es ist ihnen nicht an-
zulasten, daß sie «im Gehirn keine Farben, Formen, Töne,
keine Gedanken und Erinnerungen entdecke[n], sondern
Nervenzellen bzw. Verbände von Nervenzellen und ihre Ak-
tivitäten», weil «dieses anschauliche Gehirn nicht dasjenige
ist, welches mentale Zustände hervorbringt» (325). Für letztere ist das reale Gehirn zuständig, das zwar die ganze menschliche Welt samt Hirnforschung konstruiert, selbst aber der
Erforschung unzugänglich bleibt.

Die Unterscheidung von wirklichem und realem Gehirn

läßt etwas Entscheidendes verschwinden: das, was man, ohne den Boden der Vernunft zu verlassen, das zerebrale Wunder nennen darf. Millionen von Nervenzellen sind in verschiedensten Konstellationen beteiligt, wenn das Gehirn Licht- und Schallwellen, Temperatur, Duftstoffe, Druck und Spannung verarbeitet. Es verwandelt sie allesamt, unerachtet ihrer erheblichen qualitativen Unterschiede, in elektrische Impulse, die sich bloß quantitativ unterscheiden. Während diese Impulse aber durch unzählige Nervenkanäle abgeführt werden, entstehen qualitativ verschiedene Seh-, Hör-, Riech- und Tasteindrücke, die sich zu einem einheitlichen Erleben fügen. Ich sehe eine Landschaft, höre ein Lied, taste einen Körper, und diese Erlebnisse hängen in mir zusammen. Das tun sie übrigens auch, wenn sie disparat sind. Schizophrenie ist ein Leiden, weil unvereinbare Erlebenszustände im *selben* Wahrnehmungsraum konfligieren. Ich-Dissoziationen setzen ein Ich schon voraus. Nirgends im Gehirn aber finden sich Drahtzieherneuronen, die ein Ich konstituieren. Niemand kann angeben, wie aus der Verarbeitung elektrischer Impulse ein Erlebenszusammenhang wird. An diesem Punkt ist die Hirnforschung trotz aller ihrer phänomenalen Einsichten keinen Schritt weiter als Kant. Es läßt sich lediglich eine Kontraktion feststellen. Egal, ob man sie Gehirn- oder Ichleistung nennt: Sie stellt einen «Actus der Spontaneität» dar, durch den jener einheitliche Wahrnehmungsraum, worin Vielfältiges erlebt werden kann, allererst entsteht – also das, was Kant etwas sperrig die «ursprünglich-synthetische Einheit der Apperzeption» genannt hat. Natürlich ist der «Actus der Spontaneität» nicht transzendental. Dennoch ist er aus nichts anderem herleitbar. Man verlernt nur das Staunen über ihn, wenn man ihn durch ein terminologisches Manöver überspielt und behauptet: «Die Paradoxie, daß mein Gehirn ein Teil der Welt ist und sie gleichzeitig hervorbringt, wird durch die Unterscheidung zwischen realem und wirklichem Gehirn gelöst.» (325) Wer trifft diese Unterscheidung: ich oder mein Gehirn? Ist es eine reale oder wirkliche Unterscheidung? Das scheinbar gelöste Problem kehrt in solchen Fragen sogleich wieder.

Die unfreiwillige Nähe zu Kant ist offenkundig. Das Gehirn zerfällt in zwei Objekte; man ist versucht zu sagen, in Erscheinung und Ansich. Als Ansich firmiert das «reale» Gehirn. Daß es nur als Organ einer Person konstruierend tätig werden kann, und nicht isoliert in einer Spirituslösung, kümmert nicht. Es wird selbst als Person behandelt, als das eigentliche Subjekt der Weltkonstruktion, zu dem sich der Gesamtorganismus wie ein Futteral verhält.[74] Das «wirkliche» Gehirn erscheint zwar, aber nicht als Erscheinung des «realen» Gehirns, sondern lediglich als winziger Bestandteil der großen Welt, die letzteres konstruiert hat. Für diese Welt gilt zwar weiterhin das Gleichnis von Blindflug und Pilotenkabine: «Wir sind alle in unsere eigene kognitive Welt eingesperrt.» (155) Und doch soll sich ein äußerer Verursacher dieser Welt und Einsperrung angeben lassen: eben das «reale» Gehirn. Es existiert zwar an sich, aber nicht, wie bei Kant, als ein Gegenstand, der der «Anmaßung der Sinnlichkeit» und des Denkens eine Grenze zieht, sondern als das Subjekt schlechthin. Man darf es getrost Weltsubjekt nennen, um nicht zu sagen, Weltschöpfer, weil «Welt» nichts anderes ist als seine Konstruktion. Und da es alles hervorbringt, was wir erleben, selbst aber ganz unzugänglich bleibt, nimmt es die Züge eines *Deus absconditus* an – eines verborgenen Gottes. Andrerseits soll es bloß ein physisches Organ sein, mit der Konsequenz, «dass dieses Gehirn zu meinem Körper gehört, dass dieser Körper zu einem Organismus gehört, dass dieser Organismus schließlich zu einer Umwelt gehört, die von meinem Bewusstsein unabhängig ist» (147). Offensichtlich kann auch das «reale»

74 Kritisch hierzu Fuchs [5]2016, 51 ff.

Gehirn nicht anders existieren denn als ein winziger Bestandteil einer realen Welt, was aber nichts daran ändern soll, daß es, sobald es tätig wird, die Welt, die ich dann erlebe, ganz aus sich selbst entwirft. Ob ich mich selbst steuere oder ob mein Gehirn das tut, ist für den Grundgedanken der Autopoiesis am Ende unerheblich. Ihm zufolge erzeugen Organismen sich selbst, und Menschen konstruieren ihre Welt ganz aus sich. Ob letzteres die Tat einer «kognitiven Instanz» oder des Gehirns ist – jedenfalls ist es eine Konstruktion aus nichts: *creatio ex nihilo*. Der sogenannte radikale Konstruktivismus ist, bei Lichte besehen, ein Kreationismus, kein Konstruktivismus. Er wandelt in den Fußstapfen Fichtes, wo das Ich sich konstituiert, indem es das «Nicht-Ich», welches immerhin die ganze Welt ist, «setzt» – ganz aus eigener Kraft. Ob dieses Ich transzendental gedacht wird, ob als kognitiver Operator oder als Gehirn, macht für seine Schöpferkraft wenig Unterschied.

Der Verzicht auf jegliche reale, an sich seiende Dingwelt kommt beim «radikalen» Konstruktivismus als Bescheidenheitsgeste daher. Möglichst den «existenziellen Operator» vermeiden, ist die Devise, also die Ist-Aussagen, die ja stets behaupten, daß sich ein Ding oder Sachverhalt so und nicht anders verhält. Für den Konstruktivisten, der auf die Verabschiedung aller Metaphysik größten Wert legt, sind sie «ein Hintertürchen», «um dieser schrecklichen Idee der Ontologie erneut Einlass zu gewähren». «[D]ie Referenz auf die Außenwelt und das Gegebene lässt sich wunderbar verwenden, um die eigene Verantwortung für das, was man sagt, zu eliminieren» (25), während erst der «selbstreferenzielle Operator», also der ständige Verweis darauf, daß meine Aussagen bloß meine Konstruktionen sind, «einen freien Dialog gestattet» (27). Als ob es erst radikalen Konstruktivismus bräuchte, um zu freiem Dialog zu gelangen oder zu merken, daß jeder Mensch fehlbar und für sich verantwortlich ist oder daß ein

Schüler «kein Idiot» ist, «kein Opfer, dem Wissen eingeflößt werden kann», sondern ein «intelligentes, selbständig denkendes Wesen» (65). Dies alles findet sich längst bei Platon.

Der konstruktivistische Dialog- und Bescheidenheitsgestus ist eine Fassade. Wer überall, wo jemand sich auf die reale Dingwelt bezieht, bereits den Beginn «der schrecklichen Idee der Ontologie» wittert, aus der alle Metaphysik, aller Dogmatismus, alle mentale und physische Gewalttätigkeit hervorgeht, argumentiert wie jemand, der den Alkoholismus auf Milch zurückführt, weil jeder Trinker mit Milch begonnen hat. Wer tatsächlich an einer Milchaversion leidet und sie mit der Furcht begründet, Alkoholiker zu werden, dem wird jeder Psychoanalytiker sagen: Diese Gefahr steckt nicht in der Milch, sondern in dir. Ebenso steckt das Dogmatismusproblem nicht in der Dingwelt, sondern in der Aversion gegen sie. Der radikale Konstruktivismus hat ein starres Credo. Daß die Welt lediglich menschliche Konstruktion ist und sonst nichts: dieser Satz ist für ihn keine Konstruktion, die auch anders konstruierbar wäre. Er gilt genauso strikt wie für den Christen die Gottessohnschaft Jesu. Das konstruktivistische Fundament ist die apodiktische Aussage, daß man über nichts apodiktische Aussagen machen kann, weil alles bloß Konstruktion ist. Ein krasser performativer Widerspruch, was den radikalen Konstruktivismus nicht im geringsten stört. Er findet eher Gefallen daran. Einer seiner Lieblinge ist der Satz des Kreters Epimenides «Alle Kreter lügen»[75], der, wenn er wahr

---

75 Im Neuen Testament (Brief an Titus 1,12) lautet er: «Die Kreter sind allzeit Lügner». In der Logik ist er als «Epimenides-Paradox» sprichwörtlich für den unauflöslichen Selbstwiderspruch geworden. Ob er wirklich vom kretischen Dichter Epimenides (um 600 v. Chr.) stammt und was dieser damit sagen wollte, ist allerdings umstritten.

ist, den Sprecher widerlegt, und wenn falsch, ihn bestätigt. Dieser Satz sperrt sich gegen die Zuordnung zu richtig und falsch. Er bezeichnet die Grenze, an der keine Logik mehr weiterkommt. Konstruktivistisch hingegen gilt er als Vorbote einer neuen Logik jenseits von richtig und falsch – und Logik generell als ein Setting der Weltkonstruktion, das sich jederzeit auch anders «setzen» läßt. Warum soll man sich da noch um performative Widersprüche kümmern?

Der radikale Konstruktivismus übt ebenso in die Immunisierung gegen sie ein wie in die kybernetische Weltanschauung, für die alle sich bewegenden Gebilde Systeme sind, die sich selbst steuern oder gesteuert werden – durch Programme, die grundsätzlich umprogrammierbar sind. Das gilt auch für die mentale Steuerungskraft, deren Besonderheit darin besteht, die Welt der Systeme allererst zu konstruieren. Gott schuf laut Bibel die Welt aus nichts; aber nur einmal. Menschen konstruieren die Welt ebenfalls aus nichts, aber ständig neu und anders. Die Schöpfung mutiert zu einer menschlichen Dauertätigkeit. Sie ist nicht mehr auf die Gegebenheit einer Dingwelt verwiesen. Vielmehr ist jeder Mensch der Konstrukteur – im Klartext: Schöpfer – seiner eigenen Welt. Schlechterdings Wahres kommt darin nicht mehr vor. Dafür sind für jeden Konstrukteur seine Konstrukte so plausibel, als wären sie wahr. *Verum et factum reciprocantur.* Natur an sich gibt es nicht, und menschliche Gesellschaft nur nachträglich. Sie entsteht, wenn sich ein Schöpfer mit andern Schöpfern, obwohl sie eigentlich bloß Bestandteile seiner eigenen Schöpfung sind, ins Benehmen setzt. Längst hat diese Denkweise eine algorithmische Objektivation gefunden. Das Internet verbindet jeden mit jedem, ohne dabei Gesellschaft zu stiften, und weist jedem seine kleine Echokammer zu, in der er gleichwohl Herr einer ganzen Welt ist. Kein Wunder, wenn zu Internetkonditionen der radikale Konstruktivismus als das Plausibelste von der Welt erscheint.

Fehlkonstruktion

Was sich konstruieren läßt, läßt sich auch anders konstruieren. Wie menschenfreundlich und hoffnungsvoll das klingt! Jedem ist seine eigene Weltkonstruktion gestattet; nichts ist festgefahren; eine andere Welt ist jederzeit möglich. In der Praxis des Weltraumprogramms, das die USA schon bald nach dem Zweiten Weltkrieg starteten, konkretisierte sich das so: «Geschüttelt, geschlagen, gebeutelt, verbrüht, vereist, erstickt, zerquetscht: all das geschieht Tag um Tag Dutzenden junger Amerikaner. Im kalifornischen Santa-Susanna-Gebirge lassen sie sich auf einen schmalen Fahrschlitten binden und mit Raketenantrieb senkrecht in die Höhe jagen, in der Mojavewüste sausen sie auf einer superschnellen Draisine über eine horizontale Fahrschiene, in Johnsville (Pennsylvania) werden sie auf einer großen Schaukel so lange hin und her geschwungen, bis ihnen die Sinne vergehen, in Ann Arbor (Michigan) treibt man sie mit einem besonderen Tonbandgerät in völlige Sprachen- und Sinnesverwirrung, in Princeton (New Jersey) verlieren sie, getroffen von Überschallwellen, das Gleichgewicht. Sie harren in den Feueröfen von ‹Eglin Air Force Base› (Florida) aus oder in den Eiskammern des ‹Wright-Patterson Field› bei Dayton (Ohio), springen aus zwölftausend Metern Höhe über der ‹Holloman Air Force Base› (New Mexico) ab oder lassen sich auf frei fahrenden Fahrstühlen in die Tiefe der nahe gelegenen Carlsbad Cavern schleudern.»

So berichtete Robert Jungk 1951 und fragte: «Warum lassen sie sich so quälen? Kein Tyrann hat sie dazu verurteilt. Kein Regime will Geständnisse von ihnen erpressen. Trotzdem unterwerfen sie sich Torturen, wie kein Foltermeister sie raffinierter ersinnen könnte. Tun es noch dazu freiwillig. Denn man hat ihnen gesagt: Ihr seid unsere Vorhut. Ihr seid die Pioniere, die Patrouillen an den Grenzen menschlicher Leistungs-

und Leidensfähigkeit. Wir müssen diese Grenzen genau erkennen, weil wir sie überschreiten wollen und zum Teil bereits überschritten haben.» Dabei ist die «Weltraummedizin» behilflich. «Sie versucht zum Beispiel zu ermitteln, wie der menschliche Körper den übergroßen Schwerkraftdruck aushalten wird, der bei den gewaltigen Abschußgeschwindigkeiten der Raumschiffe ertragen werden muß. Sie studiert die körperlichen Folgen der jenseits des Bannkreises der Erde sich einstellenden völligen Schwerelosigkeit, die dem ‹Astronauten› nicht nur die Herrschaft über seine Bewegungsmuskeln, sondern auch das Gefühl für oben und unten nimmt». Die entscheidende Frage lautet: «Wie kann der Mensch befähigt werden, mit seinen neuen, schneller und höher fliegenden Maschinen Schritt zu halten?» «Ein Instrukteur der ‹Airforce›, dessen Vorlesung in der berühmten Akademie für Flugkadetten in Randolph Field ich besuchte», sagt Jungk, «formulierte das in folgendem kategorischem Satz: ‹Gemessen an seinen bevorstehenden Flugaufgaben, ist der Mensch eine Fehlkonstruktion.›»[76]

Doch die menschliche Physis ließ sich nicht in Kürze auf Weltraumkonditionen umstellen. Sie zeigte sich weit zäher als gedacht. Aus dieser Erfahrung erwuchs der Weltraummedizin ein Gegenstück: die Evolutionsmedizin, die auf ihre Weise damit umgeht, «wie schlecht der menschliche Körper in die Industriegesellschaft passt. Ob Gefäßverkalkung oder Gicht, ob Bluthochdruck, Depressionen, Diabetes, Fehlsichtigkeit, Fettsucht, Heuschnupfen, Krebs, Kreuzschmerzen, Leistenbruch, Magersucht oder Schüttellähmung – viele Volksleiden entstehen vor allem deshalb, weil Menschen nicht mehr im Gleichgewicht mit ihrem biologischen Erbe leben.» «[W]ir erfinden Einlagen, Operationen und Pillen, um mit diesen Er-

76 Jungk 1990 [1951], 54–57

krankungen leben zu können». «Dadurch entfernt sich unsere Kultur aber nur noch weiter von jener Lebensweise, für die unser Körper gemacht ist.» Selbst die langwierige Einübung des aufrechten Gangs, eine der entscheidenden Voraussetzungen der Menschwerdung, ist nicht ohne erhebliche physiologische Kosten gewesen. Wohl hat sie die vorderen Extremitäten von der Fortbewegung emanzipiert und sie zu Händen gemacht, die beim Ergreifen und Zurichten der Nahrung ein neues Koordinationsniveau erreichten, während die Aufrichtung des Kopfes das Sehfeld erweiterte und dem Kehlkopf günstige Bedingungen zu differenzierter Lautbildung verschafften. Doch «Mittelohrentzündungen, Hämorrhoiden, Genitalprolaps der Frau, Venenthrombosen, Inkontinenz, Leistenbrüche, Ersticken, Fersensporn, Ballenzeh, Knieschäden – all diese Leiden suchen den Menschen heim, weil er aufrecht geht. Tragödien spielen sich besonders im Rücken ab». «Auch die sprichwörtlich schwere Geburt ist eine Folge des aufrechten Gangs. Das Becken der Frau ist im Laufe der Stammesgeschichte immer gestauchter geworden, weil sie so besser gehen kann. Zugleich ist das Gehirn der Babys im Zuge der Evolution größer geworden.»[77]

Zivilisationskrankheiten sind Indikatoren für den Eigensinn der Natur. Niemand kann ihn einsehen; dennoch macht er sich geltend: als Widerstand. An ihm hat die Weltraummedizin gelernt, daß die menschliche Natur, ein Produkt von Jahrmillionen, sich nicht wie eine Wachsmasse umstandslos Astronautenerfordernissen angleichen läßt. Die Evolutionsmedizin wiederum will nicht zu Altsteinzeitverhältnissen zurück. Praktiken aus menschlicher Frühzeit sollen lediglich zu Bewegungs- und Ernährungsweisen anleiten, die das Leben unter den gegebenen Hochtechnologiestandards erträglicher

---

77 Blech 2009, 123, 124 und 127

machen. Diese Standards sind heute nicht mehr so astronau-
tenfixiert wie in den 1950er Jahren. Dafür ist der allgemeine
Druck, der von ihnen ausgeht, größer denn je. Die Industrie
4.0 hat, noch während sie ausgeheckt und herbeigeredet wird,
bereits das Ansehen einer Norm, der sich mental und physisch anpassen muß, wer in Zukunft noch nennenswerte Le-
benschancen haben möchte. Wie sollen Menschen ihr gewachsen sein, denen ihr Smartphone nicht zu einer Art Körperorgan
geworden ist – wie immer die frühkindliche Gehirn- und Au-
genentwicklung, die Nackenmuskulatur, der Kreislauf darauf
reagieren mag. Gemessen an Raumfahrtanforderungen, ist die
menschliche Physis eine Fehlkonstruktion. Wie sehr sie lang-
fristig für permanente Bildschirmfixierung und Tastaturbedie-
nung geeignet ist, steht noch dahin. Belastbare Resultate wird
es erst in Jahren geben.

Fehlkonstruktionen sind Menschen immer nur in bezug
auf einen gesellschaftlichen Rahmen. Wie aber, wenn *der* als
Fehlkonstruktion erachtet wird? Das hat in unerhört folgenreicher Weise Karl Marx getan. Die große Industrie, sagte
er, hat Maschinen entwickelt, die die Menschen von zahllosen stumpfsinnigen Handgriffen zu entlasten vermag und
ihnen einen nie gekannten Freiraum der Selbstentfaltung
verschaffen könnte. Statt dessen verrichten sie mehrheitlich
stumpfsinnige Handgriffe an Maschinen und dienen der persönlichen Bereicherung der Eigentümer des Maschinenparks,
an die sie ihre Arbeitskraft haben verkaufen müssen. Die
maschinellen «Produktivkräfte» sind in soziale «Produktionsverhältnisse» eingespannt, in denen ihr Freiheitspotential
nicht zum Zuge kommt.[78] Das ist die kapitale Fehlkonstruktion des Kapitalismus. Die Produktionsmittel müssen daher
vergesellschaftet und von den Werktätigen gemeinschaftlich

---

78 Marx 1985 [1859], 8 f.

betrieben werden, um der Gesellschaft als Ganzer zugute zu kommen.

Die russische Revolution, die sich das vorgenommen hatte, konstruierte in der Tat neue Produktionsverhältnisse. Sie verstaatlichte die Produktionsmittel. Das sollte nur der erste Schritt auf dem Wege zu ihrer Vergesellschaftung sein. Aber die neue Gesellschaft kam darüber nicht hinaus. Das gesamte Angebot-Nachfrage-Verhältnis, von dem zuvor der Markt etliches geregelt hatte, mußte nun bis ins Detail geplant werden. Wer sollte das tun, wenn nicht Behörden? Da konnte der Staat nicht, wie erhofft, «absterben». Seine Apparatur blähte sich auf. Zudem waren die Sowjetunion und ihre Trabanten vornehmlich damit beschäftigt, den industriellen Entwicklungsstand Mitteleuropas und der USA zu erreichen und ihrer Bevölkerung ständig Sonderschichten und -abgaben dafür aufzuerlegen. Die Werktätigen arbeiteten nach den starren Vorgaben planender Behörden mindestens ebenso entbehrungsreich wie ihre westlichen Kollegen in Privatfirmen – und ohne jede Aussicht, am staatlichen Rahmen durch demokratische Wahlen etwas ändern zu können. Der Staatssozialismus war autoritärer als der Kapitalismus, eiferte ihm aber in der Atom- und Raumfahrttechnik nach. Je feindseliger sich östliches und westliches System gegeneinander verhielten, desto mehr tendierten sie zu struktureller Konvergenz.

Gegen das bleierne Patt zwischen diesen beiden großen Blöcken begehrte in den 1960er Jahren eine die ganze westliche Welt durchziehende Protestbewegung auf (im Osten wurden jegliche Ansätze zu ihr sogleich erstickt). Ihre große Mehrheit wollte keines der beiden Systeme. Sie argwöhnte, daß die fatalen Ähnlichkeiten zwischen ihnen nicht nur einem Mißverhältnis von Produktivkräften und Produktionsverhältnissen geschuldet waren, sondern sozusagen einem Gesamtpaket. Gesellschaft, so der Verdacht, ist nicht bloß eine bestimmte Art und Weise, die Produktion und Verteilung der Lebensmittel zu organisieren, und der Staat nicht bloß der institutionelle Rahmen dafür. Staat und Gesellschaft sind vielmehr durch etwas Tieferliegendes zusammengeschlossen, das sich in ihnen zwar manifestiert, aber ihnen nicht transparent ist: ein bestimmter Diskurs.

Daß Diskurse in modernen Demokratien zu einem erstrangigen Politikum geworden sind, liegt auf der Hand. Nur wer in der Lage ist, mehrheitsfähige Themen und Sprechweisen in Umlauf zu bringen und Massenmedien für ihre Verbreitung zu nutzen, kann legitimierte Macht ausüben. In Frankreich, wo Descartes' *Discours de la Methode* das neuzeitliche Denken eingeläutet hatte, war das Wort «Diskurs» geradezu zum Synonym für Rationalität und Aufklärung aufgestiegen. Dort war aber auch seine Verfilzung mit allem Akademisch-Etablierten am stärksten spürbar, daher auch der Drang am größten, den Diskursbegriff anticartesisch zu wenden, seine akademische Enge aufzubrechen und deutlich zu machen, daß Diskurse nicht nur aus Worten bestehen, sondern auch nonverbale Implikationen haben, die sich im persönlichen Unbewußten, in sozialen Milieus und Kräfteverhältnissen, in politischen Institutionen, in Wissenschaft und Kunst niederschlagen. Wer verstehen will, was eine Gesellschaft zusammenhält, muß ihren Diskurs offenlegen. Seine unausgewiesenen Voraussetzungen, Entstellungen, Verschleierungen, Ausblendungen sind Konstrukte, die es zu dekonstruieren gilt. Erst im Zuge der Dekonstruktion kann sich der Möglichkeitsraum einer Gesellschaft eröffnen, die sich weder kapitalistischem noch sozialistischem Systemzwang fügt. *Tertium datur* – es gibt ein Drittes.

Diskursfetisch

Kaum jemand hat dies Dritte prominenter verkörpert als Michel Foucault. «In den Diskurs, den ich heute zu halten habe», so die berühmten Anfangsworte seiner Antrittsvorlesung am Collège de France, «hätte ich mich gern verstohlen eingeschlichen. Anstatt das Wort zu ergreifen, wäre ich von ihm lieber umgarnt worden, um jedes Anfangens enthoben zu sein.»[79] Denn jeder Anfang ist Schein. Der Diskurs ist immer schon da – eine quasitranszendentale soziale Konstruktion.[80] Freilich läßt sie keinerlei Konstruktionsmaterial erkennen, noch erscheinen Einzelmenschen als konstitutiv für ihr Zustandekommen. Zwar wird stillschweigend vorausgesetzt, daß sämtliche individuellen Wahrnehmungen, Vorstellungen und Worte auch bloß Konstruktionen sind. Aber wie jedes Individuum aus seinem Konstruktionssolipsismus, worin andere Menschen bloß als Konstrukte vorkommen, heraustreten kann, wie es sich mit anderen Weltkonstruktionen, die von realen anderen Menschen stammen müssen und nicht bloß *seine* Konstrukte sein können, tatsächlich zu arrangieren vermag – diese Frage wird erst gar nicht gestellt. Das Zustandekommen des Diskurses ist kein Thema. Der Gedanke des sozialen Kräfteparallelogramms, das entsteht, wenn Individuen und Gruppen ihre verschieden starken und durchdachten Geltungsansprüche mit- und gegeneinander artikulieren, kommt nicht in Betracht. Individuen sind nicht Subjekte des Diskurses; sie sind seine Momente und Fermente. Das Subjekt aber ist *er*.

---

79 Foucault 1991 [1972], 9. Weitere Seitenzahlen im Text.
80 Jürgen Habermas nannte das etwas mißverständlich «transzendentalen Historismus»; Habermas 1988, 296.

«Ich setze voraus, daß in jeder Gesellschaft die Produktion des Diskurses zugleich kontrolliert, selektiert, organisiert und kanalisiert wird – und zwar durch gewisse Prozeduren, deren Aufgabe es ist, die Kräfte und die Gefahren des Diskurses zu bändigen, sein unberechenbar Ereignishaftes zu bannen, seine schwere und bedrohliche Materialität zu umgehen». Es handelt sich um «Prozeduren der *Ausschließung. Die sichtbarste und vertrauteste ist das *Verbot*. Man weiß, daß man nicht das Recht hat, alles zu sagen, daß man nicht bei jeder Gelegenheit von allem sprechen kann». Das gilt besonders für Sexualität und Politik. «Offensichtlich ist der Diskurs keineswegs jenes transparente und neutrale Element, in dem die Sexualität sich entwaffnet und die Politik sich befriedet, vielmehr ist er ein bevorzugter Ort, einige ihrer bedrohlichsten Kräfte zu entfalten.» Er «ist nicht einfach das, was das Begehren offenbart (oder verbirgt): er ist auch Gegenstand des Begehrens; und der Diskurs – dies lehrt uns immer wieder die Geschichte – ist auch nicht bloß das, was die Kämpfe oder die Systeme der Beherrschung in Sprache übersetzt: er ist dasjenige, worum und womit man kämpft; er ist die Macht, deren man sich zu bemächtigen sucht.» (11)

Redeweise, aber auch Ausschluß von Redeweisen; Ausdruck des Begehrens, aber auch dessen Objekt; Kampf- und Beherrschungsmittel, aber auch Kampfziel; Machtinstrument, aber auch die Macht selbst: was ist der Diskurs eigentlich *nicht*? Was immer in ihn verwickelt ist, wird als sein Bestandteil reklamiert. Und wer möchte leugnen, daß Rituale und Kriegszüge, Erziehung und Bestrafung, Produktion und Distribution, Sexualität und Regierung, Herrschaft und Unterdrückung diskursiv erfolgen? Zweifellos sind sie «umgarnt» von verbalen gestischen und mimischen Zeichen, die sich in Körperbewegung, Stimme, Schrift, in Baumaßnahmen, Techniken, Künsten und Institutionen materialisieren. Insofern mag der Diskurs «schwere und bedrohliche Materialität» haben. Und doch ist es nicht *er*, der spricht und schreibt, Opfer schlachtet und Feinde tötet, sät und erntet, ißt, verdaut und kopuliert, webt und baut, sondern das tun immer noch Menschen aus Fleisch und Blut mit Werkzeugen, deren Material genausowenig lediglich aus Diskurs besteht wie sie selbst.

Was Foucault hier betreibt, läßt sich am besten als Diskurs-hegelianismus charakterisieren. Wie bei Hegel die Natur lediglich eine Gestalt des Weltgeistes ist, so ist sie bei Foucault eine Gestalt des Diskurses. Ihr Innerstes ist *er*. «Die Dinge murmeln bereits einen Sinn, den unsere Sprache nur noch zu heben braucht»; ja «es sind die Dinge selbst und die Ereignisse, die sich unmerklich zu Diskursen machen, indem sie das Geheimnis ihres eigenen Wesens entfalten» (32). Entsprechend wird aus der Geschichte, die bei Hegel als «Gang Gottes in der Welt»[81] firmiert, bei Foucault der Weltlauf des Diskurses. Dieser bewegt sich freilich nicht, wie der Weltgeist, schön zielgerichtet auf das gute Ende der vollkommenen Weltvergeistung und -versittlichung zu. Er läuft einfach bloß end- und ziellos fort, als ein Weltgeist ohne jede Göttlichkeit, ein subjektloses Subjekt, eine «gewaltige Ausschließungsmaschinerie» (17), die allerdings auch das von ihr Ausgeschlossene umfaßt. Ihre Signatur ist einerseits die «Logophilie», das Bestreben, alle Phänomene nach den dualen Standards des abendländischen Logos, nach Identität und Nichtidentität, nach Zugehörigkeit und Nichtzugehörigkeit zuzurichten; andrerseits «eine tiefe Logophobie, eine stumme Angst [...] vor allem, was es da Gewalttätiges, Plötzliches, Kämpferisches, Ordnungsloses und Gefährliches gibt, vor jenem großen unaufhörlichen und ordnungslosen Rauschen des Diskurses» (33) – womit alles, was sich gegen den Diskurs sperrt

81 Hegel 1970 [1820], 403

und ihn bedroht, als *sein* «Rauschen» verbucht und ihm sogleich einverleibt wird. Nichts bleibt draußen.

Kaum irgendwo ist die Blöße von Foucaults Diskursbegriff so kenntlich wie in seiner Antrittsvorlesung, wo seine Forschungslogik unverhüllt von der Materialfülle seiner historiographischen Studien zutage tritt. Deren große Themen waren Wahnsinn, Krankheit, Kriminalität und Sexualität. Ihr historischer Ansatzpunkt war zunächst jene frühe Neuzeit, in der in Mitteleuropa ein epochaler «Scheidungsprozeß von Produzent und Produktionsmittel»[82] zur Auflösung mittelalterlicher Feudalstrukturen führte. Beträchtliche Teile der Landbevölkerung wurden von der Scholle vertrieben, Handwerker von Werkstatt und Handwerkszeug getrennt, Adlige vom angestammten Familienbesitz, Ritter von zeitgemäßer Militärausrüstung. Herkömmliche Adels-, Zunft-, Stadt-, Dorf- und Familienstrukturen gingen aus den Fugen und gerieten in den Sog des Markts, der nun nicht mehr bloß den Austausch von Gütern regelte, sondern anfing, den gesamten gesellschaftlichen Arbeitsprozeß zu regulieren, und die Bevölkerung mehrheitlich nötigte, nicht nur irgendwelche Waren, sondern sich selbst, die eigene Arbeitskraft, feilzubieten, sei es in Söldnerheeren, sei es in Manufakturen.

Menschen ging es nun ähnlich wie allen andern Waren: Was unverkäuflich war, blieb liegen. Unverkäufliche Stoffballen oder Kornladungen, die im Speicher verschimmelten und ihre Eigentümer ruinierten: so etwas kannte man. Scharen von entwurzelten und unverkäuflich vagabundierenden Arbeitskräften waren hingegen etwas Neues – und für die sich bildenden Nationalstaaten eine vitale Bedrohung. Sie mußten verwaltet werden. Der Markt verlangte ebenso nach Bändigung wie nach Entfaltung. Und so brachte die marktwirtschaftliche

82 Marx 1979 [²1872], 742

Scheidung von Arbeitsuntauglichen und Tauglichen noch einige andere Scheidungen mit sich, die in der Gesellschaftstheorie jahrhundertelang unterbelichtet geblieben sind: die von Wahnsinnigen und ‹Vernünftigen›, Kranken und ‹Gesunden›, Delinquenten und ‹Normalen›. In Spitälern, Gefängnissen, Verwahrungs- und Erziehungsanstalten wurden die Ausgesonderten ähnlich kaserniert wie die Integrierten in Heerlagern und Arbeitshäusern. Die Selektionsgewalt des Marktes fand in der Definitionsgewalt von Justiz, Psychiatrie, Medizin und Pädagogik eine staatskonforme Zurichtung. So entstanden wissenschaftliche Raster, Diagnose- und Einweisungspraktiken, Medikationen und Therapien, die jene spezifisch neuzeitlichen Wahnsinns-, Hysterie- und Kriminalitätsprofile allererst herstellten, die sie bloß zu beschreiben und zu behandeln schienen.

Foucault hat diese Maßnahmen belichtet wie niemand zuvor. Sie verrieten ihm mindestens ebensoviel über die Formierung neuzeitlicher Rationalität wie deren philosophische Referenztexte. Seine nachhaltige Aufmerksamkeit für das Schicksal jener vielen, die im Namen von Vernunft und Wissenschaft Einsperrungs- und Behandlungstorturen durchgemacht haben, läßt sich kaum anders denn als Anteilnahme und Protest verstehen, ebenso wie seine öffentlichkeitswirksamen Interventionen zu den Zuständen in Gefängnissen und psychiatrischen Anstalten. «Die repressive Rolle des psychiatrischen Asyls ist bekannt: man schnallt die Leute an und liefert sie einer – chemischen oder psychologischen – Therapie aus, auf die sie keinen Einfluß haben, oder man übergibt sie der Nicht-Therapie der Zwangsjacke. Verzweigungen der Psychiatrie findet man aber immer mehr bei den Sozialarbeitern, Berufsberatern, Schulpsychologen, bei den Ärzten, die in der Sektor-Psychiatrie arbeiten – in der gesamten Psychiatrie des Alltags, die eine Art Fünfte Kolonne der Repression und der Polizei bildet.» So kann nur sprechen, wer das definitive Ende der Repression will, nicht bloß ihre Abmilderung. Es soll nicht nur besser, gerechter, humaner werden, sondern ganz anders. «Über das Strafvollzugssystem würde ein Humanist etwa folgendes sagen: ‹Die Schuldigen sind schuldig, die Unschuldigen sind unschuldig. Gleichwohl ist ein Verurteilter ebenso ein Mensch wie die andern: folglich Wasserspülung!› Unsere Tätigkeit sucht hingegen nicht die Seele oder den Menschen *hinter* dem Verurteilten, sondern sie möchte die tiefgehende Grenze zwischen der Unschuld und der Schuld auslöschen.»[83]

Humanismus genügt Foucault nicht. Volle Gerechtigkeit wäre erst, wo niemand mehr beschuldigt wird. Als theologischer Gedanke ist das plausibel. So etwa hat sich Jesus von Nazareth das nahende Reich Gottes vorgestellt. Es wird nicht bloß die Gesetzestreuen aufnehmen und alle andern verdammen. Seine Gerechtigkeit wird nicht die irdische Lohn-Strafe-Dualität verewigen. Es wird vielmehr der tiefsten Sehnsucht aller Menschen gerecht werden: ihrem Wunsch nach Heilung von sämtlichen körperlichen und seelischen Gebrechen.[84] Im Reich Gottes wird jegliche Beschuldigung gegenstandslos, weil es dort keine Untaten mehr gibt. Foucault aber will um Himmels willen nicht theologisch werden. Doch aus der irdischen Welt schwinden die Untaten nicht, indem man niemanden mehr beschuldigt – genausowenig wie durch Augenschließen. Hier überschlägt sich Foucaults Empörung. Gefängnis- und Anstaltsinsassen sollen nicht länger unwürdig behandelt werden, und das heißt für ihn: nicht mehr eingeschlossen sein. Ein neuer Diskurs soll her, der jeglicher Einschließung und Strafe die Berechtigung nimmt und die Unterscheidung von gerecht und ungerecht, unschuldig und

---

83 Foucault 1987 [1971], 101 und 100
84 Türcke 2009, 104 ff.

schuldig, vernünftig und wahnsinnig, normal und pervers selbst aushebelt. Und dann? Soll alles erlaubt sein?

Das mag Foucault weder leugnen noch zugeben. Einerseits weiß er, daß auch jeder neue Diskurs – allein schon grammatisch-syntaktisch – nicht ohne Regeln auskäme. Wo aber Regeln sind, ist nicht alles erlaubt. Ein Diskurs, der nichts ausschließt, ist wie ein Körper ohne Schwere. Es gibt ihn nicht. Andrerseits will Foucault nicht bloß einen neuen Diskurs; er will das Ende aller Beschuldigungen und Ausschlüsse. Es regt sich in seiner Empörung ein vitaler dekonstruktiver Impuls, den er allerdings nie klar benennt, lediglich mit dem Begriff «Ereignis» umwölkt. Unter Ereignissen im emphatischen Sinn versteht er diskurssprengende historische Momente; zum Beispiel den Generalstreik, der 1968 spontan um sich griff und ganz Frankreich erfaßte. Doch selbst das Diskurssprengende verbucht er hübsch hegelianisch sogleich als Moment des Diskurses. Das Ereignis, der Empörungsüberschuß: Sie münden dann doch nur in einen neuen Diskurs mit neuen Ausschlußmechanismen und verpuffen darin. In späteren Jahren ist bei Foucault vom «Ereignis» denn auch kaum noch die Rede.

Das kann gar nicht anders sein, wenn Geschichte und Gesellschaft lediglich als Diskurse gelten. Dann nämlich sind auch Wahnsinn, Krankheit, Kriminalität, Perversion bloß das, was der jeweils geltende Diskurs dafür erklärt – und sonst nichts. Es gibt keine Minimaldefinitionen von ihnen, von denen aus man mißbräuchlichen Umgang mit ihnen kritisieren könnte; es gibt nur verschiedene Weisen, sie zu konstruieren. Foucaults dicke Bücher über Verwahrung und Überwachung in Gefängnissen, Kliniken oder Beichtstühlen zittern zwar förmlich vor Sympathie mit denen, die unter diesen Praktiken leiden mußten. Aber was ist mit denen, die heimtückisch vergewaltigen und morden? Soll die Gesellschaft schutzlos vor ihnen bleiben? Oder mit denen, die ständig absonderliche Stimmen hören oder sich für Napoleon halten? Sollen sie allen sozialen Alltagsanforderungen schutzlos ausgesetzt sein? Muß das Verhalten der letzteren nicht in *allen* Diskursformationen als wahnsinnig eingestuft werden, das der ersteren als kriminell, weil der Sachverhalt sich anders gar nicht sinnvoll identifizieren läßt?

Wahrheit

Um diese Fragen windet sich Foucault. Nirgends eine klare Antwort. Das hat Methode: die des Konstruktivismus. Der Dekonstruktivismus ist ja bloß dessen Abkömmling. Einerseits verheißt er: Alles Bestehende läßt sich dekonstruieren und in eine andere Konstruktion überführen. Andrerseits ist jede neue Konstruktion auch bloß wieder Resultat einer Zuschreibungs- und Ausschließungspraxis. Foucault geht so weit, sogar «den Gegensatz zwischen dem Wahren und dem Falschen als ein [...] Ausschließungssystem zu betrachten» und zu behaupten, daß erst die griechische Philosophie dieses System in die Welt gebracht habe. «[N]och bei den griechischen Dichtern des 6. Jahrhunderts war der wahre Diskurs» einer, «vor dem man Achtung und Ehrfurcht hatte und dem man sich unterwerfen mußte, weil er der herrschende war». Doch «eines Tages hatte sich die Wahrheit vom ritualisierten, wirksamen und gerechten Akt der Aussage weg und zur Aussage selbst hin verschoben: zu ihrem Sinn, ihrer Form, ihrem Gegenstand». «Zwischen Hesiod und Platon hat sich eine Teilung durchgesetzt, welche den wahren Diskurs und den falschen Diskurs trennte».[85]

Hesiod steht hier für den Mythos: den Diskurs der menschlichen Frühzeit, der erzählte, wie menschliche Gemeinwesen

85 Foucault 1991 [1972], 13f.

durch göttlichen Ratschluß das wurden, was sie sind; wie sie zu ihren konstitutiven Riten und Gebräuchen kamen und die Welt um sie herum ihre immergleichen, geordneten Verlaufsformen gewann. Der mythische Diskurs, so die These, wurde mündlich von Generation zu Generation weitergegeben und von allen Beteiligten vorbehaltlos akzeptiert. Er galt als wahr, weil er die Wahrheitsfrage noch gar nicht kannte. Die nämlich soll erst Platon systematisch gestellt haben. ‹Du nennst doch etwas schön, gut, tugendhaft›, läßt er Sokrates, die Hauptfigur seiner Dialoge, häufig zu seinen Gesprächspartnern sagen. Und wenn sie zustimmen, setzt er nach: ‹Aber was ist das Schöne selbst[86], das Gute als solches[87], das schlechterdings Tugendhafte[88], das uns dazu berechtigt, Dinge oder Verhaltensweisen schön, gut, tugendhaft zu nennen?› Mit dieser Frageweise sieht Foucault etwas epochal Neues beginnen: das Herausdestillieren reiner Ideale. Die Götter, von denen die Mythologie reichlich Intrigen und Grausamkeiten berichtet, genügen diesen Idealen in keiner Weise. Damit sind auch die angeblich von ihnen gestifteten Rituale und Gebräuche diskreditiert. Sie können nicht unverbrüchlich gelten. Was die Mythen von Göttern und Ritualen überliefern, ist kritischer Prüfung zu unterziehen. Damit ist ein neuer Diskurs befaßt: der des Logos. Er tut so, als wolle er lediglich die reine, ideale Bedeutung von ein paar Schlüsselworten herausarbeiten. Tatsächlich aber intendiert er die Entkräftung der Tradition. Nichts soll mehr nur deshalb gelten, weil es immer schon galt, alles nur noch, sofern es durch argumentierende Rede *(logon didonai)* diesen Idealen dient. Was ihnen nicht entspricht, wird für falsch erklärt und ausgeschlossen. Der Logos setzt

86 Platon, *Symposion*, 211 d
87 Platon, *Politeia*, 505 a
88 Platon, *Menon*, 79 b

auf Begründung, appelliert an Einsicht und reklamiert Wahrheit für sich, ist in Wahrheit aber auf ein diskursives Ausschließungsregime aus: auf Macht.

Diese Dekonstruktion des Wahrheitsbegriffs verläuft ganz konstruktivistisch. Die Dualismen vernünftig–wahnsinnig, unschuldig–schuldig (delinquent), gesund–krank, normal–pervers sind allesamt Konstruktionen zur Ausschließung derer, die in den herrschenden Diskurs nicht passen, und der Ur-Dualismus, mit dem die ganze Ausschließerei ihren Anfang nahm, ist der von wahr und falsch: eine Erfindung der griechischen Philosophie. Daß aber die Unterscheidung von wahr und falsch nichts als eine Ausschließungsmaschinerie ist, das soll schlechterdings wahr sein. Wer dem nicht zustimmt, liegt falsch. Um diesen performativen Widerspruch kümmert sich Foucault genausowenig wie seine konstruktivistischen Kollegen.[89] Und ebenso wie diesen dient ihm das Kreter-Paradox

89 Ganz anders Friedrich Nietzsche, an dessen Formel vom «Willen zur Macht» Foucault sein Ausschließungstheorem ostentativ angelehnt hat. «Wir sind von vornherein unlogische und daher ungerechte Wesen *und können diess erkennen:* diess ist eine der grössten und unauflösbarsten Disharmonien des Daseins.» (Nietzsche 1988 [1878], 52) Hier tritt das Denken nicht einfach bloß in Selbstwiderspruch. Es wird auch nicht zum Schiedsrichter erklärt, der von einem neutralen Standpunkt aus Gedanken und Dinge vergleicht. Es wird lediglich seiner grundsätzlichen Unzulänglichkeit inne und bemerkt, daß es weder den cartesischen Zweifel an der Existenz einer objektiven Welt durchhalten noch das Ansich dieser Welt erkennen kann; nicht nur, weil es sie sich in verzerrter Weise zurechtlegt, sondern auch, weil diese Welt nicht still in sich ruht. Sie ist aktive Naturgewalt. Nicht nur im Denken steckt Bemächtigungswille; auch in ihr. Sie sucht ihre Kreaturen heim, auch diejenigen, die sie begreifen wollen. Objektiv ist sie nicht im Sinne von neutral, sondern im ursprünglichen

«Ich lüge» als Beleg dafür, daß das wahr-falsch-Schema lediglich ein logisches Setting ist, das jederzeit einem anderen weichen könnte.

Nur daß es zu dem neuen «nachplatonischen» Setting nie wirklich kommt.[90] Denn der wahr-falsch-Gegensatz hat nicht erst mit Platon, Sokrates oder den Vorsokratikern begonnen. Er ist so alt wie das menschliche Denken selbst. Schon die er-

Sinne von *obicere:* Sie steht den denkenden Subjekten eigensinnig-übermächtig entgegen. Dagegen kommen letztere selten auf. Aber das können sie einsehen. Sie können ihre eigene Ohnmacht reflektieren, und zwar nicht nur ihre gedankliche Unfähigkeit, das Ansich der Dinge zu erkennen, sondern auch ihre physische Schwäche. Sind doch ihre Gedanken für Nietzsche lediglich blasse Abkömmlinge der Natur, die durch Mitteilung – «Diskurs» – noch zusätzlich verflacht und verdurchschnittlicht werden, während sein Schüler Foucault Naturgewalt nur noch als Diskursmacht wahrnimmt. Er versucht das Ansich der Natur zu entsorgen und verhält sich in diesem Punkt zu Nietzsche wie der Neukantianismus zu Kant.

90 Zwar gibt es längst den Vorschlag einer mehrwertigen Logik. Sie hat für Aussagen, die sich auf Zukünftiges beziehen, dessen Ursachen nicht in der Gegenwart liegen, neben wahr (1) und falsch (0) noch einen dritten Modus (1/2) eingeführt (z. B. Lukasiewicz 1957). Doch auch eine mehrwertige Logik muß argumentativ erhärtet werden. Sie kann nicht zugleich und in derselben Hinsicht gelten und nicht gelten, womit sie sogleich auf die wahr-falsch-Unterscheidung zurückverwiesen ist. Nur zu deren Konditionen war sie entwickelbar. Sie mag Meriten bei der Einordnung von Grenzfällen haben, aber sie hebelt die zweiwertige Logik nicht aus und bleibt ähnlich marginal wie die artifizielle Sprache Esperanto, die ihre Grammatik und ihren Wortschatz nur von real gesprochenen Umgangssprachen aus empfangen konnte und keine Chance hat, als ein neues globales Sprachsetting an deren Stelle zu treten.

ste Denkbewegung, die Heiligung des Schreckens, konnten die werdenden Menschen nicht vollziehen, ohne das Heilige als Schutzmacht und den Ort seiner Epiphanie als Tempelbezirk *(ásylon)* zu imaginieren – und von allem Alltäglichen abzugrenzen. Das hebräische *qados*, das wir mit «heilig» übersetzen, heißt wörtlich «abgetrennt», «dem gewöhnlichen Gebrauch entnommen». Das griechische Wort für heilig, *hágios*, bedeutet ursprünglich «geweiht». Orte, Personen, Dinge «weihen» heißt sie aus dem Alltagsverkehr herausnehmen, herauslösen – sie im originären Wortsinn absolut, unbedingt, unvergleichlich machen. Einen ganz ähnlichen Bedeutungsradius hat das polynesische *tabu*, wörtlich «ausgezeichnet», erst in zweiter Linie «unantastbar», «unberührbar». Wer das Heilige antastet, etwa vom heiligen Ritual abweicht, wird selbst tabu – aus der Gemeinschaft ausgestoßen. Tabu sind aber auch jene Auserwählten, deren Opferung dafür sorgen soll, daß das Heilige die Schutzmacht bleibt, als die es imaginiert wird. Sein Schutzmachtstatus verlangt blutigen Tribut. Aber für die Verschonten hat das Heilige jene Qualität, die im Hebräischen *emet* heißt: Wahrheit, will sagen, Zuverlässigkeit, Beständigkeit, Treue. Wer Wahrheit sucht, sucht nicht bloß angemessene Begriffe für bestimmte Sachverhalte *(adaequatio rei et intellectus)*, sondern beständige Zuflucht vor allem Trügerischen und Verderblichen. Wahrheit ist nicht nur etwas Mentales. Sie ist ein ersehnter Zustand, der sich ohne räumliche Dimension schwerlich denken läßt, weshalb das Wahre mit dem Guten, das Falsche mit dem Bösen, dem keineswegs nur gedanklich zu Meidenden, ursprünglich gleichbedeutend war. Schon vom Heiligen gilt, was Spinoza später vom Wahren sagte: Es ist Index seiner selbst und des Falschen *(verum index sui et falsi)*.[91] Ohne Abgrenzung vom Falschen

91 Spinoza 1907 [1675], 234

kein Wahres. Aber das Wahre will, daß das Falsche aufhöre. Die von allem Verderblich-Trügerischen abgegrenzte Wahrheitssphäre soll grenzenlos werden. Auch das gehört zum Wahrheitsimpuls.

Um überhaupt bemerken zu können, daß nicht alles, was für wahr gehalten wird, auch wahr ist; um gewahr zu werden, daß wahr und falsch vielfältig ineinander verwickelt sind, nicht nur zwei Schubladen, in die sich die Dingwelt sortieren läßt – dazu muß man die Unterscheidung von wahr und falsch bereits gemacht haben. Kein Denken ist ohne sie. Alles Vorgestellte ist, wie undeutlich auch immer, konturiert. Es kann nur als ein von seiner Umgebung abgegrenztes ‹So und nicht anders› vorgestellt werden. Wo diese Grenze verschwindet, hört die Vorstellung auf. Desgleichen muß alles, was benannt wird, im Moment seiner Benennung als «unteilbar *(átomon)* und der Zahl nach eines»[92] genommen werden, wie Aristoteles mit unübertroffener lakonischer Präzision gesagt hat. Wer vom Gehirn oder von der Weltbevölkerung spricht, muß sie in dem Moment, wo er das tut, jeweils als ein unteilbar Eines behandeln, auch wenn sie aus Milliarden von Teilen bestehen. Andernfalls könnte er sie nicht benennen. Jede Benennung hat einen Identitätskern. Sie bezieht sich auf ein bestimmtes «Dies da *(tóde ti)*»[93]. Was sie «Gehirn» nennt, kann nicht zugleich auch ein Nagel oder ein Wüstensturm sein. Jede Benennung sagt: ‹Ich meine dies da und nichts anderes›. Sie behauptet etwas. Sie sagt: ‹So ist es› und unterstellt als wahr, was sie sagt. Davon zehren selbst noch Lüge, Witz und Ironie. Sie werden nur als Abweichung von diesem ‹So ist es› verständlich und setzen es voraus. Nirgends ist der Unterscheidung zwischen wahr und falsch zu entrinnen, die mit der Heiligung

92 Aristoteles, *Kategorien*, 3 b
93 Aristoteles, *Kategorien*, 3 a

des Schreckens begann. Nietzsches berühmter Verdacht, «dass auch wir Erkennenden von heute, wir Gottlosen und Antimetaphysiker, auch *unser* Feuer noch von dem Brande nehmen, den ein Jahrtausende alter Glaube entzündet hat, jener Christen-Glaube, der auch der Glaube Plato's war, dass Gott die Wahrheit ist, dass die Wahrheit göttlich ist ...»[94] – er läßt sich nicht zerstreuen.

Es gibt kein Denken ohne Wahrheitsanspruch, auch wenn kein Denken über die Wahrheit verfügt. Es kann nicht einmal beweisen, daß es sie gibt. Und doch macht es ständig Anleihen an sie. Wie all unsere Begriffe die Dinge selbst intendieren, sozusagen an die Tür ihres Ansich klopfen, so sind auch alle Bestrebungen, Sachverhalte so konsistent wie irgend möglich darzustellen und schlechterdings Unbezweifelbares an ihnen hervorzuheben, Vorgriffe auf Wahrheit – auf die Sphäre, die Zuflucht vor allem Trügerischen und Verderblichen gewähren soll. Die Unterscheidung von wahr und falsch ist dem Sehnen nach einer solchen Sphäre entsprungen. Sie entstammt der Asylsuche geängstigter Hominiden, einem kollektiven Fluchtimpuls, nicht dem separatistischen Wunsch nach Ausschluß mißliebiger Stammesgenossen. Zwar gehörten zum archaischen Stammesleben brutale Ausschließungen; aber sie waren nicht der Zweck der wahr-falsch-Unterscheidung, sondern der bittere Tribut, den sie kostete. Das Heilige war nur um den Preis Schutzmacht, daß man ihm aus den eigenen Reihen Opfer darbrachte und sämtliche Ritualschänder ausschloß. Der Verdacht hingegen, das Heilige sei bloß erfunden worden, um reichlich Stammesgenossen ausschließen oder opfern zu können, ist völlig anachronistisch. Archaische Kollektive, die weder Gefängnisse, Verwahranstalten noch Arbeitslosigkeit kannten; die vielmehr auf die Mitwirkung aller Stammes-

94 Nietzsche 1988 [1882], 577

genossen angewiesen waren, um gegen die Naturgewalten zu bestehen: warum sollten die an ihrer Selbstdezimierung und -schwächung durch Ausschließungen ein vitales Interesse haben? Es ist umgekehrt. Wo machtbewußte Ausschließungs-kalküle einsetzen, ist die wahr-falsch-Unterscheidung schon da: als unkalkuliertes, unvorhergesehenes Fluchtresultat. Sie hat als Notwehrmaßnahme von Schwachen begonnen, nicht als Herrschaftstrick von Starken.

Das wird vergessen, wo die wahr-falsch-Unterscheidung auf einen bloßen Ausschließungsmechanismus reduziert wird, auf den Keim eines ganzen dualistisch-hierarchischen Kastensystems von Identität und Nichtidentität, Geist und Natur, Allgemeinem und Besonderen, Subjekt und Objekt, Zeichen und Bezeichnetem, Ursache und Wirkung, welches der abendländische Logos etabliert und womit er die Herrschaft Europas über den Rest der Welt eingeleitet habe. Der Versuch, diesen Logos zu dekonstruieren und so dem logo- und eurozentrischen Weltübel an die Wurzel zu gehen, muß ständig selber die wahr-falsch-Unterscheidung machen, über die er hinauswill. Das gilt für Foucault genauso wie für die andern Pariser Meisterdekonstrukteure. «Die binäre Logik ist die geistige Realität des Wurzelbaums», sagten etwa Gilles Deleuze und Félix Guattari. Sie läßt die Wirkung so aus der Ursache hervorgehen, wie der Baum aus der Wurzel kommt. «Aus Eins wird zwei: jedesmal, wenn wir dieser Formel begegnen, ob sie nun Mao als Strategie ausgegeben oder man sie so ‹dialektisch› wie möglich begriffen hat, haben wir es mit dem reflektiertesten, ältesten klassischen Denken zu tun, das völlig abgenutzt ist.»[95] «Sogar eine so ‹fortschrittliche› Disziplin wie die Linguistik hält an diesem Grundmodell des Wurzelbaums fest», desgleichen Psychoanalyse, Strukturalismus und Infor-

95 Deleuze/Guattari 1976, 8 f. Weitere Seitenzahlen im Text.

matik; selbst die avancierte Literatur sei nicht recht darüber hinausgelangt. «Die Wörter eines Joyce, dem man zu Recht ‹Vielwurzligkeit› nachsagt, brechen die lineare Einheit der Wörter, sogar der Sprache nur auf, um im gleichen Zuge eine zyklische Einheit des Satzes, des Textes, des Wissens herzustellen. Nietzsches Aphorismen brechen die lineare Einheit des Wissens nur auf, um im gleichen Zuge auf die zyklische Einheit der ewigen Wiederkehr zu verweisen», so daß «auch ein System mit gebündelten Wurzeln nicht wirklich mit dem Dualismus, mit der Komplementarität von Subjekt und Objekt, Natur und Geist bricht.» (10)

Daher muß ein ganz anderes System her: das Rhizom. «Knollen und Knötchen sind Rhizome. Pflanzen mit großen oder kleinen Wurzeln können in vielerlei Hinsicht rhizomorph sein [...] Auch die Tiere sind es, wenn sie Meuten bilden, z. B. die Ratten. Ein Bau ist in allen seinen Funktionen rhizomorph: als Wohnung, Vorratslager, Rangiergelände, Versteck und Ruine.» (11) «Ein Rhizom verknüpft unaufhörlich semiotische Kettenteile, Machtorganisationen, Ereignisse in Kunst, Wissenschaft und gesellschaftlichen Kämpfen»(12). «[N]ur wenn das Viele als Substantiv, als Vielheit behandelt wird, hat es keine Beziehung mehr zum Einen als Subjekt und Objekt, als Natur und Geist, als Bild und Welt. Vielheiten sind rhizomatisch»(13). Das klingt ultrasubversiv. Doch der Begriff «Rhizom» tut genau das, was er nicht soll. Er benennt das Gemeinsame in vielen unterschiedlichen Einzelphänomenen und identifiziert es als «rhizomatisch». Er befaßt viele Rhizome unter sich wie der Begriff «Stuhl» viele Stühle. Das Viele, das «keine Beziehung mehr zum Einen» haben soll, wird zum Abstraktum Viel*heit* zusammengefaßt. Vom Ende des identitätslogischen Dualismus kann also nicht die Rede sein. Das System Rhizom tritt der als abstrakt und dualistisch verworfenen Identitätslogik lediglich ganz abstrakt-dualistisch entgegen. Daß der neue Dualismus bloß ein Übergangsstadium sei, durch das «wir lediglich hindurchgehen», ist eine faule Ausrede. Nie kommen Deleuze und Guattari jenseits davon an.

Dekonstruktion

Jacques Derrida hat sein Dekonstruktionsprojekt subtiler eingefädelt. «Was es heute zu denken gilt, kann in der Form der Zeile oder des Buches nicht niedergeschrieben werden», heißt es in der gut fünfhundert Seiten starken *Grammatologie*.[96] Denn die Zeile ist der blinde Fleck des Logos. Ihre Linearität suggeriert lineare Folgerichtigkeit von Buchstaben und Gedanken samt einem Verständnis von Zeit, das am abendländischen «Ideal der kontinuierlichen, geradlinigen oder zirkulären Bewegung» orientiert ist. Gerade «die Linearität der Sprache» aber hat «die Verdrängung des mehrdimensionalen symbolischen Denkens» betrieben, dem die alten piktographischen Schriftzeichen Ägyptens, Mesopotamiens oder Chinas noch nahe waren, während es durch die in Reih und Glied aufgestellten logographisch-alphabetischen Zeichen nahezu weggebügelt wurde. Der Logos macht das Denken platt. Seine Unterdrückungsmacht läßt sich nur durch erneuten «Zugang zur Mehrdimensionalität und zu einer de-linearisierten Zeitlichkeit» (156) unterlaufen. Dazu «müssen ‹viertausend Jahre linearer Schrift› Schicht für Schicht abgetragen werden» (152), damit Schrift nicht länger bloß als Lautschrift, als Anhängsel gesprochener Worte, sondern als genuines, authentisches Denkmedium zur Geltung kommt: als einschneidendes, Spuren hinterlassendes Verfahren. Nicht von ungefähr heißt «schreiben» ursprünglich «einritzen, einkerben». Die Schrift

96 Derrida 1983 [1967], 155. Weitere Seitenzahlen im Text.

ist das Medium der Differenz und Nachträglichkeit. Ihre Zeichen stechen buchstäblich von ihrer Umgebung ab und werden erst lesbar, wenn sie schon eingeritzt sind. Die Stimme hingegen ist das Medium des Logos, der Identität und Präsenz. Sie ist nur hörbar, solange sie homogen erklingt.

Die *Grammatologie* läßt die Schrift abgründiger, dem Nerv des Denkens näher erscheinen als die Stimme. Aber sie deckt nie klar die zentrale Rolle auf, die dabei die theologische Metapher von der paradiesischen Natur als Buch spielt, «geschrieben mit dem Finger Gottes, das heißt durch göttliche Kraft geschaffen», wie Hugo von St. Viktor im 12. Jahrhundert gesagt hat.[97] Wenn man die Weltschöpfung als Gottes primäres, makelloses Schriftwerk dachte, dann war die Bibel gewissermaßen seine Zweitschrift; zwar von Menschen aufgezeichnet und daher stets interpretationsbedürftig, aber dennoch ein Heilsunterpfand, das er ihnen in seiner großen Güte mit auf den Weg gegeben hatte, damit sein Wort ihnen doch noch die Chance zur Seligkeit zu eröffne, nachdem sie durch eigene Schuld den Garten Eden verspielt und die Lektüre des Erstbuchs verlernt hatten. Von dieser Metapher der Natur als Schrift hat Derrida alles Theologische abgezogen, alle heilsgeschichtlichen Intentionen, namentlich die Differenz von paradiesischer und nachparadiesischer Schrift sowie den göttlichen Schreiber. Nur ihre kosmische Dimension behält er bei und erweckt so den Eindruck, daß überall dort, wo Natur greifbar wird, tatsächlich immer schon eine Welterstschrift, eine ins Nirgendwo eingedrückte «Ur-Spur» (108) am Werk gewesen und verschwunden sei, die allem Denken uneinholbar vorausgeht und sich in archaischer Bilderschrift weitaus ursprungsnäher artikuliert hat als in den alphabetischen Lautzeichen,

97 Hugo von St. Viktor, *Eruditio didascalica VII, 4*, in: Blumenberg 1981, 53

die stets schon dem Linearitäts- und Identitätszwangs des Logos verfallen sind.[98] Aus diesem grammatologischen Credo folgt das Großprogramm «der Destruierung und, wenn nicht der Zerschlagung, so doch der De-Sedimentierung, der De-konstruktion aller Bedeutungen, deren Ursprung in der Bedeutung des Logos liegt» (23).

Das Wörtchen «Dekonstruktion» ging alsbald wie ein Virus um in jenen erwartungsvollen Anfangsjahren der mikroelektronischen Revolution, die in den 1970er Jahren eine bis heute anhaltende De-Sedimentierung und Deregulierung der kapitalischen Wirtschafts- und Verkehrsformen einleiteten. Wie aber die Deregulierung den Kapitalismus nicht auflöste, son-

---

98 Derart abgründig ist nicht einmal Martin Heidegger gewesen, der doch als Meister der Tiefe galt, seit er der gesamten abendländischen Philosophie vorgehalten hatte, das Eigentliche, den Ur-fonds allen Denkens «vergessen» zu haben, nämlich *das Sein*, und sich statt dessen bloß auf *Seiendes* zu gründen: auf platonische Ideen, cartesische *res extensa*, leibnizsche Monaden, kantische Transzendentalbegriffe etc., die allesamt daran kranken, ein durch logoshafte Rationalität immer schon zugeschnittenes Sein darzu-stellen. Heidegger versprach die Neuöffnung des Denkens, dessen «Lichtung» zum authentischen Sein hin, aber eben nicht durch begriffliche Zurichtung, sondern durch Geschehenlassen (Heidegger 1984 [1927], passim). Doch besagtes Sein, so moniert Derrida, ist immer schon als Präsenz und Identität gedacht, also in den Koordinaten des Logos. Es verbleibt in der Logik des Seienden. Darüber hinaus gelangt man erst, wenn man beginnt, das zu denken, was dem Sein immer schon uneinholbar voraus-liegt und sich nur postum, im Modus des Vorübergegangenseins zu erkennen gibt: als Ur-Spur oder Ur-Differenz (*différance*) (Derrida 1986 [1972], 43 ff.) Heideggers Sein und Derridas *différance* unterscheiden sich ziemlich genau so wie in dem wunderschönen Witz Gott und der reiselustige Papst Johannes Paul II.: Gott ist überall. Und der Papst? Der *war* schon überall.

dern ihm allererst jene dezentralen, flexibilisierten Produktivkräfte verschaffte, die ihn zum definitiven Sieg über den Ostblock-Sozialismus und zur Ausbreitung bis in jeden Winkel des Globus befähigten, so führte auch die Dekonstruktion keineswegs zur Abtragung – «Schicht für Schicht» – von viertausend Jahren linearer Schrift. Zudem nutzte Derrida, so emsig und labyrinthisch er auch alle möglichen logosgeschädigten Denkgebilde aus Philosophie, Literatur und Kunst unterhöhlte, weiterhin brav die Form der Zeile und des Buches, in denen doch das, worauf es ankommt, «nicht niedergeschrieben werden» kann. Unverdrossen befleißigte er sich dessen, was Platon *logon didonai* genannt hat: der argumentierenden Rede mit Subjekt, Prädikat und Objekt, mit Begriff, Urteil und Schluß, mit eigenem Wahrheitsanspruch und vielem als falsch Deklariertem. Nicht einmal um Aristoteles' identitätslogisches Benennungsminimum kam er herum. Jeden seiner auf Differenz geeichten Schlüsselbegriffe – Spur, Dissemination, *différance* – mußte er in dem Moment, wo er ihn einführte, erst einmal notgedrungen als «ein unteilbar Eines»[99] nehmen, die Spur als Spur, die Dissemination als Dissemination, die *différance* als *différance*, sonst wäre nicht ersichtlich geworden, wovon seine ausladenden differenztheoretischen Einlassungen überhaupt handeln. Und so ist nicht abzusehen, wie eine Dekonstruktion, die ständig auf Identitätslogik, auf wahr und falsch, Subjekt und Objekt, Grund und Folge, also auf Elementarstrukturen jenes Logos, den sie dekonstruieren will, angewiesen ist, jemals ernstlich vorankommen soll. Genau das aber macht die Attraktivität des Unternehmens aus. Sein radikaler Gestus – nicht bloß dem globalen Kapitalismus zu Leibe rücken, sondern die Wurzel des Übels, die identitätslogische, binäre, aus-

99 Aristoteles, *Kategorien*, 3 b

schließende Denkweise selbst angreifen – zehrt von der stillen Gewißheit, daß es zu diesem Angriff nie ernstlich kommt. Man riskiert nicht viel und kann sich doch ultrakritisch geben.

II. Gender

Sex – Gender

Nicht, daß der Dekonstruktivismus vollkommen wirkungslos wäre; nur sind die Wirkungen andere als die propagierten. Das zeigt sich namentlich an Foucault. Sein Werk strahlt nachhaltiger aus als das der andern Gründungsväter; nicht nur auf Grund seiner umfangreichen Materialstudien, die auch unabhängig von ihren theoretischen Voraussetzungen historiographische Pionierleistungen darstellen. Da ist noch etwas. Es ist kein Geheimnis, daß in Foucaults Einlassungen zu seinen vier großen Themen ein Herd ganz persönlicher Betroffenheit brannte: seine sexuelle Orientierung. Etwa zwanzigjährig hatte er begriffen, daß seine Homosexualität sein Lebtag nicht weichen würde, daß er den heterosexuellen Standards seiner Umgebung nicht würde entsprechen können, daß er sein Schuldgefühl für etwas, woran er unschuldig war, würde überwinden müssen. Das kostete um 1950 mehr Kraft und Mut als heute. Aus jener Zeit sind einige Begebenheiten überliefert, die ihn in prekären Grenzsituationen zeigen: «die Brust mit einem Rasiermesser zerfetzt», liegt er «in einem Klassenraum auf dem Boden». Er verfolgt «nachts einen Mitschüler mit einem Dolch in der Hand». Er verhält sich gegenüber seinen Kommilitonen bis zur Unerträglichkeit exzentrisch, begeht einen Selbstmordversuch, wird in die Psychiatrie gebracht. Von «weiteren Selbstmordversuchen und -inszenierungen» ist die Rede.[1]

1 Eribon 1991 [1989], 54

Doch zugleich wächst Foucault in dieser Krisenzeit, deren Spuren er so weit verwischt hat, daß auch sein Biograph Eribon nur wenig davon zu berichten weiß, buchstäblich über sich hinaus. Seine sexuelle Orientierung wird zum Brennpunkt seiner gesamten sozialkritischen Orientierung, wie er es viele Jahre später in einem Interview scheinbar neutral resümiert. Er sagt dort: Bis etwa 1870 wurden die Homosexuellen «als Libertins und zuweilen als Delinquenten wahrgenommen». Danach «wird man sie *alle* in globaler Verwandtschaft mit den Wahnsinnigen als sexuelle Triebkranke wahrnehmen».[2] Da sind Foucaults große Themen unversehens beisammen: Kriminalität, Wahnsinn, Krankheit, Perversion. Er hat diesen Zusammenhang gewissermaßen persönlich erlitten: sich auf Grund seiner Homosexualität sowohl kriminell als auch wahnsinnig, krank, pervers gefühlt – und dieses Gefühl bekämpft, indem er sich in die Materialstudien zu diesen Themen wie besessen hineinstürzte. Nicht länger an dem verdammten Schuldgefühl leiden wollen für etwas, woran er nicht schuld war: das machte ihn so empathisch für all diejenigen, die in Gefängnissen, Verwahranstalten, Arbeitshäusern gelandet waren, ohne daß sie etwas dafür konnten; das war der Impuls hinter seiner Forderung, nicht länger zwischen Schuld und Unschuld zu unterscheiden; das stimmte ihn hypersensibel für Ausschließungssysteme, aber auch bemerkenswert gleichmütig gegenüber dem Umstand, daß kein Diskurs ohne Ausschließung auskommt.

Er stand mit seiner ganzen Person dafür ein, daß Sexualität ein Parallelogramm von Diskurskräften sei; ein «Dispositiv»[3], wie er das in späteren Jahren nannte. Und dadurch, daß er sich Aids zuzog und damit gewissermaßen für seine

2 Foucault 1978, 183
3 Foucault 1983 [1976], 77 ff.

Einstellung starb, verlieh er ihr einen Nachdruck, den Argumentation allein nicht zu bewirken vermag. In der Schwulenbewegung der 1990er Jahre war er alsbald «Saint Foucault»[4] – und für den radikalen Feminismus dieser Zeit einer der entscheidenden Wegbereiter. Bis dahin war der berühmte Satz «Man kommt nicht als Frau zur Welt, man wird es»[5] so moderat interpretiert worden, wie seine Autorin, Simone de Beauvoir, ihn gemeint hatte: Menschliche Wesen, die bei Geburt auf Grund ihrer Geschlechtsorgane als weiblich identifiziert werden, bekommen im Laufe ihres Erwachsenwerdens Empfindungen und Verhaltensweisen aufgenötigt, die sich nicht aus weiblichen Organen ergeben, sondern aus den Erwartungen des jeweiligen Kollektivs an weibliche Wesen. Nun bot sich dank Foucault eine radikalere Interpretation an. Man begann jene Geschlechtsidentität, die die Frauen durch ein Ensemble von Sitten, Gebräuchen, Regeln und Sprechweisen, also durch den herrschenden «Diskurs», aufgedrückt bekommen, *gender* zu nennen und ihr anatomisches Geschlecht *sex*. Unversehens sah es so aus, als hätten Menschen zweierlei Geschlecht, ein natürliches und ein soziales, und als sei es eine feministische Hauptaufgabe, das Natürlich-Weibliche gegen die patriarchalen Zumutungen des Sozialen zu schützen.

Das führt in die Irre, entgegnete Judith Butler, die prominenteste Weichenstellerin des feministischen Diskurses seit den 1990er Jahren. Die Unterscheidung von Sex und Gender, so ihre These, ist ja selbst bloß Produkt eines Diskurses, der ignoriert, daß anatomische Merkmale nirgends pur vorkommen, sondern immer schon ausgelegt durch anatomische Sprechweisen. «Daher kann das Geschlecht keine vordiskursive, anatomische Gegebenheit sein. Vielmehr wird sich zei-

4 Halperin 1995
5 Beauvoir 2000 [1949], 334

gen, daß das Geschlecht *(sex)* definitionsgemäß immer schon Geschlechtsidentität *(gender)* gewesen ist.»[6] Und *gender identity* wiederum bildet sich nicht so, daß zuerst eine Personenidentität entsteht und dann eine geschlechtliche hinzukommt. (37) Jegliche Identitätsbildung geschieht vielmehr immer schon zu den Konditionen eines gewaltförmigen, männlich dominierten binären Geschlechtsdiskurses. Dem entrinnen Frauen nicht, wenn sie Weiblichkeit als das schlechterdings Andere definieren: sei es – wie Simone de Beauvoir – als das von Natur aus Andere, zu dessen spezifischer Körperlichkeit das abstrakte, die eigene Körperlichkeit gern überspielende Denken von Männern nie wirklich Zugang findet (30); sei es – wie Luce Irigaray – als das abwesende Andere, das noch gar nicht repräsentierbar ist, solange der herrschende «Phallogozentrismus» die real existierenden Frauen seinen Standards völlig gleichgeschaltet hat (32); sei es – wie Monique Wittig – als das von aller Geschlechtsidentität befreite Andere, dessen Vorhut die konsequenten Lesbierinnen bilden, die alle Beziehung auf Männliches durchtrennt haben, so daß sie strenggenommen keine Frauen (!) mehr sind (168) und daher um so besser vorexerzieren können, was mit dem Zerbrechen des binären Zwangssystems generell eintreten soll: das Ende jeglicher Geschlechtszuschreibungen (42 ff.). In jedem dieser Fälle, so Butler, gerät nur eine neue Zweiteilung an Stelle der bekämpften. Der binäre Diskurs setzt sich lediglich unter feministischen Vorzeichen fort.

Das Vertrackte ist: Man kann ihn nicht einfach aufkündigen. Butler führt das darauf zurück, daß er nicht nur in einer bestimmten Denk- und Redeweise besteht; er hat vielmehr die Körper durchdrungen und alle Mitglieder der bestehenden Gesellschaft seit Jahrhunderten in ein umfassendes Ensemble

---

6 Butler 1991, 26. Weitere Seitenzahlen im Text.

von Ausdrucks- und Handlungsweisen, Institutionen und Sozialstrukturen verwickelt. Er hat sich «naturalisiert» (168) – den Anschein gewonnen, etwas ganz Natürliches zu sein. Dazu Distanz zu gewinnen ist ein langwieriger Prozeß. Man muß nicht nur begreifen, sondern auch spüren lernen, «daß die Kategorie ‹Geschlecht› und die naturalisierte Institution der Heterosexualität *Konstrukte*» sind (187). Konstrukte wovon? Diese Frage stellt sich Butler freilich ebensowenig wie Foucault. Wo Gesellschaft ist, gibt es nichts Vordiskursives mehr. Man kommt zwar nicht als Frau zur Welt, sondern wird es. Doch der Diskurs war immer schon da. Daß der Homo sapiens ein Spätling der Naturgeschichte ist; daß seine Rituale, Institutionen, Lautformungen sehr primitiv angefangen haben, nämlich als ungelenke Versuche, übermächtige Naturgewalt zu verarbeiten; daß seine diskursiven Praktiken sich erst im Laufe vieler Jahrtausende von schwachen Notwehrmaßnahmen zu naturbeherrschenden Kräften gewandelt haben; daß erst im Zuge dieser Entwicklung allmählich ein beträchtlicher Teil von Naturgewalt in selbstverwaltete soziale Gewalt überführt wurde; daß dazu auch die nie gewaltfreie Regelung der Geschlechterverhältnisse gehörte, die gewiß nicht mit einem patriarchalen «Diskurs» mächtiger Urväter begonnen hat, weil männliche Hominiden vor den Naturgewalten nicht minder angsterfüllt flohen als weibliche und zudem als die Nicht-Gebärenden auch nicht die primären Orientierungsstifter für die Familien- und Clanbildung waren: das alles interessiert nicht. Bei Foucault sind es «die Dinge selbst und die Ereignisse, die sich unmerklich zu Diskursen machen». Für Butler klingt sogar das noch zu essentialistisch. Es gibt für sie keine «Dinge selbst», die zu Diskursen erst werden. Umgekehrt: Wo immer wir mit Dingen zu tun haben, hat ein Diskurs sie schon aufbereitet. Körper sind zwar «Materie, aber nicht als Ort oder Oberfläche, sondern als ein Prozeß der Materialisierung, der im Verlauf der Zeit stabil wird und den

Effekt von Fixiertheit und Oberfläche herstellt, den wir Materie nennen. Daß Materie immer etwas zur Materie Gewordenes ist, muß nach meiner Meinung in Beziehung zu den schöpferischen und eben auch Materie schaffenden Wirkungen von reglementierender Macht im Foucaultschen Sinne gedacht werden.»[7]

So Butlers denkwürdige Antwort auf den vielfach erhobenen Vorwurf, ihre Diskurstheorie löse Materie in Sprache auf. Nein, sagt sie, Materie bleibt Materie; nur müsse man sie als etwas «von reglementierender Macht im Foucaultschen Sinne» *Erschaffenes* begreifen – womit Foucault arg strapaziert wird. Zwar war er davon überzeugt, daß Diskursmacht Gesellschaft konstituiert. Oft nennt er sie einfach nur «die Macht», als sei sie ein handelndes Subjekt. Aber ihr die Fähigkeit anzudichten, Materie zu erschaffen – so weit ist er dann doch nicht gegangen. Butler tut es. Das biblische «Und Gott sprach: Es werde Licht! Und es ward Licht» müßte in ihrer Version lauten: ‹Und die Macht sprach: Es werde Materie! Und es ward Materie.› Nur daß dies Werden kein einmaliger Akt, sondern ein unaufhörliches Sich-Materialisieren sein soll. Während aber die bibelgestützte Schöpfungslehre, von ihren Glaubensvoraussetzungen aus gesehen, bestechend klar war und keinen Zweifel daran ließ, daß Gott nur dann unbedingt Gott ist, wenn er bei der Schöpfung nichts vorgefunden, also sogar die Materie erschaffen hat und dabei von ihr zugleich strikt unterschieden geblieben ist, so verschwimmt dies alles bei Butler. Ist «die reglementierende Macht» Geist oder Energie, göttlich oder gottähnlich; ist der Materialisierungsprozeß ihr Ausfluß oder etwas von ihr Geschiedenes; aus nichts erschaffen oder aus etwas; wird sie erst zu Materie, wenn sie sich verfestigt, oder war sie es schon vorher? Keine

7 Butler 1993, 67 f.

Antwort. Es wird nicht einmal klar, ob «der Diskurs» nach griechischem oder jüdisch-christlichem Muster zu denken sei: als Konstrukteur oder als Schöpfer der materiellen Realität. Das liegt am diffusen Begriff der Materialisierung. Materialisierung soll so etwas wie Materie im ewig bewegten Zustand des Noch-nicht-Festgelegtseins sein. Erinnert uns das nicht an etwas? Richtig, an das Baumaterial, aus dem in Platons Weltschöpfungsmythos ein wohlgestalteter Kosmos entstand. Es umfaßte «alles Sichtbare, das keine Ruhe hielt, sondern in ungehöriger und ordnungsloser Bewegung war». Der weise Baumeister aber «führte es aus der Unordnung zur Ordnung», indem er es nach dem «Vorbild» (paradeigma) des «Immergleichen» gestaltete.[8]

Letzteres, also das Unvergängliche, Ideelle, war sozusagen die diskursive Formkraft, die er dem strukturlos-ungebändigten Material aufdrückte. Butlers nicht festgelegte, richtungslos prozessierende Materie ist diesem Material verblüffend ähnlich; nur daß sie keinerlei Eigensinn hat, nichts Widerspenstig-Ungebärdiges, das in Form gebracht werden müßte. Ihr Sein ist pures Sein für Anderes, ihre einzige Eigenschaft ist Empfänglichkeit, also das, was sich Patriarchen von Frauen am meisten wünschen. Sie läßt alles mit sich machen, was der Diskurs will. Das aber soll gerade das Gute an ihr sein. Schlecht ist nur, daß der Diskurs von den Falschen bestimmt wird: jenen männlich-heterosexuellen Kräften, die ihn binär verhärtet haben und das als ganz natürlich erscheinen lassen. Diese Verhärtung ist jedoch «grundlegende Unnatürlichkeit» (219). Sie mißachtet die Natur der Materialisierung: die ewig prozessierende Nicht-Festgelegtheit. Wenn Butler zur «Ent-Naturalisierung» (219) des gesamten binären Diskurses aufruft, so fordert sie eigentlich die Rückkehr zum

---

8 Platon, *Timaios*, 28 c und 30 a; siehe oben, S. 16

Naturgemäßen: zur Rückverwandlung der verfestigten Natur in die ursprünglich konturlose, unbegrenzt modellierbare Knetmasse des Diskurses.

Transfeminismus

Entsprechend sieht feministischer Widerstand aus. Sich nicht länger auf zwei konträre Identitätspole fixieren lassen, sondern endlich erkennen, daß Geschlechtsidentität kein Pol, sondern «eine Art Werden oder Tätigkeit» ist, «die nicht als Substanz oder als substantielles Ding oder als statische kulturelle Markierung aufgefaßt werden darf, sondern eher als eine unablässig wiederholte Handlung», die «weder ursächlich noch als Ausdruck an das anatomische Geschlecht gebunden» ist, sondern «sich potentiell jenseits der binären Schranken, die die scheinbare Binarität der Geschlechter *(binary of sex)* setzt, vervielfältigen kann»: als «eine Art kultureller/körperlicher Handlung, die ein neues Vokabular verlangt, das Partizipien unterschiedlichster Art und resignifizierbare, erweiterbare Kategorien instituiert und verbreitet, die sowohl der Binarität als auch den substantivierenden grammatischen Einschränkungen der Geschlechtsidentität widerstehen.» (167)

«Resignifizierung», also Um- und Neubenennung, vor allem Verflüssigung von Substantiven, vorzugsweise durch Partizipien, die auf kein Geschlecht mehr festgelegt sind: im Deutschen, wo es drei grammatische Geschlechter gibt, ist dieser Vorschlag besonders beherzt aufgenommen worden. Wer von Lernenden, Lehrenden, Arbeitenden, Migrierenden spricht, ist – zumindest grammatisch – die Binarität los, die der umständlichen Rede von Schüler*innen, Lehrer*innen, Arbeiter*innen, Migrant*innen immer noch anhaftet. Andere Worte wählen, neue Sprechweisen einüben: das ist freilich nur ein Anfang. Gleichzeitig muß unentwegt inhaltlich argumentiert werden. Ein Nervenpunkt ist dabei die Homosexualität. Wenn Freud, eine der wenigen männlichen Respektspersonen für Butler, erkannt hat, daß Kleinkinder in ihren sexuellen Strebungen, Orientierungen, Zielen noch nicht festgelegt sind: Warum hat er das nicht auch für das Verhältnis von Hetero- und Homosexualität eingeräumt? Warum sollte erstere eine Naturanlage sein (auch als Bisexualität), letztere aber stets erworben? Warum nahm er Homosexualität lediglich als Abweichung von einem heterosexuellen Mainstream wahr? Weil er, so Butler, letztendlich doch lieber eigene Einsichten preisgab als den heterosexuell-binären Zwangsdiskurs, der strukturell unfähig ist, Homosexualität anders als abwertend darzustellen. (94 ff.)

Die Unfähigkeit dieses Diskurses reicht aber noch weiter. Es gibt Phänomene, die er gar nicht erst zu fassen vermag. Butler liegt sehr an den Tagebüchern des/der Herculine Barbin (1838–1868), einer zunächst als Mädchen aufgewachsenen Person, die sich aber weder unter weiblich noch männlich subsumieren ließ. Arztberichte lassen vermuten, daß sie «ein Organ besaß, das entweder als kleiner Penis oder als vergrößerte Klitoris beschrieben wird, und daß an Stelle der zu erwartenden Vagina ein ‹cul-de-sac› – wie ein Arzt es nannte, anzutreffen war; überdies besaß Herculine anscheinend keine identifizierbaren weiblichen Brüste. Offenbar lag auch ein Vermögen zur Ejakulation vor, das in den medizinischen Dokumenten nie vollständig erklärt wird.» Der Fall ruft die Behörden auf den Plan. Sie «ordnen Herculines legale Geschlechtsumwandlung in einen Mann an und führen sie auch durch, woraufhin er/sie gesetzlich gezwungen wird, Männerkleidung zu tragen und die verschiedenen Rechte eines Mannes in der Gesellschaft auszuüben.» (147) Eine Person, die sich weder eindeutig als männlich noch als weiblich identifizieren läßt – heute würde man sie «intersexuell» nennen –, ist im binären Diskurs nicht vorgesehen. Sie bedroht ihn. In diesem Fall hat er ihr das heimgezahlt, indem er sie durch medizinischen Eingriff gewaltsam als männlich definierte – mit tragischem Ausgang. Herculine «beschreibt ihr/sein Dilemma als Fehler der Natur, als metaphysische Heimatlosigkeit oder als Zustand unstillbarer Sehnsucht und radikaler Einsamkeit, die sich vor ihrem/seinem Selbstmord in nackte Wut gegen die Männer und dann gegen die ganze Welt als solche verwandelt.» (147)

Der binäre Diskurs hat hier ein brutales Exempel statuiert. Für Butler hat es freilich die Kehrseite, daß es bis zur Lächerlichkeit unverhältnismäßig ist und «die Heterosexualität selbst nicht nur als Zwangsgesetz, sondern auch als unvermeidliche Komödie» (181) offenbart. Nur daß aus dieser Komödie kein Direktweg hinausführt. Man muß ihr vielmehr durch Übertreibung, Verkleidung, Travestie, durch Ironisierung und Umdeutung ihrer Schimpfwörter (wie butch, queer, schwul, Tunte, Schwuchtel etc.) unentwegt ihre eigene Melodie vorspielen und sie so ad absurdum führen. Die unablässige «Geschlechter-Parodie» (203), die für «fortwährende Verschiebung», für «fließende Ungewißheit der Identitäten» sorgt und «ein Gefühl für deren Re-Signifizierung und Re-Kontextualisierung» (203) hervorruft: sie soll der Kunstgriff sein, der die sexuellen Zwangsidentitäten destabilisiert. Durch diese «Politik der sexuellen Diskontinuität» (142) bekommt Derridas Projekt «der De-sedimentierung, der Dekonstruktion aller Bedeutungen, deren Ursprung in der Bedeutung des Logos liegt», eine geschlechtsspezifische Konkretion. Derrida wollte durch Abtragen von viertausend Jahren linearer Schrift wieder zu Delinearität, Differenz und Nachträglichkeit zurück und von ihnen aus noch einmal neu denken. Butler will durch Geschlechterparodie zurück zur Nicht-Festgelegtheit der Natur und von ihr aus die freie Geschlechterentfaltung inszenieren. Wie aber Derridas Abtragungsprogramm kaum je über Ankündigungen hinausgelangte, so kommt im grauen Alltag auch die Verwandlung sämtlicher Geschlechterverhältnisse in eine große Parodie nicht nennenswert voran. Es ist nämlich nicht 365 Tage im Jahr Christopher-Street-Day.

Bei Lichte besehen ist Butlers Feminismus bereits Transfeminismus. Nachträglich erwies er sich als entscheidendes theoretisches Ferment des *Queer-Movement*.[9] Sein Ziel ist nicht, Frauen die gleiche Lebensqualität wie Männern zu verschaffen, sondern jegliche heterosexuell verfestigten Geschlechtsidentitäten in ein freies Spiel des Begehrens aufzulösen. Die Verwandlungspraktiken, die Butler in den 1990er Jahren dafür empfahl – Parodie, Maskerade, Ironie, Umdeutung –, haben zweieinhalb Jahrzehnte später allerdings einiges von ihrem Charme verloren. Es schlaucht, ständig *on stage* zu sein. Unablässig zu parodieren, zu ironisieren, umzudeuten gelingt ebensowenig, wie 24 Stunden am Tag an allem zu zweifeln. Und so ergeht es dem performativen Schwung der geschlechterkritischen Bewegung ähnlich wie dem von Kirchentagen und Buchmessen im Kirchen- bzw. Lesealltag. Er verebbt. Wo das Verwandlungsbedürfnis fortdauert, verzichtet es zunehmend auf gesellschaftskritisch-subversive Ambitionen. Es depolitisiert sich, vertieft sich aber zugleich, hat an Maskerade und Travestie nicht mehr genug, verlangt nach radikalerer Verwandlung: durch Medikamente und Chirurgie.

Gerade damit aber kehrt es an den Ausgangspunkt der Gendertheorie zurück, der heute kaum mehr bekannt ist. Es war beim Experimentieren mit medizinischen Eingriffen in die Geschlechtsidentität, als in den 1950er Jahren das englische Wort *gender*, das bis dahin ausschließlich für das grammatische Geschlecht (lateinisch: *genus*) stand, auf die Bezeichnung des Geschlechts von Personen übertragen wurde – von

9 Klapeer 2007, 15. Siehe unten, S. 168 ff.

John Money, einem medizinischen Psychologen an der Johns-Hopkins-Klinik in Baltimore. Er «leitete ein Institut, das sich mit den Problemen intersexueller Kinder und Jugendlicher befasste».[10] Sein spektakulärstes Experiment knüpfte sich an das Mißgeschick eines siebenmonatigen Knäbleins, dem bei der Beschneidung der Penis zerstört worden war. Warum sollte das arme Kind für immer auf ein Geschlechtsleben verzichten? Money meinte es gut mit ihm. So «wurden seine Genitalien zu einer Vulva umoperiert, sein Name wurde in einen weiblichen verändert. Ab der Pubertät bekam er weibliche Hormone verabreicht. […] Sein nicht operierter Zwillingsbruder sollte als Vergleichsperson in diesem Experiment fungieren, bei dem es darum ging zu beweisen, dass die psychosexuelle Entwicklung entscheidend von sozialen Lernprozessen determiniert sei.» (74)

Das war Behaviorismus pur, die Primitivform des radikalen Konstruktivismus, der damals in den USA die überwältigende Mehrheit der Natur-, Technik- und Sozialwissenschaftler anhing. Auch die gesamte Weltraummedizin arbeitete auf behavioristischer Grundlage, in dem Glauben, daß Organismen nichts tun, als auf Reize zu reagieren. Wenn man sie immer wieder den gleichen Reizen aussetzt, dann nehmen sie notgedrungen Reaktionsweisen an, die der Bewältigung dieser Reize dienen. Konkreter: Wenn man junge Soldaten konsequent genug Hochgeschwindigkeit, Überschallwellen, Aushebelung des Gleichgewichts, extreme Hitze und Kälte erleben läßt, dann werden sie genau das Verhaltensrepertoire entwickeln, das sie zu Mond- und Marsexpeditionen befähigt. Ganz ähnlich dachte Money. Der zum Mädchen umoperierte Junge wird in eine andere Geschlechtsrolle *(gender role)* eingeübt als sein Zwillingsbruder. Er wird genauso eine Frau

---

10 Bittner 2018, 74. Weitere Seitenzahl im Text.

werden wie der Bruder ein Mann. Woraus folgt: Geschlecht ist nicht natürliche Mitgift, sondern gelerntes Verhalten. Bei der Geburt bekommt man eine körperliche Geschlechtsbeschaffenheit lediglich «zugewiesen» – wie im Restaurant oder im Kino einen Platz. Wem dieser Platz nicht behagt, der kann lernen, einen anderen einzunehmen. Daß ausgerechnet der zum Mädchen gemachte Junge sich als nicht so lernfähig erwies wie gewünscht und später zu Protokoll gab, er habe «sich nie wie ein Mädchen gefühlt», vielmehr schon vierzehnjährig «wieder als Mann» leben wollen und «seinen Eltern mit Suizid gedroht, falls man ihm das nicht gestatten würde» (75), das schob Money auf Unzulänglichkeiten bei der Konditionierung, brachte ihn aber nicht von der Überzeugung ab, daß sich im Prinzip jeder Mensch durch ein genügend starkes Set von Reizen auf die männliche oder weibliche *gender role* trimmen lasse.

Jeglicher Feminismus lag fern, als das Wort *gender* aus der Grammatik in die Verhaltenswissenschaft übertrat. Hingegen trat der Feminismus in behavioristische Fußstapfen, als er den konvertierten Gender-Begriff zu seinem Lieblingswort erkor. Das binäre heterosexuelle Schema mutete nun an wie ein diskursives Reizset, das Männer so lange auf die ganze Gesellschaft haben einwirken lassen, bis sie es als ganz natürlich empfand. Nur durch starke Gegenreize, eine «Politik der sexuellen Diskontinuität», schien der Abbau dieser scheinbaren Natürlichkeit möglich, und warum sollten die dabei angewandten sozialen Praktiken sich nicht auch medizinischer Unterstützung bedienen? Zumal die Chirurgie inzwischen so weit ist, daß sie nicht nur die Umwandlung von Mann in Frau und Frau in Mann vollziehen, sondern den Unterleib auch «divers» modellieren kann, mit Penis *und* Vulva oder Modifikationen von beiden, so daß es geradezu evidenzbasiert erscheint, daß das Geschlecht eines Menschen nichts ist als ein Konstrukt – und Zweigeschlechtlichkeit pure Ideologie.

Doch der Schein trügt. Es gäbe weder die Tierwelt noch die Menschheit, noch deren Diskurse und schon gar nicht den Konstruktivismus, hätte sich vor Millionen Jahren die Fortpflanzung nicht in hohem Maße von der Zellteilung auf die Zellfusion verlagert. Pantoffeltierchen reproduzieren sich weiterhin durch Teilung. Lurche, Fische, Vögel, Säugetiere tun das durch die Verschmelzung zweier verschiedener Arten von Keimzellen. Eine von der einen Art dringt in eine von der andern Art ein und befruchtet sie. An jeder Befruchtung sind nur zwei Zellen beteiligt, wie es auch pro Spezies nur diese zwei Zellarten gibt: die eindringende und die aufnehmende. Beide sind, romantisch gesagt, «füreinander bestimmt», oder etwas nüchterner philosophisch: «Für sich» sind beide nur, sofern sie jeweils «für die andere» sind. In ihrer Bezogenheit aufeinander bekundet sich aber nicht ein erstes zartes Anzeichen von Liebe, sondern der Drang, einer evolutionären Sackgasse zu entrinnen. Die Zellteilung hatte zwar hohe Virtuosität darin gewonnen, aus Einzellern immer wieder die gleichen komplexen Vielzeller werden zu lassen. Die Vielzeller aber wurden dadurch *zu* komplex, um sich ihrerseits weiterhin durch Teilung vermehren zu können. Fortpflanzung durch Teilung drohte in Tod durch Teilung umzuschlagen.

In dieser Notsituation (die wir uns über ein paar Millionen Jahre ausgedehnt vorstellen müssen) begannen sich besondere Fortpflanzungszellen zu bilden. Eine der primitivsten Formen davon hat sich beim Physarum erhalten, einem einzelligen Schleimpilz, welcher an seinen Rändern Sporen keimen läßt, die sich wiederum zu Zellen auswachsen, sich vom Pilz lösen und, wenn das in feuchter Umgebung geschieht, eine «Geißel» ausbilden, die sie beweglich macht und zur Verschmelzung mit einer der Zellen befähigt, die in trockener

Umgebung verblieben sind.[11] Feuchtigkeitsgrade entscheiden darüber, ob eine Zelle männlich wird oder für männliche Zellen empfänglich. An dieser binären Struktur hat sich bis hinauf zu den Säugetieren wenig geändert. Wohl verlagerte sich deren Keimzellenproduktion in den Organismus selbst. Aus primitiven Keimzellen wurden komplexe Keimdrüsen, die sich polar-komplementär entwickeln, im einen Körpertyp empfängnis-, im andern eindringungsfähig, als wüßte jeder dieser beiden Typen von seinem Zusammenpassen mit dem andern. Dabei haben beide lediglich die gleiche zelluläre Vorform. Sie ist es, die unter Einfluß des Männlichkeitshormons Testosteron – etwas vereinfacht gesagt – Ausbuchtungen entwickelt, bei seinem Ausbleiben Einstülpungen. Nur bei hormonellen Störungen oder in Ausnahmefällen verlaufen Ausbuchtung und Einstülpung unregelmäßig. In der Regel entsprechen sie einander, haben analoge Erregungspunkte (Glans und Klitoris) und muten an wie ein Vorzeigestück prästabilierter Harmonie.

Doch es war Not, die dazu führte. Sehr viele kleine Lebewesen laborierten daran. Gemeinsam gelang es ihnen offenbar, einen Drang zu deren Behebung aufzubauen: den Sexualdrang. Er drängte danach, an der Zellteilung nicht zugrunde zu gehen. Er begann nicht als sexueller Drang, sondern als Drang zur Sexualität – als eine Fluchtbewegung, bei der unzählige Organismen auf der Strecke geblieben sind und die dennoch zu komplementären Keimstoffen führte, die fähig waren, miteinander zu verschmelzen und den rasanten Zellteilungs- und Vervielfältigungsprozeß, durch den sich die Organismenbildung weiterhin unvermindert vollzog, auf die Grundlage einer Zellfusion zu stellen. Das ist gewiß nicht minder verblüffend als der Anfang der Zellbildung und später

11 Maturana/Varela 1987, 87

der Zellteilung. Wenn man die Entstehung der Einzeller das Wunder der Autopoiesis nennen darf, dann die Entstehung der Keimzellen das Wunder der Heteropoiesis. Der Drang, an der Zellteilung nicht zugrunde zu gehen, läßt sich nachvollziehen. Aber wie er es vermochte, sich in die Ausbildung konträrer, verschmelzungsfähiger Keimzellen zu transfigurieren und sie mit der Gabe zu belehnen, die Zellteilung sowohl fortzusetzen als auch zu unterlaufen, zu unterfüttern und auf ein neues Niveau zu heben, auf dem das, was man die Artenvielfalt nennt, überhaupt erst zu voller Entfaltung kam – daran reicht keine Einsicht heran.

Die Ausbildung zweier konträr-komplementärer Keimzellarten war ein Welterfolg. Und sie erwies sich für das Fortpflanzungsgeschäft als genügend. Zur Ausbildung weiterer Keimzellen drängte keine Not. Wohl aber haben sich um ihr ganz funktionales Füreinander-Bestimmtsein herum – Befruchten und Befruchtet-Werden – alsbald in verschiedenen Spezies unterschiedliche Verhaltensweisen gebildet, die sich nicht allesamt auf Funktionalität reduzieren lassen. Die unauffällige und promiskuitive Paarungsweise von Ratten oder Karnickeln mag noch nahezu funktional erscheinen. Die Balz von Birk- oder Auerwild, die Brunft von Dam- oder Rotwild mit ihrem ausladenden Imponier- und Verweigerungsgehabe, das für menschliches Empfinden nicht ohne Koketterie ist: sie betreiben, gemessen am Befruchtungszweck, ganz unverhältnismäßigen Aufwand. Und doch bilden sie sein artspezifisches Drumherum. Das Füreinander-Bestimmtsein ist aus den Keimzellen in das Gesamtverhalten der jeweiligen Tierart übergegangen. Es hat sich sogar in deren Konstitution niedergeschlagen: in der Ausbildung von glitzerndem, farbintensivem Gefieder, von Gehörnen, von Kehldispositionen für Lockrufe etc. Die Reizszenarien, die die Geschlechter da füreinander aufgebaut haben, sowohl in ihrer körperlichen Beschaffenheit wie in ihrem Verhalten, bekommen für einen

menschlichen Blick geradezu die Qualität der Naturschön-
heit und muten fast schon wie Vorformen von Kultur an. Sie
wären ohne einen gewissen Grad von Sexualtrieblockerung
nicht möglich, lassen dadurch aber gelegentlich vergessen, daß
sie innerhalb dieses gelockerten Rahmens nach wie vor stark
instinktschematisiert und zweckbezogen ablaufen.

Exzeß

Die spezifische Trieblockerung, zu der sich der Homo sapiens
vorgearbeitet hat, ist etwas qualitativ anderes. Sie hat nicht
beim Sexualtrieb angesetzt, sondern gewissermaßen eine
Etage tiefer: dort, wo der Trieb als Fluchtbewegung der tödlich zuschlagenden Naturgewalt zu entrinnen sucht, wo er
«ursprünglicher, elementarer, triebhafter» als das Lustprinzip
ist, wie Freud einmal in einer denkwürdigen, später nie wieder
aufgegriffenen Komparativformulierung bemerkt.[12] Die Trieblockerung *par excellence* war die Umwendung dieses Fluchtimpulses in die Gegenrichtung: statt weg von der traumatisierenden Naturgewalt zu ihr hin. Das Traumatisierende auf
eigene Faust so lange wiederholen, bis das Erschütternde erträglich, das Unfaßliche faßlich, das Ungeheure vertraut wird:
das ist der Impuls des traumatischen Wiederholungszwangs,
der zunächst kaum mehr als ein Reflex gewesen sein dürfte,
ehe er sich – über Jahrtausende hinweg – zu Opferritualen
kultivierte.

Indem der Ritualvollzug aber das gesamte Hominidenver-
halten in seinen Bann zog, griff er auch auf die Sexualität über.
Bis dahin war Kopulation nie mehr gewesen als gemeinsamer
hormoneller Spannungsabbau zwischen zwei Lebewesen glei-

12 Freud 1975 [1920], 233

cher Art – weitgehend einvernehmlich, behaglich, beruhigend und ohne jeden Anlaß, daran etwas zu ändern. Warum sollten Tiere ihre Sexualität «kultivieren»? Das drängte sich erst jenen Hominidenkollektiven auf, die dazu übergegangen waren, die furchtbaren Heimsuchungen der Natur, an denen sie laborierten, durch Wiederholung in Eigenregie nachzubearbeiten, indem sie in Schüben gemeinsam über ausgewählte Hordengenossen herfielen, ähnlich wie die Naturgewalt über sie hergefallen war. Den traumatischen Wiederholungszwang zu Opferritualen zu kultivieren war Schwerstarbeit, auch am eigenen Nervensystem. Man mußte lernen, es so zu präparieren, daß es den Brauch, nächste Angehörige zur Schlachtung zu zerren, überhaupt aushielt. Harte Drogen, die im Nu benebelt hätten, gab es noch nicht. Verlangt war, körpereigene Ressourcen zu mobilisieren, sich mit Schmerz gegen Schmerz zu impfen, sich durch gezielte Selbstverletzung, durch unablässig wiederholte rhythmische Bewegungen und Laute allmählich in einen rauschhaften Taumel hineinzusteigern, in welchem man einerseits selbst etwas von dem erlitt, was man dem Opfer antat, und zugleich, so gut es ging, sich dagegen unempfindlich machte.

Der ekstatische Taumel ist nicht von ungefähr eine der ältesten Begleiterscheinungen des Opfers. Die sich in ihn hineinversetzten, kamen nicht umhin zu bemerken, daß Körperkontakt Angst mindern hilft, daß sexuelle Bewegungen ebenfalls eine Rhythmik haben, daß auch sexuelle Erregung sich kollektiv steigern läßt und dabei eine rauschhafte, schmerzlindernde, ablenkende Wirkung eigener Art zu entfalten vermag. Kurzum, irgendwann muß ihre Sexualität in den Sog dieses Taumels geraten sein, wodurch sie ihrerseits ekstatisch wurde – und damit spezifisch menschlich. Die Anfänge davon lassen sich kaum mehr rekonstruieren. Wann und wie kollektive sexuelle Handlungen das Tötungsritual zu umspielen begannen, in welchem Maße sie es vorbereiteten, überlagerten oder nachbearbeiteten, ob sie jeden mit jedem in sexuellen Kontakt brachten: dies alles wissen wir nicht. Auch können Angehörige von Hochkulturen nicht mehr nachempfinden, wie sexuelle Trieblockerung in ihren Anfängen erlebt wurde. Auszuschließen ist lediglich, daß sie sich wie die Befreiung von einem Joch anfühlte. Es dürfte eher umgekehrt gewesen sein: daß das Behagen und die Erleichterung, die die natürliche hormonelle Spannungsabfuhr gewöhnlich begleiten, mit beginnender Trieblockerung einem Delirieren wichen, das die eingespielten natürlichen Abläufe und Signale des Spannungsabbaus buchstäblich aus der Spur geraten ließ *(delirare)* und einer Störung des Gleichgewichtssinns viel ähnlicher war als jener Art von überschäumendem Genuß, den moderne Menschen zu «Gruppensex» assoziieren. Der Exzeß, der hier stattfand, war das gerade Gegenteil lustvollen Ausflippens aus einem kulturellen Regelwerk, nämlich ein mühevolles Hinausschreiten *(excedere)* aus dem Naturzustand.

So wurde das Sexualverhalten Teil einer ekstatischen Aufführung: der Wiederheraufführung vergangenen Schreckens durchs Opferritual. Wie das Opfer der kollektiven Besänftigung des Schreckens diente, so der Sexualexzeß der kollektiven Besänftigung des Opfergrauens. Er sorgte nicht mehr bloß für Spannungsabbau und Fortpflanzung. Er begann für etwas anderes zu stehen als sich selbst, auf etwas anderes zu verweisen, eine Bedeutung zu bekommen. Die Dimension des Eros tat sich in ihm auf. Erst damit begann, was die Psychoanalyse «libidinöse Besetzung» nennt. Besetzen heißt eine Bedeutung beilegen. Und die primären Bedeutungen sind Umdeutungen – Umkehrungen. Wenn ein kollektiver sexueller Exzeß das Tötungsritual «besetzt», dann stellt er es als das Gegenteil dieser Tötung vor. Er versucht es abzufedern. Libidinöse Besetzung beginnt als Besänftigung. Die das Opfer vollziehen, begehen eine Bluttat, um verschont zu werden. Im Sexualexzeß hingegen, so roh er anfangs auch verlaufen sein mag, verschonen sie einander tatsächlich. Der verschonende, schonungsvolle Umgang miteinander aber ist nichts Geringeres als die Urform von Liebe: das Bedachtsein auf die Unversehrtheit des anderen.

Liebe entstand nicht freiwillig. Sie ist aus der Natur buchstäblich hervorgetrieben worden. An diese frühe Trieblockerungs- und Erotisierungsphase gibt es nur noch dunkle, stark entstellte Erinnerungen. Aber es ist aller Aufmerksamkeit wert, daß das älteste zusammenhängend erhaltene Schriftdokument der Menschheit, das *Gilgamesch-Epos*, die Menschwerdung mit sexuellem Exzeß und Tempel assoziiert. Der Hominide Enkidu, der in der Steppe bei den Gazellen lebt und Gras frißt, wird von der «Dirne Schamchat», der Repräsentantin des großen Ischtartempels zu Uruk, angelockt. «Sechs Tage und sieben Nächte stand Enkidu aufrecht und paarte sich mit Schamchat. Als er sich an ihrer Lust gesättigt, wandte er sein Gesicht seiner Herde zu. Es sahen Enkidu und stürmten davon die Gazellen, die Herde der Steppe wich zurück vor seiner Gestalt. [...] Geschwächt war da Enkidu, sein Laufen war nicht mehr so wie zuvor. Doch (mit einem Male) besaß er *Verstand*, und tief war seine Einsicht. [...] Der Dirne sieht er ins Gesicht, und was die Dirne spricht, vernehmen (auf einmal) seine Ohren.»[13]

So wird Enkidu zum Menschen, wenig später dann auch zum Freund, Geliebten und Alter ego des Herrschers von Uruk, Gilgamesch. Der ist zwar der «Hirte» seiner Stadt, hochgepriesen für die Mauer, die er um sie gezogen hat, aber er bedrückt seine Untertanen. «Nicht läßt Gilgamesch den Sohn zu seinem Vater heraus», nicht «die Tochter zu ihrer Mutter», nicht «die junge Frau zu ihrem Bräutigam». Warum

13 Gilgamesch 2005, I, 194–205. Die weiteren zitierten Zeilen aus der ersten Tafel sind 87, 68, 72 und 76.

er auf die Söhne Anspruch erhebt, liegt auf der Hand. Sie sollen als sein Kriegsgefolge ständig unter Waffen sein. Es ist aber auch nicht schwer zu erraten, warum die Töchter weder zu ihren Müttern noch den ihnen zubestimmten Männern dürfen. Offenbar erhebt er sexuellen Anspruch auf sie. Als oberster Herr und Priester des Gemeinwesens drückt er ihnen gewissermaßen den Stempel der Gottheit auf, ehe er sie in profane Familien- und Eheverhältnisse entläßt. Wie der Enkidu-Schamchat-Exzeß für den Eintritt der Sexualität in die Kultsphäre steht, so das *ius primae noctis*, das Gilgamesch an den Jungfrauen seiner Stadt ausübt, für ihren Austritt aus dieser Sphäre in einen nüchternen patriarchalen Alltag. Beide Episoden stellen in äußerster Verdichtung einen Prozeß dar, der sich in der realen Menschheitsgeschichte über Jahrtausende erstreckt haben dürfte: die Lockerung der Sexualität durch ihr Kultischwerden und ihren Rückgang in die Profanität.

Im Gilgamesch-Epos findet sich der Sexualexzeß längst in den kultischen Rahmen patriarchaler Herrschaft eingefaßt. Er dient ihr, ähnlich wie später der Karneval, eher als Ventil, als daß er sie bedroht. Seine ursprüngliche Allianz mit dem Opfergrauen ist weitgehend verwischt. Wer nicht mehr ans Menschenopfer denken möchte, will auch von dem Sexualexzeß, der ihm innig verbunden war, nichts mehr wissen.[14]

14 Aus diesem Verdrängungswunsch stammt das Inzesttabu. Die Natur kennt keine Inzestschranke. Mäuse und Karnickel paaren sich, ohne auf ihre Verwandtschaftsverhältnisse irgend zu achten, und etwas von dieser Unbekümmertheit reicht bis zu den Primaten hinauf. Erst im Sog der rituellen Tötung wurde der Inzest «unnatürlich»: exzessiv, delirierend, bedeutungsgeladen. Freud lag ganz richtig, als er Inzest und kollektiv veranstaltete Menschentötung für zusammengehörig hielt und das strikte Verbot beider als Grundlage aller späteren Kultur erachtete. Nur verkannte er, *wie* sie zusammengehören. Der Drang, dem Inzest ein

Dabei war der Umstand hilfreich, daß die ekstatischen Opferpraktiken sowohl trieblockernd als auch ritualbildend wirkten. Zu den Ritualstrukturen, die sich allmählich um das Erregungszentrum des Opferkults herum, gewissermaßen als profane Ablagerungen, bildeten, gehörten auch bestimmte elementare Verwandtschaftsverhältnisse, deren Gestaltung sich zunächst nur an den einzig sichtbaren Fortpflanzerinnen orientieren konnte: den Müttern. In solchen mütterzentrierten Verwandtschaftsverhältnissen hat der gelockerte Sexualtrieb ebenso eine Zuflucht wie eine Zwangsjacke gefunden. Patriarchale Verhältnisse folgten erst wesentlich später.

Perversion – Inversion

Die «polymorph perverse Anlage»[15], die Freud zur Empörung vieler seiner Zeitgenossen dem menschlichen Säugling

Ende zu setzen, kam gewiß nicht, wie er meinte, aus schlechtem Gewissen, das «die Brüder» der Urhorde nach ihrem gemeinschaftlichen Mord am Urvater befallen haben soll, so daß sie nun, wo sie freie Bahn hatten, darauf verzichteten, sich mit den weiblichen Angehörigen des eigenen Clans zu paaren, wie es der geile Alte getan hatte, und sich ihre Frauen aus anderen Horden suchten. – Auch Freuds Anleihe an die Sage von König Ödipus, der seinen Vater tötet und seine Mutter heiratet, führt lediglich auf den Seitenweg einer Deckerinnerung, die den ursprünglichen Inzest-Sachverhalt bereits in dicke kulturelle Watte gepackt und ihn auf die Dynamik einer patriarchalen Kleinfamilie reduziert hat, als enthalte die darin festgeschriebene Dreierkonstellation (Vater–Mutter–männliches Kind) das Urschema aller Kultur und als gebe die Doppeltat des Ödipus «den beiden Urwünschen des Kindes» (Freud 1974 [1912/13], 417) unverblümten Ausdruck.

15 Freud 1972[1905], 97. Weitere Seitenzahlen im Text.

als einem sexuellen Wesen attestierte, das in seinen Strebungen, Orientierungen, Zielen noch nicht festgelegt ist – sie ist nicht vom Himmel gefallen. Sie hat eine langwierige Trieblockerungsgeschichte zur Voraussetzung, die die werdenden Menschen sowohl befähigt hat, sich einen mentalen Innenraum zu eröffnen, als auch ihr Sexualverhalten beweglicher zu machen als alle anderen Spezies. Beides gehört zusammen. Wo Sexualität beginnt, für etwas anderes zu stehen, als sie ist, da hebt ihre Vergeistigung an. Sie wird «bedeutend», ist nicht mehr bloß hormonelle Spannungsabfuhr, sondern bekommt das Ansehen einer Beschwichtigungsgeste. Gesten mimen etwas, sie führen etwas auf. Sie sind performative Vorstellungen. Die aber bilden nur die Außenseite mentaler Vorstellungen, deren Leistung darin besteht, heftige äußere Eindrücke in abgeblaßten, schematisierten inneren Bildern so zu repräsentieren, daß sie weiter bearbeitet und allmählich bewältigt werden können. Ohne daß die Dimension der Vorstellung in ihr aufging, wäre menschliche Sexualität nie in der Lage gewesen, das Opfergrauen zu besänftigen, nie fähig geworden, diese besänftigende Potenz vom Opfer abzulösen, sie auf profane Verwandtschaftsverhältnisse zu übertragen, sie darin weiter zu sublimieren und sie schließlich so zu individualisieren, daß einem einzelnen Menschen ein anderer schlechterdings bedeutend werden kann: durch dauerhafte libidinöse Besetzung oder, umgangssprachlich gesagt, durch Liebe.

Erst der gelockerte, mit Vorstellung versetzte, erotisierte Trieb ist liebesfähig. Zur Liebe gehört aber auch die Fähigkeit, vom «Sexualziel» (47) abzuweichen; also von der Kopulation mit gegengeschlechtlichen Artgenossen, auf die hin die Geschlechtsorgane angelegt sind. Abweichungen gibt es vielfältige; etwa wenn das Begehren von den für Fortpflanzung zuständigen Körperöffnungen und den am engsten damit verbundenen Körperregionen des Sexualobjekts abschweift und sich auf andere verschiebt; wenn es sich dem eigenen Körper zuwendet statt einem anderen; gleichgeschlechtlichen Sexual-objekten statt gegengeschlechtlichen; wenn es mehr auf Schaustellung von Sexualorganen als auf Koitus aus ist; mehr auf Verletzen oder Verletztwerden als auf Penetrieren oder Penetriertwerden; wenn es die Artgrenzen überschreitet und sich auf Tiere richtet oder wenn es leblose Objekte bevorzugt, seien es Leichen, seien es Kleidungsstücke oder Gebrauchsgegenstände. Der Kuß und der Sexualverkehr mit gerade Gestorbenen: beide weichen vom Sexualziel ab, beide sind «unnatürlich». Nur daß letzterer außerordentlich selten ist und als «Leichenschändung» juristisch geahndet wird, obwohl er doch niemandem Schmerzen zufügt, während ersterer breiteste Akzeptanz und daher den Status des Normalen genießt.

Es ist plausibel, etwas, was innerhalb einer Spezies so gut wie alle tun, «normal» zu nennen. Deshalb ist es aber noch längst nicht natürlich. Ebenso ist es irreführend, lediglich Homosexuelle als «Invertierte» (48) zu bezeichnen. «Umgewendet» sind wir alle. Die Inversion hat bereits bei der Umwendung des Fluchttriebs in die Gegenrichtung begonnen und ist dort ganz menschenspezifisch geworden, wo sie sich zur Flucht nach innen, zur Öffnung des mentalen Innenraums vertieft hat. Sie ist ein artspezifisches Merkmal des Homo sapiens. Im Sexualzusammenhang bedeutet sie Rückwendung auf den eigenen Körper, um an ihm ersatzweise zu vollziehen, was andere Körper ihm versagen. Das Lutschen am eigenen Daumen, um den Entzug der Mutterbrust zu bewältigen, ist eine typische frühkindliche Inversionshandlung. Sie kann sich später zu verschiedenen latenten oder manifesten masturbatorischen Praktiken verzweigen, von denen niemand ganz frei ist, die aber über homo- oder heterosexuelle Ausrichtung noch gar nichts besagen. Homosexuelle Handlungen hingegen richten sich, genauso wie heterosexuelle, nach außen – auf andere Körper. Das ignoriert die Rede von Homosexuellen als Invertierten. Sie läßt den Unterschied zwischen der Rückwendung auf den eigenen Körper und der Hinwendung zu gleichgeschlechtlichen Sexualobjekten verschwimmen und suggeriert damit, Homosexualität sei eigentlich bloß nach außen gewendete Masturbation, Masturbation nach innen gewendete Homosexualität, und beide seien nur minderwertige Ersatzhandlungen, die zum «echten», will sagen, heterosexuellen Liebeserleben nicht gelangen.

Die lateinischen Worte *inversio* und *perversio* sind nicht ganz bedeutungsgleich. Beide heißen zwar Umwendung, Umkehrung, Verkehrung, aber während *perversio* ausschließlich das Verderblich-Zerrüttende daran hervorkehrt, hat *inversio* auch die Seite der verbalen, spöttischen, ironischen Verkehrung, also den Aspekt des Listig-Geistvollen. Freud übernahm einen gängigen Sprachgebrauch, als er für Homosexualität Inversion sagte. Ob seine eigene Formel für Säuglinge – «polymorph pervers» – einen semantischen Kontrapunkt dazu setzen sollte, wird allerdings nicht klar. Auch im Deutschen schwankt er. Die erste seiner *Drei Abhandlungen zur Sexualtheorie* nennt er «Die sexuellen Abirrungen», spricht im Text aber von Ab*weichungen*. Das ist nicht ganz dasselbe. Wer «Abirrung» sagt, unterstellt, daß dasjenige, wovon abgeirrt wurde, der rechte Weg war; in diesem Fall: die «richtige» Sexualität. «Abweichung» hingegen kann auch heißen: einen beschwerlichen Weg verlassen, um einen leichteren zu finden. Diese beiden Bedeutungen verschwimmen bei Freud. Seine Rede vom «polymorph perversen» Säugling enthält einerseits eine schockierende These: Menschliche Sexualität beginnt unnatürlich. Säuglinge sind bereits begehrende Wesen, aber auf bestimmte Naturschranken nicht festgelegt, innerhalb derer sich die Sexualität hochentwickelter Säugetiere bewegt.[16]

---

16 Die Trieblockerung bei Primaten hat sich inzwischen als größer erwiesen, als damals bekannt war. Auch bei Schimpansen sind

Andrerseits betont Freud, daß kein Menschenkind im poly-morph perversen Anfangsstadium verbleibt. Er interpretiert Heranwachsen als ein tendenzielles Normalwerden, als suk-zessive Festlegung auf eine bestimmte sexuelle Ausrichtung, meistens auf eine heterosexuelle, wenn auch stets mit einer ge-wissen Schwankungsbreite um Sexualobjekt und -ziel herum. So gesehen fällt unter «pervers» im Erwachsenenstadium dann alles infantil Gebliebene, alles orale, anale, gleichge-schlechtliche Begehren, das sich dem Normalisierungsprozeß hin zur genitalen Heterosexualität nicht gefügt hat. Nur was heißt hier «normal»?

Freud schwankt zwischen zweierlei Maß. Gemessen am Naturzustand, ist *jede* menschliche Sexualität pervers oder zumindest invers, denn sie weicht durch Trieblockerung von der Natur ab. Wird hingegen vom heterosexuellen mensch-lichen Normalzustand aus gemessen, dann bekommt dieser das Ansehen des Natürlichen oder Naturgemäßen. Alles, was von *ihm* abweicht, erscheint nun als pervers. Homosexualität oder verselbständigtes orales und anales Begehren firmieren als unnatürliche Abirrungen. Das anscheinend Naturgemäße gewinnt den Status einer Norm. Es tritt ein, was in der Philo-sophie «naturalistischer Fehlschluß»[17] heißt: der Glaube, daß die Natur selbst die Normen enthalte, nach denen sich menschliches Handeln zu richten habe. Das ist ein durchaus essentialistischer Glaube. Er lebt über seine Verhältnisse:

sporadisch masturbatorische und homosexuelle Handlungen be-obachtet worden. Von einem polymorph perversen Stadium ist der Grad ihrer Trieblockerung dennoch weit entfernt.

17 Die Formel stammt von George E. Moore (1970 [1903], 110 f.). Der Sachverhalt ist aber viel älter. Schon die stoische Parole «na-turgemäß leben» unterstellt, daß die Natur die Leitlinien einer guten Lebensführung enthalte.

wähnt sich imstande, das, was die Natur eigentlich will, aus ihrem Inneren herauszulesen, wobei er der Natur *nolens volens* unterstellt, ein in sich stimmiges Gesamtsubjekt zu sein.

Patriarchale Herrschaft, namentlich im jüdisch-christlich-islamischen Kulturraum, basierte jahrhundertelang auf dem naturalistischen Fehlschluß. Sie proklamierte männlich dominierte Heterosexualität als das einzig menschliche, weil naturgemäße Sexualverhalten und kriminalisierte alle Abweichungen davon als widernatürlich. Nur: Liegt das an der Heterosexualität? Sie selbst ist, mit Verlaub, kein Fehlschluß, sondern dessen Grundlage, die bereits einige Millionen von Jahren existierte, als die Naturevolution allmählich zu Primaten und Hominiden gelangte. Für einen unvorstellbar langen Zeitraum waren Sexualität und Heterosexualität so gut wie identisch. Heterosexualität war keine Norm; sie war alternativlos. Normen entstehen erst, wo bereits Alternativen vorhanden sind, die nicht geduldet werden sollen. Und nennenswerte Alternativen im Sexualverhalten hat erst die menschenspezifische Trieblockierung mit sich gebracht. Sie läßt sich ohne den Begriff der Inversion nicht wirklich verstehen.[18] Das mißfällt vielen. Sie wollen diesen Begriff aus dem Sexualdiskurs verbannen, um niemanden zu verunglimpfen. Doch er verunglimpft nur dort, wo er im Sinne der Abirrung von einer natürlichen Norm gebraucht wird, also im Denkmuster des naturalistischen Fehlschlusses. Dieses Denkmuster setzt sich freilich nur seitenverkehrt fort, nämlich als konstruktivistischer Fehlschluß, wenn behauptet wird: Weil menschliche Heterosexualität kein Naturzustand ist, gibt es gar keine natürliche Heterosexualität, folglich auch keinerlei Abweichungen von ihr, sondern nur verschiedene gleichberechtigte

18 Ich ziehe ihn dem Begriff der Perversion vor, weil er das größere semantische Spektrum hat und auch List, Witz, Geist einbezieht.

Konstruktionen sexueller Identität. Die einen begehren heterosexuell, die andern homosexuell; die einen mit oralem, die andern mit analem oder genitalem Vorrang, die einen mit sadistischen, die andern mit masochistischen Komponenten. Darüber steht niemandem ein Werturteil zu. Es lebe die wertfreie sexuelle Vielfalt.

Und bei sexuellen Handlungen an Kindern, Tieren und Leichen? Da wagt kaum jemand, für Vielfalt zu plädieren. Die Frage nach den Grenzen des Vertretbaren kehrt zurück – und mit ihr die Versuchung, erneut zwischen «natürlich» und «widernatürlich» zu unterscheiden. Um so wichtiger, zu begreifen, daß zu duldendes und nicht zu duldendes Sexualverhalten überhaupt erst dank Trieblockerung, also dank Inversion, unterscheidbar geworden sind. Es ist die Inversion, die den Sexualdrang erotisierte. *Sie* hat die Dimension der Liebe in ihm aufgehen lassen, nämlich den Wunsch nach Respektierung, Verschonung und Unversehrtheit der begehrten Personen; und sie hat diesen Wunsch schließlich in einen sozialen Standard übersetzt: eine ethische Norm. An der gemessen, ist die Paarung mit Kindern, Tieren und Leichen verwerflich, sind Sado-Maso-Praktiken grenzwertig, ist Homosexualität hingegen von nicht minderer erotischer Qualität als Heterosexualität. Zu unterscheiden ist also nicht zwischen invers (oder pervers) und naturgemäß, sondern zwischen Inversion und Inversion: einer, die rohe Naturgewalt besänftigt, und einer, die diese Gewalt ausdehnt und tut, was nicht einmal Tiere tun. Letzteres «pervers» zu nennen ist nur in Ordnung, solange damit Abirrung von einem erotisierten Kulturstandard gemeint ist, nicht Abirrung von der Natur.

Um so infantiler der Schluß: Wo Kultur ist, da ist keine Natur. Hat etwa der Holztisch, weil er kein Baum ist, mit Bäumen nichts zu tun? Auf diesem Behauptungsniveau aber befindet sich der Satz: Weil menschliche Heterosexualität kein Naturzustand ist, gibt es keine natürliche Heterosexualität.

Als ob der Homo sapiens die Heterosexualität nicht gelokkert, sondern überhaupt erst hervorgebracht hätte; als ob deren lange vormenschliche Naturgeschichte, nur weil wir sie nicht anders als diskursiv vergegenwärtigen können, nichts als ein Diskurs sei. Man mag die menschliche Lockerung der Heterosexualität eine Konstruktion nennen; aber sie konstruiert und formt eine Millionen Jahre alte Naturkraft, nicht eine konturlose Knetmasse. In jene Spannung zueinander, die man Sexualdrang nennt, sind gleichartige Organismen nicht durch einen patriarchalen Diskurs versetzt worden, sondern durch gegensätzliche Keimzellen und Hormone, die man bis heute schlecht anders denn als weiblich und männlich bezeichnen kann.

Daran hat der kollektive Exzeß, durch den eine bestimmte Hominidensexualität zur menschlichen wurde, einerseits fast alles geändert. Sämtliche Abweichungen vom «Sexualobjekt» und «Sexualziel», die Freud aufgelistet hat, wären hier zu nennen. Selbst die menschliche Heterosexualität ist nicht ganz ohne solche Abweichungen und wird nur durch deren Zurechtstutzung sozial verträglich. Andrerseits sind besagte Abweichungen lediglich geringfügige Umleitungen, Sublimierungen, Verkehrungen einer archaischen Naturkraft, die auch durch menschliche Formung nicht einfach ihre heterosexuelle Drift verliert. Diese Drift gehört zum Eigensinn der Natur. Wie sie hat entstehen können, entzieht sich menschlicher Einsicht, so offenkundig sie als Bedingung der Fortpflanzung auch ist. Sie ist keine Norm, aber nach wie vor «normal», wenn dieses Wort im Sinne von Häufigkeit genommen wird. Bei der großen Mehrheit der Weltbevölkerung dominieren heterosexuelle Strebungen. Freilich hat eine Spezies, die selbst eine verschwindende Minderheit war, als ihr die Abweichung vom Naturtrieb gelang, um so mehr Anlaß, unter ihren Artgenossen wiederum jene Minderheiten zu respektieren, die von der sexuellen Ausrichtung der Mehrheit abweichen.

Eine besondere Minderheit sind Menschen, bei denen sich männliche und weibliche Geschlechtsmerkmale annähernd die Waage halten. Der/die berühmte Herculine Barbin ist ein Musterfall.[19] Früher nannte man sie Zwitter oder, eleganter, «Hermaphroditen». Ist da die Natur von der Zweigeschlechtlichkeit abgewichen? Umgekehrt! sagt der radikale Dekonstruktivismus um Judith Butler. Zweigeschlechtlichkeit ist eine Abweichung vom Hermaphroditismus. Als Kronzeuge hierfür gilt einmal mehr – Freud. «Ein gewisser Grad von Hermaphroditismus gehört nämlich der Norm an; bei keinem normal gebildeten männlichen oder weiblichen Individuum werden die Spuren vom Apparat des anderen Geschlechtes vermißt, die entweder funktionslos als rudimentäre Organe fortbestehen oder selbst zur Übernahme anderer Funktionen umgebildet worden sind. Die Auffassung, die sich aus diesen lange bekannten Tatsachen ergibt, ist die einer ursprünglich bisexuellen Veranlagung, die sich im Laufe der Entwicklung bis zur Monosexualität mit geringen Resten des verkümmerten Geschlechtes verändert.»[20]

Der Haken an dieser Auffassung ist, daß es keine hermaphroditischen Keimzellen gibt,[21] lediglich Spezialzellen, denen vorbehalten ist, sich, je nach hormoneller Einwirkung, entweder zu weiblichen oder männlichen Keimzellen auszufalten. Doch bevor das geschieht, sind besagte Zellen sexuell

19 Ausführlich hierzu Foucault u. a. 1998
20 Freud 1972 [1905], 53. Weitere Seitenzahl im Text.
21 Mit der sehr seltenen Ausnahme der Bildung von XXY-Chromosomen, die aber keine fortpflanzungsfähige Spezies konstituieren; siehe unten, S. 165.

indifferent, nicht zweigeschlechtlich. Weder auf Schleimpilz- noch auf Hominidenniveau gibt es hermaphroditische Urwe- sen. Was aber soll die «ursprünglich bisexuelle Veranlagung»[22] sein, wenn nicht ein Abkömmling oder Überbleibsel eines Ur-Hermaphroditen? Ein solcher läßt sich nicht nachweisen; und so hat Freud sich nicht gescheut, in die Mythologie aus- zuweichen. «Der populären Theorie des Geschlechtstriebes entspricht am schönsten die poetische Fabel von der Teilung des Menschen in zwei Hälften – Mann und Weib –, die sich in der Liebe wieder zu vereinigen streben.» (48) Das ist ein et- was platter Extrakt jenes abgründigen Mythos, den Platon in seinem *Symposion* einem der Protagonisten, keinem Geringe- ren als Aristophanes, in den Mund gelegt hat. Es war einmal eine Urmenschenspezies, die aus Doppelmenschen bestand und in dreierlei Ausfertigung existierte: mann-männlich, mann- weiblich und weib-weiblich. Als diese dreigeschlechtliche Spezies den Göttern zu mächtig zu werden drohte, beschloß Zeus, jeden Doppelmenschen längs zu halbieren. Und die Sehnsucht einer jeden Hälfte, mit der ihr zugehörigen anderen wieder eins zu werden: sie macht seither den Sexualdrang aus, den homosexuellen nicht minder als den heterosexuellen.

Platon bot hier eine märchenhafte Erklärung von etwas, was sich wissenschaftlicher Erklärung beharrlich entzieht: woher der Drang zur Vereinigung letztlich kommt. Man müßte ins Innere, ins Ansich der Natur Einsicht haben, um das aufzu- decken. Deshalb war Freud so fasziniert von Platons Mythos. Er konnte ihn natürlich nicht wörtlich glauben; ebensowenig aber wurde er sein Grundmotiv los: daß Sexualität eigentlich auf vollkommenes Einswerden mit einem anderen aus ist. Das

22 «Bisexuell» bedeutet hier selbstverständlich «zweigeschlechtlich» und steht nicht für die Neigung, sich mit beiden Geschlechtern sexuell einzulassen.

ist ein großer Gedanke, der nebenbei übrigens verrät, daß zur Physiologie des Triebs eine utopische Dimension gehört. Trieb ist Spannung, die auf ihren eigenen Abbau aus ist. Doch wo keinerlei Spannung mehr erlebt, nicht der geringste Reiz mehr verarbeitet wird, ist der Organismus tot. Der Organismus will aber nicht seinen Tod, wenn er auf Spannungsabbau drängt. Er will die abgebaute Spannung *erleben*. Solange er freilich noch erlebt, ist der Abbau nicht vollständig. Er will etwas Unmögliches. Die selige Entspannung, in die Orgasmen gelegentlich übergehen, ist ein Vorschein dessen, wonach es den Trieb drängt, und der Kirchenvater Augustinus hat sich das Reich Gottes als den auf Dauer gestellten seligen Augenblick vorgestellt: «wo erklingt, was keine Zeit wegnimmt, wo duftet, was kein Wind verweht, wo schmeckt, was keine Sattheit verleidet, wo sich aneinanderschmiegt, was kein Überdruß auseinanderlöst».[23]

Doch das Reich Gottes soll erst noch kommen, während Platon die selige Einheit als Wiederherstellung eines hermaphroditischen Urzustands imaginiert. Diese Imagination aber hat keinen Naturfundus. Nicht einmal eine Mutter ist mit ihrer Leibesfrucht zu irgendeinem Zeitpunkt hermaphroditisch verbunden. Sie ist ein ausgewachsener weiblicher Organismus, der einen wachsenden, gleich welchen Geschlechts, austrägt. Und die erneute Einheit, die sich das Neugeborene danach an der Mutterbrust herbeizusaugen versucht, ist nicht die alte, auch wenn es noch keinerlei Vorstellung davon hat, ob es sich in die Mutter auflösen oder in ihr erhalten bleiben will und was dabei aus der Geschlechtszugehörigkeit beider wird. Der Hermaphroditismus des platonischen Mythos bildet sich in der realen Geburtsdynamik nicht ab. Im hetero-

---

23 Aurelius Augustinus, *Bekenntnisse* X, 6. Zum Verhältnis von Orgasmus und Musik cf. Mahnkopf 2019, 119ff.

sexuellen Koitus hingegen ist er präsent, aber nur als Wunsch. Diesen Wunsch überwölbt der Mythos mit einer fiktiven Entstehungsgeschichte. Doch die Bilder, die er dabei generiert, sind gruselig. Seine Urmenschen sind kugelförmige, doppelköpfige, vierbeinige und -armige Gestalten, die sich radschlagend mit hoher Geschwindigkeit fortbewegen, eher wie Geräte als Menschen. So mag man sich Außerirdische bei ihrer Invasion auf der Erde vorstellen, so mögen sie in Hollywood-Horrorfilmen daherkommen. Aber wenn zwei Liebende wüßten, daß ihre Vereinigung sie unauflöslich zu solch einem Doppelmenschen zusammenschlösse – ihr Verlangen danach müßte im Nu gefrieren.

Der Wunsch, zum Hermaphroditen zu werden, der den heterosexuellen Koitus wie ein Genius umschwebt, ist nur so punktuell wie der Koitus selbst – und nur auf einem Punkt, nämlich auf dem Höhepunkt, beglückend. Er verträgt nicht, auf Dauer gestellt zu werden. Vorstellungen vom Nicht-mehr-Herauskönnen aus der Umarmung, vom physischen Verwachsen der Körper sind auch dann alptraumartig, wenn es nicht halbierte platonische Doppelmenschen sind, die da wieder zusammenwachsen, sondern optimal geformte männliche und weibliche Wesen, wie in dem Mythos, von dem der Hermaphrodit seinen Namen hat. Da entbrennt die schöne Nymphe Salmacis für den makellosen Sohn von Hermes und Aphrodite, Hermaphroditus. Sie ereilt ihn, als er badet, und als er nicht aufhört, sich gegen ihre Umklammerung zu wehren, fleht sie die Götter an, daß «kein Tag diesen von mir und keiner mich von diesem trennen möge». Und schon «werden die Körper verbunden zu *einer* Gestalt», und der verzweifelte Hermaphroditus vermag nur noch, während seine männliche Stimme schon schwindet, von seinen Eltern zu erbitten, daß es jedem männlichen Wesen, das in das Gewässer gerät, worin ihn die Nymphe erfaßte, genauso ergehen möge wie ihm. Das Begehren der Nymphe verlangte Dauer – und realisiert sich als Fluch. Und Hermaphroditus kann nur noch wünschen, daß sich der Fluch fortsetzt, damit er mit diesem Schicksal nicht allein bleibe.[24]

Auf diesen Mythos, dessen Material bedeutend älter ist als Platons Kunstmythos, obwohl Ovid ihn erst vier Jahrhunderte später aufschrieb, geht Freud nicht ein. Ihm genügt «die poetische Fabel von der Teilung des Menschen in zwei Hälften – Mann und Weib –», um dem anatomischen Befund, daß sich bei jedem «normal gebildeten männlichen oder weiblichen Individuum […] die Spuren vom Apparat des anderen Geschlechtes» finden, die gewünschte Interpretation zu geben. Es sind von diesen Spuren vor allem zwei, die Freud interessieren: Brustwarzen bei männlichen Wesen und die Klitoris bei weiblichen. Deren Existenz ist schlecht zu bestreiten. Aber muß man sie, wie er, als verkümmerte Rückstände von vollständigen Organen deuten? Vor allem ist ihm daran gelegen, die Klitoris als verkümmerten Penis erscheinen zu lassen. Daran hängt seine Theorie vom weiblichen Penisneid, während er die Spur eines männlichen Säuge- und Gebärneids nicht ernstlich verfolgt. Doch der Randbereich des eingestülpten Geschlechtsorgans ist ebensowenig ein Verkümmerungsprodukt wie die Gestalt des ausgebuchteten eine Geschwulst; beide sind gegenläufige Ausformungen der gleichen zellulären Vorform. Ihre Ähnlichkeiten entstammen einer gemeinsamen präsexuellen Vorzeit, aber nicht einer hermaphroditischen Ureinheit.

So ergibt sich, was auch phänomenologisch das Nächstliegende ist: daß männliche Brustwarzenbildung männlich, Klitorisbildung weiblich ist. Die «ursprünglich bisexuelle Veranlagung» hingegen ist, im genauen Sinn des Wortes, ein Mythos. Der liegt schon darin schief, daß er männliches und weibliches Verlangen behandelt, als wären sie Teile eines psy-

24 Ovid, *Metamorphosen* IV, 288–388. Zitat 371 f.

chophysischen Gesamthaushalts. Später sagt Freud sogar, daß «sich Männliches und Weibliches im Einzelwesen vermengt».[25] Doch ein Trieb ist kein Teil oder Ding, das sich mit andern mehr oder weniger gut mischt, sondern eine Spannungskonstellation. Und welcher Sexualtrieb soll denn jeweils in welcher Körperregion und in welchem Maße am Werk sein, wenn in jedem Einzelwesen zwei entgegengesetzte agieren? Wirkt im Begehren eines Mannes auch seine weibliche «Veranlagung» mit? Ist in einem Mann, der Männer begehrt, das männliche Sexualverlangen auf einen Seitenweg gelangt, oder folgt er lediglich seiner weiblichen Veranlagung?[26] Man kann jede Triebregung, jede Sprechweise, jedes Symptom nach Belieben auf weibliche oder männliche «Anteile» oder eine Mischung von beiden zurückführen – und hat immer recht.[27]

25 Freud 1969 [1916/1933], 546
26 Freud neigte mit der Zeit immer mehr der zweiten Auffassung zu, nahm Homosexualität zunehmend als verkappte, verirrte Heterosexualität, aber kaum mehr als eigenen Tatbestand wahr. Das moniert Judith Butler zu Recht (Butler 1991, 98).
27 Ein ähnlich willkürliches Zuordnungsspiel hat Freud später noch einmal eröffnet, als er, um mit der Erschütterung fertig zu werden, die seine Entdeckung des traumatischen Wiederholungszwangs seinem sexualitätszentrierten Weltbild zufügte – den Todestrieb erfand (hierzu ausführlich meine *Philosophie des Traums*, Türcke 2008, 147 ff.). Wieder setzt er bei der Zerteilung des Urmenschen in Platons Kunstmythos an. Diesmal leitet er daraus nicht eine ursprüngliche Bisexualität ab, sondern einen Trieb, der die «Wiederherstellung eines früheren Zustandes» (Freud 1975 [1920], 267) erstrebt: den Tod. Von nun an glaubt Freud an ein simultanes Gegeneinander von Eros und Todestrieb in jedem menschlichen Organismus. Sämtliche Spannungs-, Aggressions- und Leidenszustände, die aus der Hemmung sexueller Triebbefriedigung folgen; alle Selbstbestrafungen, in denen die Verinnerlichung elterlicher Gebote am Werk ist: sie können nun

Die Rede von solchen «Anteilen» ist von der Psychologie aus längst in die Umgangssprache übergegangen. Doch so tickt Sexualität nicht. Sie ist ein Gesamtverhältnis zur Außenwelt und zu sich selbst – und zwar das eines Lebewesens, das entweder über männliche oder weibliche Keimzellen verfügt.[28] Die ihnen zugehörigen Hormone sind die geschlechtsspezifischen Fermente des Stoffwechsels und Gefühlslebens des jeweiligen Organismus. Jeder Organismus aber hat nur *einen* Stoffwechsel und *ein* Gefühlsleben, so verzweigt sie auch sein mögen. Er hat nur *einen* Sexualtrieb, auch wenn der vielfältig gehemmt und umgeleitet ist und zwischen verschiedenen Objekten schwankt. In Konflikte zwischen verschiedenen Sexualobjekten und -zielen gerate ich durch den einen Sexualtrieb in mir, nicht durch verschiedene, genauso wie psychotische Spaltungen deshalb konfliktträchtig sind, weil sie in *einem* mentalen Raum stattfinden. Wenn ein Mann sagt, «eigentlich fühle er sich als Frau», so drückt sich in diesen Worten das testosteronbasierte Gefühl eines Mannes aus, nicht seine weibliche «Anlage».

ebensogut als Befriedigungsformen des Todestriebs gedeutet werden. Erotischer Frust kann genausogut als thanatoide Lust firmieren. Man darf *ad libitum* zuordnen. Um der Frage zu entgehen, welcher der beiden Triebe gerade am Zug sei, hat Freud sich ein weiteres Mal auf den Mischungsgedanken herausgeredet. Eros und Todestrieb kämen nie pur vor, sondern in steter «Mischung» und «Entmischung» (Freud 1975 [1923], 320f.). Als wären Triebe chemische Elemente und nicht das Spannungsverhältnis zwischen ihnen. Um so bemerkenswerter, daß ausgerechnet Derrida und Butler, die möglichst nichts undekonstruiert lassen wollten, Freud bei einer seiner fragwürdigsten Konstruktionen, dem Todestrieb, gläubig gefolgt sind. (Derrida 2018; Butler 2014)

28 Nur in ganz wenigen Ausnahmefällen fällt die Keimzellenbildung ganz aus oder bleibt in Ansätzen stecken; siehe unten, S. 164f.

Und wenn er dennoch meint, sich als Frau zu fühlen? Dann zeigt das, was der menschenspezifische Mechanismus der Identifikation alles vermag. Tiere ahmen zwar ihre Artgenossen nach (Mimesis) und gleichen sich ihrer Umgebung an (Mimikry). Aber Identifikation ist etwas qualitativ anderes. Ihr Ernstfall ist, was Anna Freud «Identifizierung mit dem Angreifer»[29] genannt hat. Nichts greift so an wie traumatischer Schrecken. Und die Hominidenhorden, denen es gelang, den Schrecken der Naturgewalt in Eigenregie zu wiederholen, statt ihn zu fliehen; ihren Fluchtimpuls dabei umzuwenden, Zuflucht vorm Schrecklichen beim Schrecklichen zu suchen, ihm dadurch das Ansehen des Heiligen zu verschaffen und sich dem Geheiligten durch die feierliche rituelle Wiederholung seiner tödlichen Gewalt in Gestalt der Opferschlachtung anzugleichen: sie stellen den Archetypus der Identifikation dar. Nur erwachsenen Hominiden konnte die mühselige Triebumwendung zur Identifikation gelingen, und bis sie derart habituell – oder «konstitutionell», wie Sigmund Freud sagen würde – geworden ist, daß auch Kleinkinder sie vollziehen, als verstünde sie sich von selbst, muß ein langer Sedimentierungsprozeß durchlaufen worden sein, der einen großen Teil der Steinzeit beansprucht haben dürfte.

Die Erinnerung daran ist keineswegs müßig. Auch wenn die grauenhafte phylogenetische Urform der Identifikation längst passé ist – ihr Umwendungsmechanismus reicht selbst noch in die zarten unscheinbaren ontogenetischen Anfänge der Identifikation unter komfortablen Hochkulturbedingungen hinein. Auch da ist die «Identifizierung mit dem Angrei-

29 Freud 1964 [1936], 85

fer» nicht ganz verschwunden, und der primäre «Angreifer» ist, wenn die Umgebung ansonsten weitgehend unoffensiv ist – die Mutter. Ja, auch die liebevollste Mutter greift den Säugling an, wenn sie ihn zu entwöhnen beginnt. Auf vielfältige Weise, vornehmlich durch Entzug ihrer Brust, aber auch Verringerung des Körperkontakts, durch Rückwendung seiner erst im Entstehen begriffenen Aufmerksamkeit auf ihn selbst, teilt sie ihm mit: ‹Du bist nicht ich.› Und auch wenn das sacht und allmählich geschieht, es geht nie ohne jene kleinen Rucks, die er, so unscheinbar sie von außen auch anmuten, als Abgesetztwerden vom Tropf des Lebens, als ‹Du bist nicht›, als als drohenden Tod und damit als Elementarzustand der Angst empfindet.[30] Sich als abgesetzt, als nichtig zu erleben: das bleibt keinem Säugling erspart und ist seine erste einschneidende Selbsterfahrung.[31] Um darüber hinwegzukommen, sucht er geradewegs an dem Ort Zuflucht und Geborgenheit, von dem er zurückgestoßen worden ist: der Mutterbrust. Er flieht die Nichtigkeit, die sein Selbst ausmacht; er verneint sein Verneintsein, wenn er auf die aggressive Bewegung ‹Du bist nicht ich› mit der suchenden Gegenbewegung ‹Ich will du sein› antwortet, oder ausführlicher: ‹Nur du rettest mich von der Nichtigkeit, die mich ausmacht›. Das kann ein Kleinkind natürlich noch nicht verbalisieren, aber es ist der semantische Gehalt seiner Suchbewegung. Und moderne Mütter sind gewöhnlich weitaus entgegenkommender als die Naturgewalten, die erwachsene Altsteinzeithominiden einst in Schutzmächte umdeuteten. Meistens versucht die Mutter dem Kind durch Wärme und Zuwendung über die Versagung und Nichtigkeitserfahrung

30 Die Elementarangst ist Todesangst, nicht Kastrationsangst.
31 Dazu gehört, falls er schon Kontakt mit Spiegeln hatte, auch die Erfahrung: Ich bin nicht mein Spiegelbild.

hinwegzuhelfen, die sie ihm zufügt. Allerdings muß das Kind dabei aktiv sein. Es muß die Versagung, die sie ihm antut, auch sich selbst antun. Erst dadurch wird seine Identifikation mit ihr nachhaltig.[32] Es übt sich durch Wiederholung in sie ein, was spätestens sichtbar wird, wenn es immer wieder an seinen Lippen fingert und den Entzug des Saugzipfels gewissermaßen nachspielt.

«Angleichung eines Ichs an ein fremdes»[33] hat Freud die Identifikation genannt; man darf hinzufügen: an ein Mächtigeres, Bedrohliches. Die Angleichung daran ist ursprünglich Flucht nach vorn, um der Bedrohung nicht zu erliegen. Identifikation als solche ist weder ein sexueller noch ein erotischer Akt. Wohl aber *wirkt* sie erotisierend, wo immer Sexualität in ihr Kraftfeld tritt. Im phylogenetischen Langzeitformat geschah das, als sie die menschliche Sexualität exzeßhaft in den Opfertaumel hineinzog und mit Bedeutung auflud. Bei Säuglingen unter Hochkulturbedingungen ist die Lage weitaus unspektakulärer und undeutlicher. Das erste Identifikationsobjekt ist hier auch das erste Saugobjekt – und strittig, ob dies Saugen schon ein sexueller Akt ist. Dafür spricht, daß es die Vereinigung mit der Mutter erstrebt; dagegen, daß die Geschlechtsorgane des Kindes daran allenfalls peripher beteiligt sind. Jedenfalls ist das Saugverlangen in seiner Anfangsphase nicht, wie Freud meinte, ein sexueller «Partialtrieb»[34]. Es ist der Trieb schlechthin. Es gibt keinen andern als ihn. Und sofern sich während des Saugens Anflüge genitaler Erregung einstellen (gelegentlich werden bei Säuglingen Anzeichen da-

---

32 Melanie Klein hat diesen Verlauf als die Wendung des Säuglings von der «paranoid-schizoiden» zur «depressiven» Position bezeichnet; Klein 2000 [1946], 8 ff.
33 Freud 1969 [1916/1933], 501
34 Freud 1972 [1905], 76

für beobachtet), so sind sie Trabanten des Saugtriebs. Erst im Zuge der Geschlechtsreife, wenn die Genitalien sich zu Erregungs- und Lustzentren entwickeln und das Saugen in ihr Streben einbeziehen, kehrt sich das Verhältnis um. Nun erst wird der Saugtrieb zum sexuellen Partialtrieb.

Das Entscheidende allerdings widerfuhr ihm vorher – in seiner präsexuellen Phase. Da bereits sind die Organe des Saugtriebs, die Lippen, zu dem Ort geworden, wo der Eros aufkeimt – wo Begehren und Bedeutung erstmals zueinanderfinden. Freilich nicht so, daß das Saugverlangen, das noch keinen klaren Unterschied zwischen Mein und Dein, zwischen Lippen und Saugzipfel kennt, sich selbst Bedeutung herbeisaugt. Umgekehrt: Bedeutung ist ein Entbehrungsmal des Begehrens. Sie setzt ein, wo das Begehren verwehrt, der Säugling auf sich zurückgeworfen wird und in seiner Not die verwehrende Instanz als Zufluchtsstätte erstrebt. Die Mutterbrust, die ihn verstößt, bedeutet nun Rettung für ihn. Damit wird sie ihm überhaupt erst zum Objekt (*obiectum* ist das Entgegenstehende, der Widerstand). Zuvor war sie lediglich eine undeutliche Verlängerung seines Begehrens und Körpers, dessen Grenzen dem Kind erst durch die Zurückweisung (Entwöhnung) spürbar zu werden beginnen. Bedeutung entsteht durch Umdeutung. Sie kommt nicht aus Begehren; sie entspringt der Flucht aus der Nichtigkeit. Erst wo eine Fluchtbewegung den Weg zu einer imaginären Rettungsmacht schon gebahnt hat, kann diese zum Objekt des Begehrens werden, das Begehren erotisieren, mit Bedeutung aufladen. Erst dann vermag das Kind die Mutter zu lieben. Neugeborene sind dazu ebensowenig imstande wie Föten.

Warum aber funktioniert das bei menschlichen Kleinkindern, im Gegensatz zu allen anderen Säugetieren, die ja ebenfalls mit dem Entzug der mütterlichen Zitzen zurechtkommen müssen? Das erschließt sich nicht durch Genforschung. Erinnerung an einen langen Prozeß der Verhaltenseinübung ist gefragt. Nur weil es menschlichen Erwachsenen im Laufe der Altsteinzeit in Fleisch und Blut übergegangen ist, in traumatisierende Naturgewalten eine Macht hineinzuhalluzinieren, die von dieser Gewalt errettet, haben sie den Weg dafür gebahnt, daß schließlich sogar schon Säuglinge in ein Organ, das sie zurückstößt, die Errettung von solcher Verstoßung hineinhalluzinieren können. Menschheits- wie individualgeschichtlich beginnt mentale Vorstellung als Rettungshalluzination, man kann auch sagen, als Idealbildung. Und Idealbildung verliert nie ganz ihren halluzinatorischen Überschuß. Deshalb ist das Ideal nie ganz eins mit dem idealisierten Objekt, weder mit dem Genußzipfel noch mit der Brust, ja nicht einmal mit der Mutter. Seine Ablösung von ihr und seine Verschiebung auf andere Personen und Dinge sind erste Proben jener Abstraktionsfähigkeit, die in späteren Phasen Vorstellungen von Halluzinationen, Begriffe von Vorstellungen abziehen wird und elementar zum kindlichen Lern- und Welterschließungsprozeß gehört.

Was menschliche Säuglinge «polymorph pervers» macht, ist die Lenkbarkeit ihres Saugtriebs durch den Mechanismus der Identifikation. Identifikation hat zwar ein Primärobjekt, kann dabei aber nicht bleiben. Das Kind wird nur realitätstüchtig, wenn es nach und nach lernt, daß die nährende, mit Händen, Lippen, Augen und Worten umgebene Brust einer Person angehört: der Mutter; daß diese Person nur eine unter vielen ist, nicht das Ein und Alles; daß ihre Trabanten – der Vater, Geschwister, Haustiere, Spielzeug, Gebrauchsgegenstände – eigene Objekte sind, die durchaus einige der Erwartungen, die die Mutter im Zuge fortgesetzter Entwöhnung zu enttäuschen nicht aufhört, ersatzweise erfüllen können. Sosehr die frühkindliche Identifikation mutterzentriert ist, so sehr wird sie von diesem Zentrum auch abgezogen, und der Saugtrieb bewegt sich dabei in ihrem Schlepptau. Ihre Nichtfestgelegtheit treibt auch ihn um und macht ihn polymorph pervers – fähig,

Objekte des Begehrens durch andere zu repräsentieren oder zu ersetzen. Gleichwohl hinterläßt das frühe Schweifen und Sich-Verzweigen der Identifikation Wiederholungsspuren, die wiederum Muster für das spätere Identifikationsverhalten bilden, das sich nach und nach um so mehr festigt, je mehr es bewußtseinsgestützt verläuft. Gerade die frühe Musterbildungsphase aber ist späterer bewußter Erinnerung kaum mehr zugänglich.[35] Jeder ihrer Knoten- und Abzweigungspunkte bildet eine winzige Enttäuschungsnarbe, deren Tiefe schwer zu ermessen ist. Wie fest etwa die Verknüpfungen sind, die der Saugtrieb mit den frühen Objekten der Identifikation eingeht; in welchem Maße diese Verknüpfungen bereits präformieren, ob der manifest werdende Geschlechtstrieb sich hetero- oder homosexuell orientieren wird: das läßt sich nachträglich kaum mehr aufhellen, genausowenig wie man Kindern in der sexuellen Latenzphase ihre spätere sexuelle Orientierung schon eindeutig ansehen kann.

Erst beim Eintritt in die Geschlechtsreife konkretisiert sich der Grad, in dem das sexuelle Verlangen von seiner heterosexuellen Naturdrift abweicht. Schon die menschliche Heterosexualität enthält Abweichungen davon. Ein ganzes Geflecht winziger Enttäuschungs- und Geborgenheitserfahrungen strukturiert bereits in früher Kindheit das spätere Verhältnis von oralem, analem und genitalem Verlangen vor. Es ist nachträglich kaum mehr entwirrbar und bei jedem Individuum anders. Wenn diese Erfahrungen sich in Identifikationsmustern niederschlagen, die das sexuelle Verlangen vorwiegend oder

35 Freud hat sie daher zur «konstitutionellen Bedingtheit» (Freud 1969 [1916/1933], 562) gerechnet, womit er nicht biologisches Erbgut meint, sondern das nachträglich nicht mehr entwirrbare Amalgam aus Genetischem, Epigenetischem und Erworbenem in der kindlichen Frühzeit.

ausschließlich auf Personen des gleichen Geschlechts lenken, so findet nichts Widernatürliches statt, lediglich eine Abweichung von der Abweichung, die einerseits mehr Naturdrift zu überwinden hat als die heterosexuelle Mehrheit und insofern eine Spur anstrengender ist, andrerseits aber die Kulturleistung der Inversion weiter ins Sexualverhalten hineintreibt als besagte Mehrheit, ohne daß Homosexuelle deshalb generell kultivierter wären als Heterosexuelle.

Jedenfalls braucht man zur Erklärung der Homosexualität weder eine «ursprünglich bisexuelle Anlage» noch eine ödipale Dreieckskonstellation. Es genügt die trieblockernde und -lenkende Kraft der Identifikation, die sich zwar selbst erst von anfänglichem infantilen Schweifen zu konturierten Verlaufsformen festigen muß, aber längst schon präödipal wirkt. Kleine Jungen lernen Identifikation nicht erst am Vater, wenn er ihre Saugsymbiose mit der Mutter zu stören beginnt. Kleine Mädchen lernen sich nicht erst mit der Mutter zu identifizieren, wenn sie begehrliche Gefühle gegenüber dem Vater entwickeln.[36] Identifikation bedarf nicht des Umwegs über einen (gegengeschlechtlichen) Dritten. Sie beginnt dyadisch: wo etwas vital angreift. Beide Geschlechter haben das gleiche primäre Identifikationsobjekt: die Mutter(brust). Wäre deren Idealisierung allerdings eine starre Vorgabe für die sexuelle Orientierung, so müßten alle Jungen hetero- und alle Mädchen homosexuell werden. Idealbildung und -verschiebung sind jedoch Trieblockerungen: Vorgänge mit erheblichem

36 Erst der Vater befreit das Kind aus der dumpfen Symbiose mit der Mutter; erst der «Name-des-Vaters» eröffnet ihm die symbolische Dimension. So glaubte Jacques Lacan (1986 [1966], 110ff.). Doch in der Identifikation mit der Mutter ist der symbolische Urakt längst vollzogen worden: die Umdeutung des Angreifers zum Retter.

Freiheitsgrad. Sie bringen die Geschlechter ein Stück weit durcheinander: verschieben Bilder des Weiblichen auf Männer und umgekehrt. In welchem Maße sie das tun und wie dabei krampfhaft festgehaltene oder ungenügend durchlebte Identifikationen die sexuelle Orientierung präformieren, läßt sich allerdings nie vorhersagen. Es geht nur umgekehrt: Wenn eine bestimmte Orientierung *da* ist und die Person an ihr leidet, dann lassen sich, wenn es gut läuft, schwer lastende Identifikationshypotheken aufspüren und durch «Durcharbeiten»[37] ein Stück weit abtragen.

Drittes Geschlecht

Homosexualität ist lediglich um einen Grad invertierter, gewissermaßen kultureller, damit freilich auch seltener als Heterosexualität; aber auch wiederum nicht so selten, wie sie in Kulturen zu sein scheint, die sie unterdrücken. Je weniger Unterdrückung, desto mehr Freiraum für homosexuelle Regungen, auch schon in der Phase, wo die sexuelle Orientierung sich erst konturiert. Ungleich seltener als Homosexuelle sind Menschen, deren Geschlechtsmerkmale weder eindeutig unter männlich noch weiblich subsumierbar sind. Man nennt sie «intersexuell». Das kann ganz Verschiedenes heißen. Sei es, daß bei genetisch männlichen Wesen (mit einem XY-Chromosomensatz) auf Grund einer Genmutation die Hodenbildung ausfällt; sei es, daß auf Grund eines Enzymmangels das Männlichkeitshormon Testosteron nur vermindert, zeitweise oder gar nicht produziert wird, mit Folgen wie einem femininen Erscheinungsbild der ganzen Person oder einem unterentwickelten, klitorisähnlichen Penis, der sich in einigen Fäl-

37 Freud 1975 [1914], 205 ff.

len dank erhöhter Testosteronzufuhr in der Pubertät dann doch noch nachentwickelt. Bei genetisch weiblichen Wesen (mit einem XX-Chromosomensatz) wiederum kann der Mangel eines bestimmten Enzyms den Androgenspiegel erhöhen (androgenitales Syndrom) – mit Folgen wie Stimmbruch, Bartwuchs und übermäßigem, penisähnlichem Klitoriswachstum. Letzteres kommt auch vor, wenn die Mutter während der Schwangerschaft Medikamente mit hohem Androgenanteil zu sich nimmt. Ein nicht sehr häufiger genetischer Zwischenfall ist die Verdopplung des X-Chromosoms (Klinefelter-Syndrom), die einen XXY-Drilling entstehen läßt – gewöhnlich mit maskulinem Erscheinungsbild, aber wegen Testosteronmangels verminderter oder ganz ausfallender Spermienproduktion, Schließlich gibt es den ganz seltenen Fall des *Hermaphroditus verus*, der die Keimdrüsen und Geschlechtsteile beider Geschlechter ausbildet, sowohl zeugungs- als auch gebärfähig sein kann, nur nicht zur Eigenbefruchtung in der Lage ist.[38]

Die Vielfalt dieser kleinen (und unvollständigen) Aufzählung intersexueller Phänomene erweist sich bei näherem Hinsehen freilich als ausgesprochen eintönig. Immer handelt es sich bloß um verkümmerte oder hypertrophe Gestalten männlicher oder weiblicher Geschlechtsorgane. Genausowenig wie Stoffwechselstörungen «andere Stoffwechsel» sind, sind Verkümmerungen und Hypertrophien an Geschlechtsorganen Beweisstücke für «andere Sexualitäten». Als solche erscheinen sie lediglich einer konstruktivistischen Naturverleugnung, die ebenso im Sexualitätsdiskurs wie in der Behinderten- und Schulpädagogik umgeht. Es gibt keine natürliche Behinderung; es gibt nur mangelhafte Unterstützung. Es gibt keine natürlichen Lerngrenzen; es gibt nur mangelhafte Förderung.

38 www.transx.at/Pub/Geschlechtsentwicklung.php

Es gibt keine Organverkümmerung; es gibt nur sexuelle Vielfalt. Wie ähnlich ist doch diese Naturverleugnung der essentialistischen, die auf dem naturalistischen Fehlschluß basiert. Beide ertragen nicht, daß die Natur gelegentlich von gewissen Regelmäßigkeiten, die sie selbst ausgebildet hat, abweicht. Der naturalistische Fehlschluß verneint die natürliche Abweichung, indem er sie verurteilt – als etwas, was die Natur «eigentlich» nicht will: eine zu beseitigende Fehlbildung. Deren Beseitigung kann in der Tötung der betroffenen Person bestehen, in ihrer Ächtung, in einem medizinischen Eingriff, aber auch in dem juristischen Zwang, sie zu etwas zu erklären (Mann oder Frau), was sie nicht ist. Der konstruktivistische Fehlschluß verneint die natürliche Abweichung, indem er sie verleugnet. Es gibt keine natürlichen Abweichungen, behauptet er, weil es keine natürliche Regelmäßigkeit gibt. Alles Regelmäßige im Naturprozeß ist lediglich unsere Konstruktion – ohne eigenen Naturfundus. Dazu gehört auch die seit Millionen von Jahren andauernde Regelmäßigkeit heterosexueller Zellfusion.

Daß die Natur sich Abweichungen von ihren eigenen Regelmäßigkeiten leistet, ohne daß sich einsehen ließe, warum; aber auch ohne daß ihre Regelmäßigkeiten damit ausgehebelt wären: das gehört zu ihrem Eigensinn. Den als ihr Eigenes hinzunehmen lernen, ohne ihn auf höhere Weisheit oder menschliche Konstruktion zurückzuführen: das ist eine Elementarübung menschlicher Demut. Dazu gehört, weder dem naturalistischen noch dem konstruktivistischen Fehlschluß zu verfallen. Vorbehaltlos ist anzuerkennen, daß es Menschen gibt, die sich unter männlich oder weiblich nicht subsumieren lassen; niemand ist zu nötigen, sich sexuell zu vereindeutigen, sei es durch Operation, Medikamente, Zuweisung oder persönliche Erklärung. Andrerseits ist einzuräumen, daß nicht jeder Vereindeutigungswunsch, den Betroffene äußern, aus verinnerlichtem hetero-normativen Erwartungszwang kommt.

Wenn etwa Personen mit XY-Chromosomen, die auf Grund von Testosteronausfall weibliche Merkmale ausbilden, sich chirurgischer oder medikamentöser Behandlung unterziehen, um eindeutig die Männer zu werden, die sie genetisch sind, so kann sie durchaus ein schwer erträgliches dissoziierendes Körpergefühl dazu treiben, das aus der Diskrepanz zwischen Genetischem und Hormonellem erwächst und tiefer sitzt als alle sozialen Erwartungen. Ob in solchen Fällen eine Geschlechtsumwandlung oder nur eine Angleichung stattfindet, mag strittig sein. Aber nicht jeder dieser Fälle ist automatisch unter Vollstreckung sozialer Zwänge zu verbuchen. Um so dringlicher die schwierige Aufgabe, zwischen sozialem und physischem Druck unterscheiden zu lernen und den Betroffenen Entscheidungshilfe zu leisten.

Das ist kaum einfacher geworden dadurch, daß seit der Jahrtausendwende eine wachsende Zahl von Staaten (aktuell sind es etwa zwanzig) im Personenstandsregister und Reisepaß neben «männlich» und «weiblich» eine dritte Option einräumt, entweder negativ – «keine Angabe» – oder positiv: ein drittes Geschlecht. Dem deutschen Grundgesetz, das in Artikel 3 (3) verlangt, daß niemand «wegen seines Geschlechtes [...] benachteiligt oder bevorzugt werden» darf, konnte die negative Version nicht genügen. Menschen, die sich unter «männlich» oder «weiblich» nicht einordnen lassen, sind gleichwohl Geschlechtswesen. Es steht ihnen, so argumentierte das Bundesverfassungsgericht, genauso eine positive Geschlechtskategorie zu wie Männern und Frauen. Man einigte sich auf das Wort «divers». Keine ungeschickte Wahl, und doch nur ein Deckwort. Wörtlich heißt das lateinische *diversus* «in verschiedene Richtungen weisend» oder kurz «verschieden». Doch Verschiedenheit an sich ist ein Leertitel. Man muß angeben, *wovon* das Diverse verschieden ist. Und das sind die beiden Geschlechter, denen es nicht zugehört. Würde man statt «divers» «inter» (= zwischen) sagen, wäre wenig gewonnen. Sogleich käme die Frage: *wo* zwischen? Dazwischensein als solches ist kein sachhaltiger Status. Männer und Frauen haben je eigene Keimzellen, Geschlechtsorgane, Hormone, ein körperliches Drumherum. Diverse sind dadurch definiert, daran nicht so signifikant teilzuhaben, daß sie dem einen oder dem anderen Geschlecht zurechenbar wären. Sie sind, lateinisch gesagt, *ne utrum*, wörtlich: keines von beiden. Aber es wäre unbillig, das Wort «Neutrum» auf sie anzuwenden, das sich im modernen Sprachgebrauch mit Geschlechtslosigkeit und Indifferenz assoziiert hat und mit «divers» ja gerade nicht gemeint sein soll.[39] Der Gesetzgeber hat es herzensgut gemeint, als er ein drittes Geschlecht als positive Kategorie einführte, doch er kann sich drehen und wenden, wie er will, diese Kategorie bleibt ohne eigenes Natursubstrat. Sachlich ist sie immer nur dadurch bestimmt, keine der beiden andern zu sein.

Fährt man besser, wenn man «divers» mit «vielfältig» gleichsetzt? Das hoffte die *Queer*-Bewegung. *Queer* heißt «seltsam, sonderbar, leicht verrückt», auch «gefälscht, fragwürdig». Im 19. Jahrhundert war das eines der bevorzugten englischen Schimpfwörter für Homosexuelle. Und dann kam der Umschwung. *Queer* wurde vom Schimpfwort zum politischen Kampfbegriff, unter dem sich in den 1980er Jahren in den USA die Nicht-Heterosexuellen vereinigten und sich öffentlich gegen männlich dominierte Zwangsheterosexualität zur Wehr setzten. In einem Land, wo es damals noch «Sodomiegesetze»[40] gab, war das ein überfälliger Kampf um rechtliche und soziale Gleichstellung. Aber den nahm die Queer-Bewegung nicht auf, um hernach neben männlich und weiblich le-

---

39 Ausnahmen sind die sogenannten *agender*. Aber ob die sich als Neutren bezeichnen lassen wollen, steht dahin.
40 Klapeer 2007, 19 ff.

diglich als Nummer drei, als drittes Geschlecht firmieren zu dürfen, sondern um die binäre Geschlechterordnung auszuhebeln. Deshalb ihre Botschaft: Divers sind wir alle; nicht nur LGBTTI (lesbian, gay, bisexual, transgender, transsexual, intersexual); auch alle Heterosexuellen. Die Eigenart jedes Geschlechts besteht nur noch darin, anders zu sein als die anderen. Der je eigene Naturfundus von Mann und Frau kommt nicht mehr in Betracht. Es gibt keinen Unterschied mehr zwischen Geschlecht und sexueller Orientierung, bloß noch selbsterzeugte Geschlechtsidentität. «Geschlecht ist vollkommen irrelevant. Es muss auch nicht festgestellt werden». Sein Eintrag in ein Personenstandsregister ist eigentlich schon eine Beschneidung sexueller Selbstbestimmung, «denn das Geschlecht gehört in den Bereich der persönlichen Freiheitsrechte. Und alle können sich so definieren, wie sie selbst wollen».[41]

Nun ist zwar keine Frage, daß eine von allen körperlichen und seelischen Gebrechen befreite, mit ihren Lebensbedingungen versöhnte Menschheit weder eine Verwaltungsapparatur noch Einträge von Geschlechtszugehörigkeiten in ein Personenstandsregister nötig hätte; vielmehr würde sie die natürlichen und kulturellen Abweichungen von ihrer heterosexuellen Regelmäßigkeit als einen Spielraum einvernehmlicher erotischer Selbstentfaltung unbürokratisch nutzen. Doch so weit sind wir nicht. Der queere Diversitätsbegriff tickt zu den Konditionen des mikroelektronischen Kapitalismus und fügt sich in dessen Verwaltungsformen gut ein. Das deutsche Transsexuellengesetz etwa verlangt zwar weiterhin einen Eintrag zum Geschlecht im Personenstandsregister. Aber wenn zwei Gutachten von Transsexualitätssachverständigen glaubwürdig bescheinigen, daß sich eine Person «nicht mehr dem in

41 Sabine Hark in Breuer 2019

ihrem Geburtseintrag angegebenen Geschlecht, sondern dem anderen[42] Geschlecht als zugehörig empfindet und seit mindestens drei Jahren unter dem Zwang steht, ihren Vorstellungen entsprechend zu leben» (§ 1 (1) 1.), und «sich nach den Erkenntnissen der medizinischen Wissenschaft das Zugehörigkeitsempfinden des Antragstellers mit hoher Wahrscheinlichkeit nicht mehr ändern wird» (§ 4 (3)), dann muß das zuständige Gericht den Geschlechtseintrag ändern. Nachweise über anatomische Geschlechtsveränderungen (die in § 8 (1) 4. des Gesetzes ursprünglich verlangt waren) sind nicht mehr zu erbringen. Das Geschlecht eines Menschen ist durch keine Naturbasis mehr definiert. Es richtet sich einzig nach gutachterlich geprüftem Zugehörigkeitsempfinden.

Nach dieser Logik könnte man auch zur Neufassung des Lebensalters schreiten. Warum soll sich das Alter eines Menschen nach dem ihm «zugewiesenen» Geburtsdatum richten? Viele Siebzigjährige fühlen sich doch viel jünger als siebzig! Wenn zwei unabhängige Gerontologen das Sich-jünger-Fühlen eines Menschen als authentisch bestätigen, warum soll dann nicht sein gefühltes Alter gelten statt das ihm zugewiesene, zumal in einer Gesellschaft, in der Alte vielfach ausgegrenzt werden? Man muß kein Prophet sein, um vorauszusagen, daß sich das deutsche Transsexuellengesetz in der Schwebe, in der es sich befindet, seit es keine Nachweise mehr über anatomische Veränderungen verlangen darf, nicht lange wird halten können. Die Überprüfung der Glaubwürdigkeit von Empfindungen ist genauso dubios, wie es die der Glaubwürdigkeit von Gewissensgründen bei der Kriegsdienstverweigerung war. Die Bundestagsfraktion Bündnis 90/Die Grünen und andere Initiativen fordern bereits die Abschaffung

---

42 Seit dem Urteil zum «dritten Geschlecht» muß es heißen: «einem anderen».

des Begutachtungsverfahrens.[43] Danach wird es für Geschlechtsidentität nur noch ein Kriterium geben: das Zugehörigkeitsempfinden. Wie ich mich definiere, wie ich mich spüre, so bin ich. Geschlechtsbestimmung erfolgt nach Fichtes Modell der Selbstsetzung des Ich. Einmal mehr erweist sich der radikale (De-)Konstruktivismus als Kreationismus. Neu ist nur, daß er nun Gesetzeskraft bekommt und zur Staatsdoktrin tendiert. Die Verbuchung der Geschlechtsbestimmung unter «persönlichen Freiheitsrechten» wird die Gerichte von Geschlechtsänderungsverfahren entlasten, die Grundlagen der bestehenden Gesellschaft aber nicht erschüttern. Umgekehrt: Sie wird ans Licht bringen, wie wenig binär diese Grundlagen sind.

Kapital wird divers

Der queere Gestus des radikalen Widerstands gegen die binäre Verfaßtheit der kapitalistischen Gesellschaft ist ohne Erinnerung daran, daß die kapitalistische Produktionsweise seit ihren Anfängen eine antibinäre Drift hat. Als sie sich dank Dampfmaschinen Ende des 18. Jahrhunderts europaweit auszudehnen begann; als sie mittellose Arbeitskräfte nötigte, diese Maschinen gegen Hungerlohn zu bedienen und an ihnen massenhaft Gebrauchsgüter zu produzieren, die den Eigentümern des Maschinenparks großen Reichtum bescherten, da waren Männer wie Frauen betroffen. «Schon 1839 waren von der halben Million Fabrikarbeiter, die es in England gab, mehr als die Hälfte Frauen.»[44] Auf dieser Basis hat sich im 19. Jahrhundert eine Frauenbewegung gebildet, die für volle Gleich-

43 Köhler u. a. 2018, 188 f.
44 Lange 1908, 10 f.

berechtigung des weiblichen Geschlechts eintrat. Zwar ist es immer noch nicht so weit, daß die Frauen den Männern rechtlich wie sozial völlig gleich gelten, während es bereits weitgehend gleichgültig ist, welchen Geschlechts die Arbeitskraft ist. Solange sie die gewünschte Leistung erbringt, ist es gewöhnlich egal, ob ihr Träger Mann, Frau oder etwas Drittes ist. Diese doppelte Vergleichgültigungstendenz – hin zur Gleichstellung wie zur Indifferenz der Geschlechter – gehört zu den Konstanten von zwei Jahrhunderten kapitalistischer Entwicklung. Sie hat dazu geführt, daß es in High-Tech-Ländern nur noch wenige Branchen gibt (wie Hoch- und Tiefbau oder Prostitution), in denen die körperliche Arbeitsleistung eine geschlechtsspezifische Seite hat; und ihre Zahl nimmt ab, je mehr Muskelkraft durch Maschinenkraft und Erotik durch Robotik ersetzbar wird. Automechanikerinnen, Polizistinnen, Soldatinnen, Astronautinnen sind zu Selbstverständlichkeiten geworden. Das binäre Arbeitsleben mit typischen Männer- und Frauenberufen ist längst vielfältig durchkreuzt.

Das heißt nicht, daß alle Strukturen männlicher Dominanz oder Gewalt geschwunden wären, wozu am «Internationalen Tag gegen Gewalt an Frauen» stets eindrucksvolle Streiflichter erscheinen. «122 Frauen von ihrem aktuellen oder ehemaligen Partner getötet»; «140755 Personen von Gewalt in der Partnerschaft betroffen», davon 81,3 Prozent gegen Frauen, Tendenz steigend; «350 Frauenhäuser mit insgesamt 7000 Plätzen, der Bedarf liege jedoch bei 20000»: diese Zahlen für Deutschland aus dem Jahr 2018 lassen den Verdacht von «Dunkelzifferstudien» nicht abwegig erscheinen, «dass jede Dritte schon einmal geschlagen, verletzt oder vergewaltigt wurde».[45] Männliche Potenzphantasien sitzen tief, brechen gelegentlich in Milieus und Personen aus, in denen man sie

45 Niemann/Schaaf 2019, 7

überwunden glaubte, verschärfen sich unter Diasporabedingungen und gehen in Migrationskontexten neue Verbindungen ein.[46] Dennoch haben sie, gewissermaßen in konzentrischen Kreisen um die jeweils führenden Industrieareale herum, in den letzten zwei Jahrhunderten enorm an Boden verloren. Genauso wie der Kapitalismus in seiner Frühzeit einen beträchtlichen Teil der Landbevölkerung entwurzelte und daraus proletarische Arbeitskräfte gewann, so hat er die Wurzeln feudal-patriarchaler Familienstrukturen teils gelockert, teils ausgerissen und ins Kraftfeld seiner ökonomischen Eigendynamik gezogen, worin manche von ihnen verborgen oder ganz offen in neuen Konstellationen festzuwachsen suchen.[47] Aber das zwanghafte Wirtschaftswachstum, die Beschleunigung technischer und sozialer Innovationen dreht sich nicht um sie; allenfalls drehen sie sich mit.

So gewiß die kapitalistische Eigendynamik durch patriarchale Kräfte in Gang gesetzt worden ist, so wenig ist sie selbst patriarchal. Das verringert zwar nicht die Verletzungen jener Frauen, die sich mit ihren Kindern vor der Gewalt ihrer männlichen Lebensgefährten in Frauenhäuser flüchten, aber es rückt Proportionen zurecht. Immer noch sind Frauen vor Männern zu schützen. Noch längst nicht sind alle Nicht-Heterosexuellen rechtlich und sozial gleichgestellt. Aber binär-patriarchale Strukturen sind nicht das soziale Grundübel. Sonst wäre ein Geschlechtseintrag nach Zugehörigkeitsgefühl im Personenstandsregister gar nicht möglich. Längst haben führende Unternehmen weltweit eine *Diversity Charta* lanciert. «Alle Mitarbeiterinnen und Mitarbeiter sollen Wert-

---

46 Charlier 2007, 1116ff.
47 Ernst Bloch hat das «Ungleichzeitigkeit» genannt und deren Beitrag zur Konstitution des Nationalsozialismus bereits 1932 erkannt (Bloch 1973 [1935], 104ff.).

schätzung erfahren – unabhängig von Geschlecht und geschlechtlicher Identität, Nationalität, ethnischer Herkunft, Religion oder Weltanschauung, Behinderung, Alter, sexueller Orientierung und Identität.» Wer wollte da nicht unterschreiben? Diversität bekommt hier die Aura eines an sich Guten. Ihre «Sakralisierung»[48] hat freilich einen recht profanen Zweck: «Wir können wirtschaftlich nur erfolgreich sein, wenn wir die vorhandene Vielfalt erkennen und nutzen.»[49] Und erfolgreich ist, wer die Konkurrenz überflügelt und sich dabei um *deren* Diversität nicht schert. Als Ferment kapitalistischer Konkurrenzfähigkeit steht Queer-Sein im Begriff, *chic* zu werden.

Der Wind dreht sich; zumindest in den westlichen Hochtechnologieländern. Wenn der Playboy mit einer Frau aufmacht, die als Junge zur Welt kam; wenn die Bildzeitung Jolina, Candy, Serg und Marvyn als die Transgender-Youtuber anpreist, «die man kennen muß» und deren Gefolgschaft in die Hunderttausende geht – dann wird sogar die Transsexualität von einem prickelnden sensationalistischen *Chic* angeweht. Angefangen hat sie freilich ganz anders. So alt der Gedanke der Geschlechtsumwandlung auch sein mag – bis zum 20. Jahrhundert war er kaum mehr als eine Phantasie, die sich mit Verkleidung und Performance begnügen mußte. Daß die Umwandlung nun durch Hormone und Chirurgie physisch möglich geworden ist, hat auch den Wunsch nach ihr beflügelt. Was technisch machbar ist, übt auch den Reiz aus, gemacht zu werden. Es eröffnet neue Grenzerfahrungen. Und menschliche Sexualität lädt sich mit Vorliebe an der Grenze zum Verbotenen erotisch auf. Nicht von ungefähr wird Geschlechtsumwandlung in vormoderner Zeit nur im Modus der

48 Balzer 2020, 17
49 https://www.charta-der-vielfalt.de

Verneinung thematisiert: als etwas, was nicht sein darf oder wieder rückgängig zu machen ist.

Ovid erzählt vom Seher Teiresias, er sei für sieben Jahre in eine Frau verwandelt worden, nachdem er mit seinem Stab auf zwei sich paarende Schlangen eingeschlagen hatte. Dann begegnete er den Schlangen erneut und machte mit einem zweiten Hieb auf sie den ersten rückgängig. So wurde er wieder zum Mann.[50] Die Verwandlung in eine Frau ist hier eher Strafe und Fluch als das Resultat eines Wunsches. In der Antike kamen Umwandlungswünsche allenfalls in Mythen vor, aber nicht in persönlichen Bekennerschreiben. Auch im christlichen Mittelalter haben sie sich nur in Form ihrer Dämonisierung erhalten. Ein Dämon, so glaubte selbst Thomas von Aquin, der aufgeklärteste Geist der Scholastik, kann sich als (weiblicher) *Succubus* einem Mann unterlegen, dessen Samen empfangen und mit ihm als (männlicher) *Incubus* Frauen zu Mißgeburten schwängern.[51] In der frühen Neuzeit gab es einige wenige adlige Gestalten wie Königin Christina von Schweden oder den geheimnisvollen Chevalier d'Eon, die sich leisten konnten, in gegengeschlechtlicher Kleidung und Aufmachung aufzutreten, wobei man allerdings nicht genau weiß, wie es anatomisch unter der Kleidung aussah. Aber erst im 20. Jahrhundert wagten vereinzelte ganz Mutige, ihren Wunsch, dem andern Geschlecht anzugehören, unverblümt auszudrücken.

Selten war das ein Wunsch nach Vereindeutigung des Geschlechts. Vielmehr sprachen Menschen, die an ihrer anatomischen Geschlechtszugehörigkeit keinerlei Zweifel hatten, von ihrer Sehnsucht danach, dem andern Geschlecht anzugehören. Seither gibt es ein festes, immer wiederkehrendes Sprach-

50 Ovid, *Metamorphosen* III, 319–329
51 Thomas von Aquin, *Summa theologica*, I, q. 51, a. 3, ad 6

muster dafür, das die Betroffenen ohne Verabredung untereinander als ihren authentischen Gefühlsausdruck erachten:
«Ich befinde mich im falschen Körper.»[52] Nimmt man das
wörtlich, so bedeutet es: Ich als empfindendes und denkendes
Wesen bin nicht körperlich. Sofern ich einen Körper habe,
zu dem auch bestimmte Geschlechtsmerkmale gehören, ist er
mir äußerlich – «zugewiesen», wie das im neueren Sexualdiskurs heißt. Ich wohne darin. Aber es gibt Wohnungen, die
dem eigenen Gefühlshaushalt zuträglich sind; darin fühlt man
sich heimisch; und andere, die ihm abträglich sind; dort ist
man falsch. Und wenn man nicht einfach ausziehen kann,
dann muß man die Wohnung eben umbauen.

Die kleine Redewendung vom «falschen Körper» schleppt
allerdings eine schwere altehrwürdige Hypothek aus der
Frühzeit der Metaphysik mit sich: den Glauben an die Körper-
unabhängigkeit der Seele. Die auf Wanderschaft befindlichen
Seelen, die sich laut Buddhismus so lange in verschiedenen
Lebewesen verkörpern müssen, bis sie ganz geläutert sind und
ins Nirwana eingehen können;[53] die platonischen Seelen, die
die ewigen Ideen geschaut, sie bei der Einnistung in menschliche Körper aber vergessen haben und sich ihrer erst allmählich wieder erinnern;[54] die gnostischen Seelen, die aus der
Sphäre des reinen Licht in die finstere der materiellen Körper
gerieten und sich zur Rückkehr zum Licht rüsten sollen;[55] die

---

52 Mit Ausnahme von Lili Elbe, bei der ihrem eigenen Eindruck
   nach «in einem Körper sowohl Mann wie Weib war, und daß das
   Weib in diesem Körper dabei war, die Überhand zu gewinnen»
   (Runte 1992, 6), findet sich bei allen Betroffenen, von den frühen
   Selbstbekenntnissen bis zu den jüngsten Zeitungsinterviews, die
   Redewendung vom «falschen Körper».
53 Oldenberg 1959 [1881], 46 ff.
54 Platon, *Menon*, 85 b ff.
55 Irenäus, *Gegen die Häresien*, I, 1 ff.

cartesische *res cogitans* (denkende Substanz), die an die *res extensa* (ausgedehnte Substanz) menschlicher Körpergestalten lediglich andockt:[56] sie alle haben ihren kleinsten gemeinsamen Nenner in der Überzeugung, daß sich die Gefühls- und Gedankenbildung eines menschlichen Ich zwar in einem Körper abspielt, aber nicht aus dessen Leiblichkeit hervorgeht.

Die Rede vom Ich, das sich im falschen Körper befindet, teilt diese Überzeugung. Sie gibt keineswegs unmittelbar wieder, was die betreffende Person fühlt. Sie legt das Gefühlte vielmehr in weltanschaulich hochproblematischen Worten aus. Man darf zwar davon ausgehen, daß das Gefühlte eine schwer erträgliche Konfliktspannung ist. Aber die besteht nicht zwischen dem Ich und dem Körper, sondern durchzieht den ganzen Körper, in dem sie gefühlt wird. Wenn ein Mann sagt, «eigentlich» fühle er sich als Frau, so ist es sein testosteronbasiertes Körpergefühl, das ihn zu einer Empfindung führt, die er mit Frau-Sein umschreibt. Nun mag es der Fall sein, daß Unregelmäßigkeiten in der frühkindlichen Testosteronproduktion bei ihm ein Mangelgefühl hinterließen;[57] daß er diesen Mangel als Männlichkeitsdefizit auslegte; daß sein Drang, von diesem Defizit loszukommen, ihn so mächtig zu dem Weiblichkeitsbild hinzog, das er seit seiner Säuglingszeit genährt hatte, daß er dies Bild zu *sein* vermeint. Dennoch bringt ihn dazu, sich als Frau zu fühlen, nicht einfach eine Hormonstörung, sondern erst eine Serie von Identifikations- und Selbstinterpretationsleistungen. Die allerdings können durch vieles ausgelöst werden, nicht bloß durch hormonelle Störungen.

---

56 Descartes 1959 [1641], 51 und 55
57 Eine neuere Studie behauptet, bei Trans-Frauen Rückstände solcher Unregelmäßigkeiten in der Gehirnbildung gefunden zu haben (Spizzirri u. a. 2018).

Jeder Fall hat seine eigene Entstehungsgeschichte. Eine einheitliche Ursache für alle wird sich nicht finden lassen. Doch allen ist gemeinsam, daß die leidende Person das Bild, das sie vom anderen Geschlecht gewonnen hat, für ihr eigentliches Sein hält. Ich bin «eigentlich» eine Frau, sagt der Mann, der anatomisch weiblich zu werden wünscht. Ich bin «eigentlich» ein Mann, sagt die Frau, die anatomisch ein Mann sein möchte. Das tiefsitzende Wunschbild vom anderen Geschlecht mit dem eigenen Ich verwechseln, es für das Wesen der eigenen Person zu halten: das ist durchaus eine essentialistische Selbstdeutung. Mein Ich ist mein Ansich, und an sich bin ich weiblich, auch wenn mein Körper männliche Geschlechtsmerkmale aufweist (oder umgekehrt). Diese Selbstdeutung reaktualisiert nicht nur den antiken Glauben an die autarke Seele, die aus sich selbst fühlt und denkt. Sie reaktiviert auch ein frühkindliches Muster: die «Identifizierung mit dem Angreifer». Und auch in der steckt ein ganzer ontologischer Prozeß. In dessen erster Phase vollzieht der Säugling eine Bewegung, durch die er in einem Anderen seine Rettung, sein «Wesen», sein Ich sucht: indem er auf die traumatische Abweisung durch die Mutter (‹Du bist nicht ich, also nichtig›) mit Zufluchtsuche bei der Mutter (‹Ich bin nichts als du›) reagiert. Wenn er in dieser Phase gewissermaßen steckenbleibt, sich auf sie «fixiert», wie man psychoanalytisch sagt, so kann das sehr verschiedene Ursachen haben: Stoffwechselprobleme, Schockerlebnisse, Verwahrlosungserfahrungen etc. Und weil sich diese frühe Fixierung vor jeder bewußten Erinnerung vollzieht, ist es außerordentlich schwierig bis aussichtslos, durch «Erinnern, Wiederholen und Durcharbeiten»[58] an ihre Ursachen heranzukommen. Das ändert nichts daran, daß auch die nicht analysierbare, nicht therapierbare Früh-

58 Freud 1975 [1914]

fixierung eine Frühfixierung bleibt, die bremsend auf die zweite Phase der Identifikation wirkt, in der das Kind nun die für sein ganzes weiteres Leben weichenstellende Umkehrung vollziehen muß: die Wende vom Nichtigkeitserleben zur Verneinung dieser Nichtigkeit – zur Selbstbejahung. ‹Ich bin nicht nicht(s), denn dies Nicht(s) bin *ich*›. Das ist die Wende zum primären Trotz, deren Leistung darin besteht, einen Teil der erotischen Besetzung, die der Mutter als rettender Zuflucht gilt, von der Mutter abzuzweigen und auf das eigene Selbst zurückzuwenden.

Diese Rückwendung gelingt auch unter günstigen Bedingungen nie ganz reibungslos. Sie bedarf unzähliger Wiederholungen, um sich zu stabilisieren, und sie destabilisiert sich, wenn es an Wiederholung mangelt. Und genauso, wie sie in mehr oder weniger stabiler Form gleichsam mitgenommen wird, wenn sich die Primäridentifikation mit der Mutter auf den Vater, die Geschwister, Haustiere, Spielsachen, Bilder, Geschichten etc. überträgt, die zunächst bloß als Mutterderivate erlebt werden, ehe sie sich als die Umwelt erweisen, von der auch die Mutter bloß ein Teil ist; so werden auch Ausfälle dieser Rückwendung durch Frühfixierung mitgenommen auf den weiteren Lebensweg und entfalten dort, je nach individuellen Lebensumständen, ihre eigene Geschichte. Dabei kann es durchaus geschehen, daß eine zunächst eher unauffällige Frühfixierung nachträglich als der feste Halt erscheint, zu dem das heranwachsende Individuum in der Not schwer erträglicher Konfliktkonstellationen zurückkehrt («regrediert»), so daß die Frühfixierung erst durch postumen Ausbau zu einer Anlaufstelle, in der Probleme einer späteren Lebensphase Unterschlupf finden, seelische Dominanz gewinnt.[59] Bei Jugendlichen etwa, die sich als homosexuell entdecken,

59 Freud 1969 [1916/1933], 334f.

die homophoben Standards ihrer Umgebung aber derart tief eingesogen haben, daß sie ihre eigene sexuelle Orientierung ablehnen, kann das Gefühl, «eigentlich» dem andern Geschlecht zuzugehören, als nachhaltige Herberge für den Wunsch nach Selbstbestrafung und Befreiung von Homosexualität fungieren. So oder so aber fällt, wenn in bezug aufs andere Geschlecht ‹ich wünsche› und ‹ich bin› nicht auseinandergehalten werden, eine bestimmte Ichleistung aus, ähnlich wie man es vom Traum kennt. Er läßt Gewünschtes als Realität erleben, weil das zum Schlafzustand herabgeminderte Ich dagegen nicht einschreitet. Nur daß bei denen, die sich dem anderen Geschlecht zugehörig glauben, es das wache Ich ist, das nicht interveniert.

Der Traum ist eine «harmlose Psychose». Aber auch im Wachzustand ist kaum jemand ganz frei von psychotischen Momenten, und solange sie keinen Leidensdruck erzeugen und die Alltagsbewältigung nicht stören, gibt es keinerlei Anlaß, an ihnen herumzutherapieren. Doch der Wunsch, die physischen Merkmale des andern Geschlechts anzunehmen, kam bei denen, die ihn zuerst artikulierten, aus unerträglicher Konfliktspannung. Als der Künstler Einar Wegener sich um 1930 in die Künstlerin Lili Elbe verwandelte, sich mehreren Operationen unterzog, die eigene Leidensgeschichte unter dem Titel *Vom Mann zur Frau* in einem Buch festhielt und an den Operationsfolgen starb, war das ein Akt der Zivilcourage und ein ähnliches Martyrium für die Transsexualität wie bei Foucault für die Homosexualität. Erst seit den 1930er Jahren gibt es Selbstzeugnisse von Betroffenen. Das waren zunächst ganz rare Ausnahmen, umgeben freilich von einer hohen Dunkelziffer derer, die transsexuelle Wünsche lieber unterdrückten, als sich sozialer Ächtung auszusetzen – und einer Medizin, die sie mit Elektroschocks und Aversionstherapien von ihren Wünschen abzubringen versuchte.

Daß diese Therapien Hilfsbedürftige gewaltsam in eine heteronormative Zwangsjacke zu pressen versuchten, liegt auf der Hand. Erst allmählich wuchs das Verständnis für die Betroffenen, die ja selber kaum durchschauten, was in ihnen vorging. Die Johns-Hopkins-Klinik in Baltimore, an der der oben erwähnte John Money wirkte,[60] übernahm in den 1960er Jahren eine Vorreiterrolle bei der Behandlung von Geschlechtsidentitätsproblemen. Der einflußreiche Sexualforscher Harry Benjamin setzte sich dafür ein, *The Transsexual Phenomenon* als einen besonderen Leidenszustand, eine Geschlechtsidentitätsstörung anzuerkennen, die angemessener Behandlungsmethoden bedürfe, aber lediglich eine partielle Störung sei und die Gefühls-, Denk-, Geschäfts- und Beziehungsfähigkeit der Betroffenen genausowenig generell beeinträchtige, wie es eine Hör- oder Sehschwäche tut.[61] Selbsthilfegruppen entstanden, traten für ihre Rechte als Minderheit ein, verlangten Mitsprache bei ihrer Behandlung und stellten die Frage, ob eher *sie* behandlungsbedürftig seien oder nicht vielmehr ihre soziale Umgebung, solange sie ihnen die Anerkennung als vollwertige Mitmenschen vorenthält. Indessen wurde das «Phänomen» Transsexualität immer vorsichtiger, immer weicher, damit aber auch immer unspezifischer definiert. Im *Diagnostic and Statistical Manual of Mental Disorders* von 2013 ist nicht mehr von «Störung», sondern nur noch von Dysphorie (wörtlich: Verstimmtheit, Unbehagen) die Rede. In der zehnten Version der *International Statistical Classification of Diseases* (ICD-10) wurde Transsexualität noch als Persönlichkeits- und Verhaltensstörung bezeichnet. Im Entwurf zur ICD-11 heißt sie *gender incongruence* (Nichtübereinstimmung von empfundenem und anatomischem Geschlecht).[62]

---

60 Siehe oben, S. 131 f.
61 Benjamin 1966
62 Gassner/Steger 2018, 226 f.

Das Adjektiv «inkongruent» signalisiert Offenheit und ist – ähnlich wie «divers» – begriffsstrategisch nicht ungeschickt. Es ändert freilich nichts daran, daß der zwanghafte, mit hohem Leidensdruck verbundene Wunsch nach körperlicher Geschlechtsveränderung Behandlung braucht; ob medikamentöse, operative, psychotherapeutische oder eine Mischung davon, hängt vom konkreten Fall ab. Aber wo Leiden und Hilfsbedürftigkeit sind, da ist Krankheit. Die Aussparung dieses Worts hilft den Betroffenen wenig. Wo keine Krankheit aktenkundig ist, da zahlen auch keine Krankenkassen. Und wer Krankheit nicht beim Namen nennt, um keine Kranken zu stigmatisieren, hat sich bereits der Auffassung ergeben, daß schon das *Wort* Krankheit stigmatisierend wirkt, nicht erst sein Mißbrauch. Es bekommt den Status eines Magieworts, das einen Sachverhalt nicht nur benennt und auslegt, sondern überhaupt erst erzeugt, so wie das Wort, durch das katholische Priester aus Brot und Wein Leib und Blut Christi machen. Wenn Krankheit, Behinderung, Abweichung nichts als Konstruktionen sind, dann kann gar nicht ausbleiben, daß die entsprechenden Worte die Aura des Magischen bekommen. Wer immer sie ausspricht, macht sich verdächtig, einen Schadenzauber zu veranstalten. Um so dringlicher wird ein Gegenzauber. Das Wort, das in Medizin, Sozialarbeit, Behindertenbetreuung und Altenpflege zunehmend diese Rolle übernimmt, ist «Entpathologisierung». Wörtlich heißt es Leidensbeseitigung. Doch sein Hauptgeschäft ist Umbenennung: Krankheitszustände für normal zu erklären. Bei den jahreszeitüblichen Erkältungen, die sich auch ohne Arztbesuch mit Hausmitteln kurieren lassen; oder bei alten Menschen, die man kränker macht, als sie sind, wenn man ihnen das, was sie noch selber verrichten können, nicht überläßt: da mag «Entpathologisierung» ein sinnvoller Begriff sein. Wenn dies Wort allerdings dazu dient, den gesamten Hormon- und Chirurgiebedarf derer, die von der Vorstellung gelenkt sind, sich im falschen Körper zu befinden, für eine nur etwas andere Normalität zu erklären, und jedem, der damit «Krankheit» assoziiert, Diffamierung unterstellt wird, dann findet handfeste Realitätsverleugnung statt.

Seit die dekonstruktivistische Umbenennung im Gesundheitssektor Wurzeln schlägt, also etwa seit der Jahrtausendwende, ist eine weltweite Entpathologisierungskampagne in Gang. Im Fall der Transsexualität geht sie einher mit einer sprunghaft steigenden Zahl von Menschen mit Geschlechtsumwandlungsbedarf. Noch sind es vergleichsweise wenige. Im Jahr 2016 errechnete eine aufwendige Untersuchung für die USA eine Häufigkeit von 6,8:100 000 mit medizinisch bestätigter Transsexualität und 9,2:100 000 mit selbst zugeschriebener.[63] Interessanter sind aktuelle Steigerungsraten. Wenn die Zahl der Kinder und Jugendlichen, die beim englischen *Gender Identity Development Service* Hilfe suchten, in einem knappen Jahrzehnt zweihundertmal größer geworden ist; wenn sich im Raum einer Großstadt wie München innerhalb eines halben Jahrzehnts die Zahl registrierter Hilfebedürftiger verfünffacht hat;[64] wenn sich die Zahl der Gender-Kliniken in den USA seit 2014 von 24 auf 40 erhöht hat,[65] wenn ein «Camp für gender-neutrale Entwicklung» Fünf- bis Zwölfjährigen bei der Entwicklung ihrer eigenen Geschlechtsidentität helfen soll[66], so sind das Momentaufnahmen eines exponentiellen Anstiegs.

63 Köhler u. a., 2018, 180
64 Siehe oben, S. 9
65 Ahrbeck/Felder 2020, 92
66 https://www.freshdads.com/magazin/ein-camp-fuer-gender-neutrale-entwicklung-von-kindern#.Xka-IC5Ce3U

Seit 2011 gibt es das in den Niederlanden entwickelte *Dutch Protocol*,[67] das Kinder schon weit vor der Pubertät auf einen geordneten Geschlechtswechsel vorbereitet und inzwischen in etlichen Gender-Kliniken, vor allem in den USA, den Rang einer Standardbehandlung gewonnen hat. Es sieht zunächst einen Wechsel von Kleidung, Name und Ansprache vor. Zwölfjährige bekommen dann Hormone zur Unterdrückung der Pubertät, Sechzehnjährige Hormone des andern Geschlechts; wenn sie achtzehn sind, erfolgt die chirurgische Geschlechtsumwandlung. Daß den Kindern, bevor sie zwölfjährig sind, jegliche Hormone vorenthalten werden, rühmt das *Protocol* als «umsichtiges Warten» *(watchful waiting)*, das der Entwicklung der in Irritation befindlichen kindlichen Geschlechtsidentität nicht vorgreifen möchte – als sei der Wechsel von Kleidung und Name im Kindesalter lediglich eine behutsame Einstimmung auf künftige Hormonbehandlung und nicht selbst schon eine handfeste Intervention mit Prägekraft.

Das *American College of Pediatricians* hegt größte Bedenken gegen derart frühe Eingriffe in die Kindesentwicklung. Die prominente Gender-Ärztin Johanna Olson-Kennedy hingegen erachtet das *watchful waiting* als vertane Zeit, um nicht zu sagen, unterlassene Hilfeleistung. Kinder, sagt sie, haben ganz früh schon ihre «gender epiphany»; absurd, sich hier auf ein Alter (drei, fünfzehn oder einundzwanzig) festzulegen; «people know their gender – they're not making a decision about their gender, they're making a decision about what to do with it if it doesn't match their assigned sex at birth.»[68] Dem körperunabhängigen Ich hat sich sein Geschlecht schon zweifelfrei geoffenbart, während der ihm «zu-

---

67 Zum folgenden Ahrbeck/Felder 2020, 90 f.
68 Transgender Trend 2019, zitiert nach Ahrbeck/Felder 2020, 91

gewiesene» Geschlechtskörper noch die Harn- und Stuhl-
drangregulierung lernt: diese kaum verbrämte gnostische
Metaphysik wird nicht von einer abseitigen Sekte vertreten,
sondern von der Leiterin einer der führenden Geschlechts-
umwandlungskliniken in Los Angeles. Je früher, desto besser,
ist ihr Motto. Wer sich aus eigenem Antrieb für eine chirurgische Geschlechtsumwandlung entscheidet, kann nicht fehl-
gehen.

Dabei ist durchaus umstritten, ob es Menschen danach
definitiv besser geht. Das hängt nicht zuletzt davon ab, wie
hoch ihre Erwartungen und «Investitionen» waren. Christine
Jorgensen, die Anfang der 1950er Jahre die damals noch hoch-
riskante chirurgische Umwandlung zur Frau überlebte (anders als Lili Elbe), hatte sich damit nicht nur körperlich ihrem
Wunschbild angeglichen, sondern auch einen langen Kampf
gegen fremde Vorurteile und eigene Angst gewonnen. Dieses
beglückende Selbstbestimmungserlebnis überstrahlte alle
postoperativen Nachbehandlungen. Und ein historisches Pio-
niergefühl – ich bin weder Monster noch Psychopath, sondern einer jener besonderen Fälle, für die es bis vor kurzem
noch gar keine eigenen Kategorien gab und die der Menschheit nun einen neuen Weg eröffnen – gehört bei denen, die ihr
Geschlecht in den 1960er und 70er Jahren umwandeln ließen,
zur sozialen Grundierung des individuellen Befindens. Die
ersten sich über mehrere (durchschnittlich fünf) Jahre erstrek-
kenden Nachuntersuchungen und Befragungen, wie sie Harry
Benjamin seit den 1960er Jahren durchführte, ergaben bei
mehr als 80% der Operierten ein «gutes» oder «zufriedenstel-
lendes» Gesamtbefinden.

Mehr als die Hälfte der zu Frauen Umgewandelten gab an,
zum Orgasmus fähig zu sein, von den anderen bezeichneten
nur wenige ihre Anorgasmie als belastend. Viele haben Part-
nerschaften oder Ehen geschlossen. Und aus der kleinen
Gruppe, die zu Protokoll gab, vom Geschlechtswandel ent-

täuscht zu sein, wünschten sich nur ganz Vereinzelte explizit eine Rückoperation.[69]

Diese statistische Verteilung hat sich bis zu den 1990er Jahren nicht wesentlich verändert. Die quantitative Erfolgsbilanz hat freilich blinde Flecken. Fünfjahresspannen erbringen nicht wirklich Langzeitergebnisse. Hingegen hat inzwischen eine schwedische Langzeitstudie bei Personen, die sich zwischen 1973 und 2003 geschlechtlich umwandeln ließen, ein vielfach erhöhtes Selbstmordrisiko ermittelt.[70] Hinzu kommt, daß sich die zu Protokoll gegebenen Selbsteinschätzungen aus der Pionierzeit nur selten psychologisch überprüfen ließen. Wer mit Suchtabhängigen zu tun hat, weiß um die Problematik von Selbsteinschätzungen. Nur läßt sich Sucht durch Entzug oft rückgängig machen. Geschlechtsumwandlungen hingegen stehen unter ungeheurem Erfolgsdruck. Rückoperationen verlieren selbst in einem maximal verständnisvollen Umfeld nicht den Aspekt von unfreiwilliger Komik, zumal sie die betroffene Person nie so wiederherstellen, wie sie war. Ist also «ein ‹happy end› nicht schon deswegen nötig, weil es kein ‹Zurück› mehr gibt, weil die Unwiderruflichkeit eines irreparablen Eingriffs eine ‹Flucht nach vorn› mobilisiert? ‹Ich fühle mich vielleicht in meiner Weiblichkeit auch deswegen wohl›, gibt Nancy Hunt zu, ‹weil ich einen ungeheuren Preis dafür bezahlt habe›.»[71] Dies Geständnis ist eine Ausnahme unter den Selbstzeugnissen und rangiert im Fachdiskurs allenfalls als Marginalie. Der Zusammenhang von Erfolgsdruck und Selbstgefühl – habe ich die Kraft, es mir einzugestehen, wenn mein ungeheuer hoher Tribut an Zeit, Geld und Schmerzen

---

69 Pfäfflin/Junge 1992, 162 ff.

70 Dhejne u. a. 2011

71 Runte 1992, 14. Nancy Hunt war eine der Pionierinnen der 1970er Jahre.

für ein besseres Sexualleben sich als kraß überhöht erweist? – ist sowohl bei den Betroffenen wie bei den Behandelnden nahezu unthematisert geblieben, ebenso wie das Paradox, daß ausgerechnet der operative Eingriff, der befreiend aufs Geschlechtsleben wirken soll, in jenen Körperzonen, die für erotische Erfahrung konstitutiv sind, ganze Hautpartien unempfindlich macht.

Zu diesem einträchtigen Schweigen über zwei strukturelle Grundprobleme ist eine geschichtliche Veränderung hinzugetreten. Die Pionierzeit ist vorüber. Geschlechtsumwandlung ist nichts ganz Besonderes mehr. Die Umwelt ist empfänglicher für sie geworden. Damit hat sich auch die psychische Struktur der Umwandlungsaspiranten verändert – und mit ihr das Diagnosebild der Transsexualität. Es ist weicher, sozusagen normalitätsnäher, aber auch diffuser geworden. Unter *gender incongruence* läßt sich vieles rechnen. Das Fremdeln mit dem eigenen Geschlechtsreif-Werden, das Hadern mit der eigenen Homosexualität sind bereits Fälle von Dysphorie (Unbehagen) und können ebenso zum Wunsch nach Geschlechtsumwandlung führen wie ein Hormonproblem, ein frühkindliches Trauma oder eine abgewehrte Homosexualität. Wenn eine neuere Studie in den USA bei einem Personenkreis mit diagnostizierter Geschlechtsdysphorie auch in starker Häufung (bis zu 70%) Depressionen, Angststörungen, bipolare und dissoziative Tendenzen registriert,[72] dann ist schwer zu sagen: Sind diese Symptome Folgen der Geschlechtsdysphorie; oder ist der im letzten Jahrzehnt sprunghaft gewachsene Wunsch nach Geschlechtsumwandlung ein neuartiges Ventil für Leiden, die woanders ihren Ursprung haben?

Als Ventil oder Fassade kommt der Umwandlungswunsch für das deutsche Transsexuellengesetz erst gar nicht mehr in

---

72 American College of Pediatricians 2018; www.splcenter.org

Betracht. Es kennt nur noch *ein* Kriterium für Geschlechtsidentität: das Zugehörigkeitsempfinden. Die USA stehen im
Begriff, die deutsche Gesetzeslage noch deutlich zu über-
flügeln. Das Repräsentantenhaus hat 2019 den *Equality Act*
verabschiedet, der vom Senat nur noch zu bestätigen ist. Um
sämtliche Stigmatisierungen auf Grund von sexueller Orientierung und Gender-Identität zu beseitigen, spricht er schon
Kindern und Jugendlichen das Recht zur Geschlechtsumwandlung zu, auch an ihren Eltern vorbei. Das Zugehörigkeitsgefühl zu einem Geschlecht bekommt ganz unverhohlen
Offenbarungscharakter. «People know their gender.» Zudem
soll der *Equality Act* erzieherisch wirken. Als 1964 der *Civil
Rights Act* gegen die Stigmatisierung der Schwarzen in Kraft
trat, wurde zur Bekämpfung des fortdauernden alltäglichen
Rassismus ein *black-history*-Curriculum in den Schulen obli-
gatorisch. Nun steht ein Gender-Curriculum in Aussicht, das
die Bevölkerung in die Respektierung der neuen Kinderrechte
genauso einüben soll wie damals in die volle Gleichberechti-
gung der Schwarzen.

Minderheitenschutz ist erst dann konsequent, wenn er auch
kleine Minderheiten schützt. Und die LGBTTI-*Community*
ist vorerst eine soziale Minderheit im Promillebereich. Um so
bemerkenswerter, wie die neuesten Maßnahmen zu ihrem
Schutz zugleich das Verständnis von Schutz verändern. Homo-,
bi-, inter- und transsexuelle Menschen als vollkommen gleich-
berechtigt anerkennen; begreifen, daß sie in ihrer generellen
Gefühls-, Denk-, Geschäfts- und Beziehungsfähigkeit nicht
beeinträchtigt sind, solange sie von ihrer Umgebung nicht
stigmatisiert werden: das genügt nicht mehr. In Schulen,
Hochschulen und Verfassungsgerichten wird zunehmend die
Auffassung vertreten, daß diese Minderheit nur schützt, wer
einräumt, daß Heterosexualität untrennbar von Heteronor-
mativität ist; daß Geschlecht nichts als eine Konstruktion darstellt; daß im Grunde alle divers sind; daß zwischen sexueller

Orientierung und Geschlecht kein Unterschied besteht; und daß nichts als das Zugehörigkeitsempfinden zu einem Geschlecht über die tatsächliche Zugehörigkeit zu ihm entscheidet. Zum Schutz der großen Minderheit der Schwarzen berief sich der *Civil Rights Act* auf allgemeine Bürger- und Menschenrechte; zum Schutz der LGBTTI-*Community* beruft sich der *Equality Act* auf einen hemmungslosen Gender-(De-) Konstruktivismus, als ließen sich nur zu dessen Konditionen sexuelle Minderheiten schützen. Im Namen des Minderheitenschutzes gibt die Staatsmacht einem (De-)Konstruktivismus Gesetzeskraft, den sie damit der ganzen Gesellschaft aufnötigt. Seine Glaubenssätze sind es, die die Gender-Curricula bestimmen werden. Wer sie sich nicht zu eigen macht, macht sich der Stigmatisierung von Minderheiten verdächtig.

Transgender-Schwelle

Man sollte denken, daß zumindest *eine* Disziplin gegen diesen Trend immun ist: die Psychoanalyse. Sie ist bei der Behandlung von psychogenen körperlichen Beschwerden (Neuralgien, Bewegungs-, Seh-, Verdauungs-, Schlafstörungen etc.) und Zwangsvorstellungen und -handlungen entstanden – in der Zuversicht, daß die Aufdeckung und Durcharbeitung der verborgenen Triebkräfte dieser Symptome das Leiden lindern oder gar beseitigen werde. Wo sich jemand im falschen Geschlechtskörper fühlt und den zwanghaften Wunsch verspürt, ihn mit dem eigenen Ich durch Hormone oder Chirurgie in Einklang zu bringen, da gehört es zum psychoanalytischen Einmaleins, erst einmal das ganze psychische Feld abzutasten, aus dem dieser Wunsch hervorgegangen sein könnte. Und selbst in Fällen, wo seine Herkunft verborgen bleibt, wo er sich partout nicht auflösen läßt, wo, gemessen an seinem schwer lastenden Druck, die Geschlechtsumwandlung als das kleinere

Übel erscheint, müßte Fachkundigen klar sein, daß dieser Wunsch nicht aufhört, etwas Zwanghaftes, Auflösungsbedürftiges zu sein, und daß Personen, die sich einer Operation unterziehen, diese Zwangshypothek samt ihren unerschlossenen Ursachen in die neue Geschlechtsidentität mitnehmen. Nicht von ungefähr bleiben ja die meisten Umgewandelten weiterhin psychotherapiebedürftig.

Doch diese *essentials* sind längst nicht mehr psychoanalytischer Grundkonsens. Mit dem sprunghaften Ansteigen der Transgender-Wünsche wächst in der psychoanalytischen Zunft auch die Neigung zur «Entpathologisierung» dieser Wünsche und zur Übernahme einer Dienstleisterrolle bei ihrer Umsetzung. In einem von der *American Psychoanalytic Association* preisgekrönten Aufsatz behauptet Griffin Hansbury, daß sich durch jeden Menschen eine «Transgender-Schwelle» ziehe.[73] Er versteht sie als «einen psychischen Raum», worin «Körperteile und gegenderte Anteile zusammenstoßen und miteinander verschmelzen» (557 f.). Er vermutet, daß viele Männer diese Schwelle nur deshalb nicht überqueren, weil sie ihr Selbstverständnis allein vom «Phallischen» her gewinnen und sich dem «Vaginalen» in ihnen verschließen (558). An dieser Schieflage habe Freud mitgewirkt. Zwar konzedierte er jedem Mann auch eine weibliche Anlage und jeder Frau eine männliche. Doch in der Phase, wo Kinder sich für ihre Geschlechtsorgane zu interessieren beginnen, sah er sie nur mit dem Penis beschäftigt, als sei die Ausbildung der Geschlechtsidentität allein an diesem Organ orientiert. Wer es hat, ist männlich; wer nicht, weiblich. Gegen diese phallische Reduktion setzt Hansbury die Erkundung des «männlichen Vaginalen», das jedem Mann das Frau-Werden genauso eröffnen soll wie das Mann-Bleiben. Daß die Wandlung zur Frau

73 Hansbury 2019 [2018], 557. Weitere Seitenzahlen im Text.

so selten erfolgt, die «Transgender-Schwelle» zumeist unüberquert bleibt, lastet er hauptsächlich der phallischen Reduktion an.

Nun läßt sich diese Reduktion aus Freuds Werk zwar schlecht wegleugnen. Doch das Vorhaben, ihr mit einer Transgender-Schwellen-Theorie abzuhelfen und diese wiederum mit Freuds Mythos von der ursprünglichen hermaphroditischen Zweigeschlechtlichkeit des Menschen zu stützen, ergibt wenig Haltbares. Freuds Mythos kennt keine Transgender-Schwelle, an der «gesexte» Körper und «gegenderte» Identitäten (565) sich ein kunterbuntes Stelldichein geben. Er teilt nicht den konstruktivistischen *Common sense*, dem männlich und weiblich bloß noch als zwei Randphänomene gelten, zwischen denen es zahllose andere Moglichkeiten geben soll, «gegenderte Anteile» zu einer frei gewählten Geschlechtsidentität zusammenzusetzen. Er bestimmt Hermaphroditismus lediglich als ein Mischungsverhältnis – und zwar aus Weiblichem und Männlichem; woraus sonst? Kein trans- oder intersexuelles Phänomen läßt sich ohne Rückgriff auf Zweigeschlechtlichkeit beschreiben. Das Dazwischen ist *ihr* Dazwischen; dessen Vielfalt lediglich ein *ne utrum*, das aus einer Serie mehr oder weniger deutlicher Abweichungen von männlichen oder weiblichen Regelmäßigkeiten besteht. Der Wunsch nach Senkung der Hemmschwelle zur Geschlechtsumwandlung mag in Menschen mit blühender Phantasie die Vorstellung einer mehr oder weniger durchlässigen Transgender-Schwelle entstehen lassen, aber er beweist nicht, daß diese Schwelle tatsächlich alle Menschen durchzieht und jedes Individuum an ihr steht wie Caesar am Rubikon. Ebensowenig ist die Existenz eines «männlichen Vaginalen» bewiesen, wenn männliche Patienten ihren Anus als Vagina imaginieren (559).

Freuds Mythos vom ursprünglichen Hermaphroditismus, der nach wie vor zum *Credo* der psychoanalytischen *Community* gehört, bekommt durch das Konstrukt der Transgender-

Schwelle einen weiteren Mythos aufgesattelt, der den Freud-schen konstruktivistisch zersetzt und als Paradigma von «transmodernem Denken» daherkommt. Darunter, sagt Hansbury, «verstehe ich das, was mit gegenderten und ge-sexten Binaritäten, körperlichen Symbolen und fleischlichen Realitäten spielt und gleichzeitig im Flux der Vielfalt schwimmt. So wird ein Raum geschaffen, in dem das Vaginale sowohl ein männliches als auch ein weibliches Sexualorgan/ Sexualsymbol sein kann, jedem zur Verfügung steht und auf passive wie auch aktive Weise benutzbar ist.» (566) Eines kann man in diesem Raum gewiß nicht mehr: einen klaren Gedan-ken fassen. Hier wird nur noch gespielt und geschwommen, aber nicht mehr zwischen Gewünschtem und Seiendem un-terschieden. «Transmodernes Denken» steht für aktive Ich-Dissoziierung. Kein realitätsprüfendes Ich soll mehr das Wunschbild einer Transgender-Schwelle stören, an der angeb-lich jedes Individuum mit seinen phallischen und vaginalen Anteilen spielt und sich frei entscheiden kann, ob es die Schwelle überschreitet oder nicht. Was ich empfinde, wün-sche, konstruiere, *ist* so, wie ich es gemacht habe. *Verum et factum reciprocantur*.

Die Zeitschrift PSYCHE, das Zentralorgan der deutsch-sprachigen Psychoanalyse, hat der Debatte über das «männ-liche Vaginale» ein ganzes Monatsheft gewidmet – voll des Lobes (mit einer Ausnahme) für den Mut, mit dem der Autor neue Wege eröffnet. Das ist ein Signal. Die Psychoanalyse steht vor einer Entscheidungsfrage: Soll sie ausblenden, daß Menschen, die sich sehnlich tiefe Eingriffe in die eigene körperliche Integrität wünschen, um dadurch mit sich eins zu werden, an Ich-Dissoziation laborieren? Soll sie die Disso-ziationsdynamik, die sich in sprunghaft ansteigendem Ge-schlechtsumwandlungsbedarf manifestiert, «entpathologisie-ren» und durch «transmodernes Denken» befördern? Oder soll sie zu begreifen versuchen, was hier geschieht?

Wer letzteres möchte, sollte nicht versäumen, den Stand der Hochtechnologie zu Rate zu ziehen. Die medizinischen Fortschritte in Hormonbehandlung, kosmetischer und plastischer Chirurgie machen eine Körpermodellierung möglich, die vor wenigen Jahrzehnten noch kaum vorstellbar erschien. Gleichzeitig haben die mikroelektronischen Fortschritte den Computer derart verkleinert und seine Leistungsfähigkeit derart vergrößert, daß seine Nutzer ihn wie ein unentbehrliches, hochpotentes Körperorgan mit sich führen. Liebe geht durch den Magen, sagt ein weises Sprichwort. Damit nicht genug. Sie geht durch alle Sinne: Auge, Ohr, Gaumen, Nase, Haut, Gleichgewicht. Der Sexualdrang zehrt von ihnen und stimuliert sie. Er formt die Sinneswahrnehmung mit und wird von ihr geformt. Die technischen Standards, unter denen sie arbeitet, sind auch seine. Er artikuliert sich heute in Smartphone-Umgebung. Die junge Generation ist mit diesem neuen mikroelektronischen Wundergerät bereits aufgewachsen und von klein auf mit Facebook, Google, Instagram, WhatsApp etc. vertraut. Das Erregungs- und Wahrnehmungsregime, in das sich die Menschheit mit der mikroelektronischen Revolution hineinmanövriert hat, ist ihr weit mehr als ihren Eltern und Großeltern zur Selbstverständlichkeit geworden.

Am Anfang dieses Regimes stand eine Technologie, die um die Wende zum 20. Jahrhundert in Hinterzimmern begann, dann große Säle eroberte, sich dann in alle Wohnzimmer dezentralisierte und schließlich das gesamte Arbeitsleben durchdrang: der Film. Dessen Auswirkung auf die menschliche Natur wurde lange unterschätzt. Dabei hat der unablässige «Wechsel der Schauplätze und Einstellungen», «welche stoßweise auf den Beschauer eindringen», nichts Geringeres als eine neue Wahrnehmungsweise etabliert, wie Walter Benjamin früh erkannte. «In der Tat wird der Assoziationsablauf dessen, der diese Bilder betrachtet, sofort durch ihre Veränderung unterbrochen. Darauf beruht die Chockwirkung des Films». Benjamin hoffte, sie könnte «durch gesteigerte Geistesgegenwart aufgefangen»[74] werden – gewissermaßen durch einen mentalen Judogriff, der die Kraft des Gegners in eine eigene umwendet. Er versprach sich davon sogar eine Beflügelung des Proletariats zur Umwälzung der kapitalistischen Gesellschaft. Doch der Film blieb nicht das elektrisierende Wochenendhighlight seiner Frühzeit. Er vergewöhnlichte sich bald zur Alltagsunterhaltung. Seine Schockwirkung wurde inflationär. Und gegen die unzähligen kleinen Schocks täglicher Kinofilme und Fernsehprogramme erwies sich der Judogriff gesteigerter Geistesgegenwart als chancenlos. Dennoch hörte der abrupte «Wechsel der Schauplätze und Einstellungen» nicht auf. Im Gegenteil: Er wurde allgegenwärtig. Nach wie vor wirkt jeder Bildwechsel ruckartig – als ein kleiner Schock. Der einzelne Schock ist völlig unschädlich. Und solange Filme lediglich Freizeitfüller waren, war die Wahrnehmungsweise, die sie einübten, bloß eine sporadische. Sie gehörte sozusagen zum «Überbau». Doch als Bildschirme sich mit dem PC verbanden und Arbeitsaufträge auszustrahlen begannen, traten die Standards des Films in die gesamte Produktions- und Verwaltungssphäre (die «Basis») ein und gewannen in atemberaubend kurzer Zeit die Autorität eines neuen Realitätsprinzips. Das ruckartige «Achtung», «Aufgemerkt», «Hierhergesehen», das bei jedem Bildwechsel ausgestrahlt wird, avancierte zum Brennpunkt eines neuen weltweiten Wahrnehmungs- und Erregungsregimes.[75]

Bis zu dieser Zeit galt Aufmerksamkeit als eine der selbst-

---

74 Benjamin 1974 [1936], 502 f.
75 Ausführlich hierzu Türcke 2002, 64 ff.; 271 ff.; Türcke 2012, 69 ff.

verständlichsten und zuverlässigsten menschlichen Leistungen, die bei Ermüdung, körperlichem Schmerz, psychischen Traumata oder Konflikten zwar nachläßt, aber sich im Fall der Überwindung solcher Hemmnisse wieder mit gewohnter Ausdauer auf Dinge, Personen, Sachverhalte zu richten vermag. Nun aber wurde in den USA, zunächst bei Kindern und Jugendlichen, ungewöhnlich häufig ein langfristiger Ausfall dieser Ausdauer bemerkt, ohne daß die herkömmlichen Ursachen dafür einschlägig waren. Man stand vor einem Rätsel, zumal man zunächst keinen Zusammenhang mit Bildmaschinen sah. Nun ist zwar schwer bestimmbar, wann genau die Filmstandards von einer sporadischen in eine konstitutive Wahrnehmungsweise, vom «Überbau» zur «Basis» umschlagen. Doch erst nach diesem Umschlag beginnen Bildschocks dekompositorisch zu wirken: wenn sie die Autorität der Realitätsbasis haben, wenn sie täglich stundenlang in die Erlebenssphäre eindringen, aber zugleich ständig hintertreiben, daß nachhaltige Erlebnisse aus ihnen werden, weil schon der nächste Schock nachdrängt. Dann kommt der typische Aufmerksamkeitsdefizitmechanismus in Gang. Unentwegt wird Aufmerksamkeit stimuliert – und gerade dadurch zermürbt.

ADHS, das Aufmerksamkeitsdefizit-Hyperaktivitätssyndrom, das die *American Psychiatric Association* 1978 als «Störung» in den Katalog der psychischen Krankheiten aufnahm, ist ein Phänomen mit unscharfen Rändern. Vieles ist darunter gerechnet worden, was dort nicht hingehört: Bagatellfälle von Unkonzentriertheit ebenso wie posttraumatische Zustände. Und doch gibt es einen «ADHS-Herd»[76]. Er ist keine Krankheit in gesunder Umgebung, sondern der Vorposten einer ganzen Aufmerksamkeitsdefizitkultur, in der auch die Auf-

76 Türcke 2012, 38 ff.

merksamkeitsspannen sogenannter Normaler merklich nach-
lassen. Universitäre Lehrmaterialien bestehen in der Regel
nur noch aus kurzen Buchauszügen oder Papers, die in
«Readern» zusammengefaßt und ins Netz gestellt werden.
Die Lektüre ganzer Lehrbücher ist die Ausnahme. Studie-
rende empfinden neunzigminütige Lehrveranstaltungen ohne
Pause immer häufiger als unzumutbar. Vortragende in Schul-
klasse, Hörsaal oder öffentlichen Räumen wagen kaum mehr,
Sachverhalte sprachlich darzustellen, ohne sie sogleich mit
Bildern zu unterlegen. Einer der Haupttransformatoren des
neuen Wahrnehmungsregimes ins Alltagsleben ist Power-
point: bei dosierter Verwendung ein großartiges Hilfsmittel,
als allgemeiner Vortragsstandard aber eine systematische Un-
tergrabung des Vorstellungsvermögens. Innere Vorstellungen,
die nicht sofort bildlich abgestützt werden, bekommen das
Ansehen, unzumutbar anstrengend, abstrakt und realitätsfern
zu sein. Auch Schrift verlangt zunehmend nach einer Bild-
umgebung. Selbst die seriösesten überregionalen Zeitungen
haben ihr Erscheinungsbild dem von Illustrierten angenähert.
Tageszeitungen aus den 1980er Jahren muten aus heutiger
Sicht wie Bleiwüsten an, für deren Durchquerung nur noch
eine kleine Minderheit die nötige Ausdauer aufbrächte.

Das mikroelektronische Wahrnehmungs- und Erregungs-
regime ist freilich auch ein Trieblenkungsregime. Wie es durch
ständige Aufmerksamkeitsstimulierung Aufmerksamkeit zermürbt, so durch Luststimulierung Lust. Menschenspezifische
Lusterfahrung ist mehr als Spannungsaufbau und -abbau. Es
gehören Trieblockerung und Vorstellung zu ihr. Sie erst machen, daß der Spannungsverlauf und seine Objekte etwas bedeuten. Zur Lustentwicklung gehört die Imagination von Ab-
wesendem: von vergangenen und zukünftigen Objekten und
den Befriedigungen, die sie gewähren. Und gewöhnlich fängt
sie klein an: als «Vorlust», wie Freud sagt; als verheißungs-
voller Spannungszustand, lateinisch: *appetitus*. Appetit hat

selbst schon etwas Lustvolles, zumal wenn der Duft köstlichen Essens ihn steigert. Aber kommt die Speise nicht bald, gewinnt Unlust die Oberhand. Wie beim sexuellen Appetit. Er ist auf «Endlust» oder «Befriedigungslust»[77] aus. Doch allzu oft wird Vorlust daran gehindert, Endlust zu werden. In dieser Not hat der Homo sapiens gelernt, seinen Lustdrang auf Ersatzobjekte, -handlungen und -zustände zu verschieben. Das filmische Regime hat diese Verschiebungsökonomie wie keine Technologie zuvor in Regie genommen. Jeder kleine Bildschock löst eine winzige Dopaminausschüttung aus, einen Luststimulus, eine neue Erwartung. Aber es folgt in Kürze der nächste Schock, der die Lustentfaltung unterbricht. Das ist ein Deerotisierungsmechanismus. Ständig wird Vorlust erzeugt, aber an der Entwicklung zur Befriedigungslust gehindert. Sie gewinnt keine Nachhaltigkeit, Intensität, Bedeutung. Sogenannte 3-D-Szenarien, die dem Betrachter suggerieren, von den exotischen Lustobjekten, die eine Kamera an ihn heranführt, hautnah umgeben zu sein, verschärfen das Problem noch. Mehr als ein tonbegleitetes optisches Entlanggleiten auf Oberflächen findet ja nicht statt. Alles Tasten, Schmecken und Riechen, alle An- und Entspannung der Muskeln entfällt. Gerade die 3-D-Fiktion von Körperlichkeit macht die Entkörperlichung spürbar und übt in das Vorliebnehmen mit virtueller statt realer Dreidimensionalität ein. Daran wirkt selbst die große Filmkunst mit, die in der Frühzeit des neuen Mediums nahezu identisch mit Film war und inzwischen nur noch einen verschwindenden Bruchteil dessen ausmacht, was zu Filmstandards permanent auf menschliche Sensorien einstrahlt.

Die Fähigkeit des filmischen Regimes, über größte Entfernungen hinweg nahezu in Lichtgeschwindigkeit eine Un-

77 Freud 1972 [1905], 115

menge an Bildern und Tönen zugänglich zu machen, ist absolut faszinierend. Zu seiner Sogkraft gehört freilich auch seine deerotisierende Vorlustverselbständigung. Durch audiovisuelle Überreizung wird genauso wie Auge und Ohr auch der Sexualdrang in Mitleidenschaft gezogen und unablässig einer sprunghaften, diffusen, flüchtigen Stimulierung ausgesetzt, die eine juckreizartige Dauererregung auslöst und ihn in den Zustand einer unruhig diffus schweifenden Begehrlichkeit versetzt, ähnlich derjenigen, die in menschlicher Frühzeit aufs strengste ritualisiert wurde, um sozial verträglich zu werden. Nur daß es sich nun nicht mehr um rohe, noch ungeformte Begehrlichkeit handelt, sondern um eine durch permanente Formung und Umformung überstrapazierte: eine wund gereizte, gewissermaßen *entzündete* Begehrlichkeit, wie Nietzsche sie geahnt hat, wenn er von Ermüdung der Sinne, Schwächung des Lebens oder Dekadenz sprach. Das moderne Wort dafür ist Burnout.

Das Unheimliche an den neuen Bildmaschinen ist, daß sie ihren Nutzern in doppeltem Sinne die Wahrnehmung abnehmen: wie der Kuli das Gepäck, aber auch wie der Dieb das Eigentum. Ich bin zwar derjenige, der wahrnimmt, doch es ist die Maschine, die meine Wahrnehmung durch ständige Unterbrechung und Neuausrichtung lenkt und mein eigenes perzeptives Schweifen und Assoziieren zu ihren Konditionen veranstaltet. Sie überschüttet mich mit erregenden Eindrücken, läßt mir aber kaum Zeit und Gelegenheit, sie so meinem Gefühls-, Vorstellungs- und Gedächtnishaushalt zu assimilieren, daß sie darin zu *meinen* Eindrücken werden. Die eigene Wahrnehmung ist in gewisser Weise gar nicht die eigene. Ähnlich wie die eigenen Träume. Sie sind zwar die des Träumers, nicht Eingaben höherer Mächte, aber sie entfalten eine eigene Wahrnehmungs- und Gefühlswelt, die ihm mehr widerfährt, als daß er sie komponiert und lenkt; ist doch sein Ich durch Schlaf stark herabgemindert.

Im Traum ist die Ich-Dissoziation unschädlich, ja sogar erholsam – im Gegensatz zur permanenten ruckartigen Stimulierung durch Bildschocks, die ihre Adressaten unablässig zu punktuellen Ichleistungen nötigt und dabei das Ich zermürbt, welches sie erbringen soll. Das Ich ist kein Körperorgan wie Ohren und Augen. Es besteht nur so lange, wie es motorisch-sensorisch-mentale Koordination vollzieht. Sein Sein ist sein Tätigsein. Das kann man ebenso von Kant wie von Freud lernen.[78] Es stabilisiert sich durch Wiederholung und Übung, wenn ihm genügend Eigenbewegung, Eigenzeit und zwischendurch Entspannung gelassen wird. Es wird hingegen tendenziell enteignet, wenn es zu den Konditionen des Aufmerksamkeits- und Erregungsregimes von Bildmaschinen tätig sein muß.

Body modification

Audiovisuelle Enteignung, Entkörperlichung und Ich-Dissoziation können freilich nur in einer dreidimensionalen Welt stattfinden, in der reale menschliche Organismen Bildmaschinen einschalten und sich ihrer Sogwirkung aussetzen. Nicht alle Individuen sind für diese Wirkung gleich anfällig; nicht alle ergeben sich ihr widerstandslos. Zwar wird ihnen nicht nur die Wahrnehmung abgenommen, sondern zunehmend auch die alltägliche körperliche Bewegung, die früher zur Alltagsbewältigung unerläßlich war. Immer mehr Waren werden durch Online-Handel ins Haus geliefert. Im Berufsleben weicht die Muskelanstrengung der Tätigkeit am Computer. Kinder tollen kaum mehr im Freien herum und starren um so häufiger auf Displays. Etwa die Hälfte der Bevölkerung

78 Siehe oben, S. 37

hochtechnisierter Länder bewegt sich entschieden zu wenig. Doch ein beträchtlicher Teil treibt Sport. Die Fitness-Center sind voll. Kaum eine urbane Grünanlage oder Nebenstraße, auf der nicht Jogger oder Nordic Walker unterwegs sind. Sport stärkt Muskulatur, Stoffwechsel und Körpergefühl. Er kompensiert audiovisuelle Verflüchtigung. Aber oft vollzieht er sich zu ihren Konditionen. Sich beim Joggen über Kopfhörer mit *Heavy-Metal*-Rhythmen stimulieren betäubt das Körpergefühl und tut weder dem Bewegungsablauf noch den Ohren gut. Beim Laufen Hörbüchern lauschen führt eher zur Verlängerung der Aufmerksamkeitsdissoziation in die Körperertüchtigung hinein als zu besserer Zeitnutzung. Auch ohne Ohrstöpsel bewirkt physisches Konditionstraining nicht automatisch Ich-Stärkung; schon gar nicht, wenn Krankenversicherungen, wie das in den USA bereits geschieht, ihren Klienten eine Mindestzahl täglicher Schritte abverlangen und durch deren Mobiltelefon kontrollieren, ob sie diese Vorgabe auch einhalten. Da nimmt die neue Technologie ihren Nutzern auch noch das eigene Körpergefühl ab.

In diesen Zusammenhang gehört, daß just in den Jahren, als in den USA und Westeuropa die ersten signifikanten Häufungen von ADHS von sich reden machten, auch ein Modephänomen um sich griff, das inzwischen fast den ganzen Globus erobert hat. Walter Benjamin hat Moden als die «geheimen Flaggensignale der kommenden Dinge» bezeichnet. «Wer sie zu lesen verstünde, der wüßte nicht nur um neue Strömungen der Kunst, sondern um neue Gesetzbücher, Kriege und Revolutionen.»[79] Und das Besondere der Mode, um die es hier geht, ist, daß sie sich nicht mit neuen Kleidern, neuer Haartracht, neuen Gebrauchsgütern begnügt. Sie geht in und unter die Haut. Gemeint sind *Tattoo* und *Piercing*. Ausgerechnet in

79 Benjamin 1982, 112

einer Zeit deregulierter Wirtschafts- und Umgangsformen, die jegliche Kleiderordnungen herkömmlicher Stände, Klassen und Schichten weggefegt hat, sind Hautätzungen sowie durch Ohr, Nase, Lippe und Schamteile gezogene Ringe zu Inbegriffen schmerzhaft prickelnden Chics geworden.[80] Sie sind gleichsam eine schärfere Gangart als Sport, sozusagen *body modification* zweiten Grades. Es genügt nicht, den eigenen Körper auf Fitness zu trimmen und dabei gelegentliche Verletzungen in Kauf zu nehmen. Dosierte Körperverletzung ist vielmehr das Ziel.

Was dabei modisch aufbereitet wird, ist allerdings eine der ältesten Menschheitspraktiken. Tätowierungen haben als archaische rituelle Schutzmaßnahmen begonnen. Diejenigen, die einen der Ihren zur Opferstätte schleiften, nahmen an seinem Schicksal teil und schützten sich zugleich gegen es, indem sie sich an ihren Leibern «Zeichen» jener höheren Macht einschnitten oder -ritzten, auf deren Befehl sie das Opfer zu vollziehen glaubten und der sie sich dabei anbefahlen. Das hebräische Wort *qajin* (Kain) heißt «Spieß»[81]. Das Kainszeichen war das Selbstimmunisierungs- und Selbstbestrafungszeichen derer, die den «Brudermord» begingen, der anfangs keine verbrecherische individuelle Jähzornshandlung war, sondern gemeinschaftsstiftende kollektive rituelle Zwangshandlung.[82]

80 Türcke 2002, 71 ff.
81 Numeri 24,22
82 Die biblische Geschichte von Kain und Abel hat den Status einer Deckerinnerung. Kains skandalöse Jähzornstat deckt den größeren Skandal des Menschenopfers zu und entzieht dem «Zeichen», das Gott dem Kain macht, «damit ihn keiner erschlüge, der ihn fände» (Genesis 4,15), jeden Sinn. Wer soll ihn denn erschlagen? Nach biblischer Chronologie gibt es zu diesem Zeitpunkt außer ihm nur noch seine Eltern, Adam und Eva. Ausführlich hierzu Türcke 2005, 13 ff.

Auch wo der sakrale Ursprung dieser Praktiken nicht mehr bekannt ist – die identitätsstiftende Wirkung von *Tattoo* und *Piercing* wird mit traumwandlerischer Sicherheit innerviert. Gelegentlich sollen sie die Zugehörigkeit zu einer Clique, Sekte oder Firma[83] ausdrücken. Aber ihre enorme Verbreitung haben sie als etwas ganz Individualistisches gefunden. Sie dokumentieren, daß es auf Dauer schwer erträglich ist, von flüchtigen audiovisuellen Schocks unablässig gepiekst und gekitzelt, in einen Zustand juckreizartiger Erregung versetzt zu werden, ohne diese Reize in wünschenswerter Weise zu fassen zu bekommen, sie sich zu eigen machen zu können. Dagegen setzen die Einstiche einen Kontrapunkt. Es sind Anti-Dissoziationsmaßnahmen. Eine klar lokalisierbare Schmerzempfindung soll dem gesamten Nervensystem, vom Gleichgewichtssinn bis zu den mentalen Leistungen, eine evidente Orientierung, einen Halt geben. Halt auch im Sinne von Haltbarkeit. Man will sich etwas Bleibendes eindrücken.[84]

Die jährlichen Frühjahrs- und Herbstkollektionen der Modedesigner kommen und gehen. Die *Tattoo-Piercing*-Mode, die nun schon mehr als drei Jahrzehnte andauert und immer noch auf globalem Expansionskurs ist, setzt indessen in der menschlichen Ich-Geschichte eine ähnliche Zäsur wie einst Descartes' berühmtes *Cogito ergo sum* (Ich denke, also bin ich). Bis heute steht diese Formel in dem Ruf, den Beginn

83 Der *Swoosh*, das Erkennungshäkchen des Sportkonzerns *Nike*, findet sich nicht nur häufig auf Armen und Beinen der Firmenmitarbeiter, sondern ist zeitweise sogar ein regelrechter Renner in amerikanischen *Tattoo*-Studios gewesen; cf. Türcke 2005, 193 f.
84 Viele sind ihrem eigenen Wunsch nach Bleibendem freilich nicht gewachsen. Die Konflikte, in die sie dadurch geraten, sollen dann Hautarztpraxen lösen. Sie verdienen inzwischen nicht schlecht an der Beseitigung von Tattoos, die ihr Träger schon nach kurzer Zeit leid ist.

der Neuzeit zu markieren. Und zumindest war sie Ausdruck einer epochalen Zugehörigkeitskrise – in der Zeit, als sich die christlich-feudalen Strukturen des europäischen Mittelalters auflösten. Wenn die Lehren und Praktiken des Christentums keine unmittelbare Evidenz mehr ausstrahlen, dann, so Descartes, muß das Individuum sich erst einmal seiner selbst versichern, ehe es zu anderen Gewißheiten vorstoßen kann. Und um aus dem Sumpf des Zweifels hinauszufinden, muß es den Zweifel selbst als die erste unumstößliche Gewißheit begreifen. Wer zweifelt, denkt; wer denkt, existiert. Das Denken macht ihn seiner selbst gewiß.[85]

Diese Gewißheit teilen *Tattoo* und *Piercing* nicht. Sie argumentieren nicht – und setzen dennoch tiefer an als die Selbstvergewisserung durch Denken. Ihr Motto ist *Sentio ergo sum* (Ich spüre, also bin ich). Sie sind unwillkürliche Erinnerung daran, daß das Ich «vor allem ein körperliches»[86] ist – und daß Ichbildung stets etwas Einschneidendes hat. Das muß nicht notwendig ein physischer Einschnitt sein. Aber es geht dabei nicht ohne Verletzung ab.[87] Säuglinge müssen irgendwann zurückgewiesen, durch Entwöhnung zu sich selbst gebracht werden, und an dieser Anfangsverletzung, dieser ersten Trennung, ersten *definitio* (Abgrenzung, Umgrenzung) ihrer selbst laborieren sie ihr Lebtag weiter. Ichbildung beginnt als Grenzsetzung von außen, ehe das Kind die aufgenötigte Grenze zu seiner eigenen macht und sie weiter ausbaut. Triebtheoretisch gesagt: Ichbildung stutzt Triebregungen zurecht. Sie hat ein breites Register, kann brutal durch körperliche Gewalt geschehen, aber auch so sublim, wie ein vorsichtiger Gärtner die Triebe einer Hecke beschneidet, damit sie nicht auseinander-

85 Descartes 1955 [1644], 2
86 Freud 1975 [1923], 294
87 Siehe oben, S. 28 f.

wachsen, sondern zusammen: zu einem dichten, homogenen Gebilde. Und ohne daß menschliche Triebregungen durch Zurechtstutzung zusammengenommen, verdichtet, auf bestimmte Ziele hin dauerhaft ausgerichtet werden, können sie sich nicht zu jenen beständigen, bedeutungsgeladenen Regungen eines Ichs mausern, die dann auf Hochkulturniveau den Rang von Liebe oder Leidenschaft gewinnen.

Cyborg

Wer sich der *body modification* von *Tattoo* und *Piercing* aussetzt, gibt zu verstehen: Ich vermisse in meinem Leben Einschneidendes. Ich muß mich verletzen (lassen), um mich als Ich zu erleben – durch gezielte, schmerzhafte Ich-Stiche, vorzugsweise in Lippe, Nase, Ohr, Brustwarze, Nabel, Genitalien, also hochempfindliche erogene Zonen. Sie sind es, in denen das Ich sich spüren will. Aber um den Einstichpunkt herum bleibt eine taube Stelle zurück – unempfindlich für erotische Berührung. Gerade die Protesthandlung gegen die audiovisuelle Verflüchtigung und Entkörperlichung des Ich gibt eine Probe der Deerotisierung, gegen die sie sich wehrt. Die «Dauerentzündung»[88] der Haut durch implantierte Metallteilchen ist unfreiwilliger organischer Zeuge der wund gereizten, entzündeten Begehrlichkeit, die die unablässigen mikroelektronischen Vorlustimpulse hinterlassen – obwohl ausgerechnet diese glitzernden Teilchen «das Geilste» sein sollen: erotisch prickelnde Stimuli.

Für diese sich selbst dementierende Deerotisierung gab es schon in den 1980er Jahren ein bizarres Manifest. Die Biologin Donna Haraway war unter dem Eindruck der Mikrochip-

88 Balzer 2020, 74

technologie und ihrer Erfolge in Implantat- und Transplantationsmedizin zu dem Glauben gelangt, zwischen Implantaten und Organismen sei kaum noch ein Unterschied; sie stünden kurz vor der Verschmelzung. Damit werde auch die Zweiheit von Mensch und Maschine, Mensch und Tier, männlich und weiblich, Subjekt und Objekt, ja überhaupt alle Binarität hinfällig. Statt dessen öffne sich ein neuer Raum für «Hybride aus Maschine und Organismus»: sogenannte «Cyborgs»[89]. Das «sind Geschöpfe in einer Post-Gender-Welt. Nichts verbindet sie mehr mit Bisexualität» (35). Der sexuellen Fortpflanzung, die ja «nur eine Reproduktionsstrategie unter vielen» (49) sei, ziehen sie die «Regeneration» vor, die, zum Beispiel bei Molchen, «nach einer Verletzung, etwa dem Verlust eines Gliedmaßes, das Nachwachsen der Struktur und die Wiederherstellung der Funktion mit der anhaltenden Möglichkeit einer Verdopplung oder einer anderen topographischen Mißbildung an der verletzten Stelle» (71) ermögliche. Wuchernde, unberechenbare, nach herkömmlichen Standards «monströse» Regeneration soll die politische Strategie von Cyborgs sein. Während die feministische Bewegung den binären Imperativen von Patriarchat und Kapital verhaftet blieb, soll die schlechterdings subversive «Bastard-Rasse» (66) der Cyborgs «den Körper als biotische Komponente und als kybernetisches Kommunikationssystem» (58) befähigen, das mikroelektronische Netz der herrschenden «*Command-Control-Communication-Intelligence*» (34) zu unterlaufen und in eine dezentral-polymorph-freiheitliche Vernetzung umzufunktionieren. «[D]as Weben von Netzen ist die Praxis oppositioneller Cyborgs» (60), und ihre regenerativen Praktiken «schließen den utopischen Traum, die Hoffnung auf eine monströse Welt ohne Gender, ein» (71).

89 Haraway 1995 [1985], 34. Weitere Seitenzahlen im Text.

Die Phantasie von den «Cyborgs» als der neuen rettenden «Rasse» strotzt von «Identifizierung mit dem Angreifer». Haraway spürte durchaus, wie tief die Mikroelektronik ins Innere von Organismen eingreift, wie sehr sie deren Eigenleben in Frage stellt. Aber sie nahm das Bedrohliche daran als begattend wahr, wie das Eindringen von Samenzellen in Eizellen: als Verschmelzung. Die biotischen Mischwesen, die dabei entstehen und sich durch «Regeneration» erhalten sollen (wie denn: durch immer mehr Implantate?), sind das Produkt einer sich selbst verleugnenden Sexualphantasie. Sie begrüßt die Desexualisierung, die das Vordringen neuer Technologien ins Körperinnere mit sich bringt, als Befreiung von der Sexualität – den Angreifer als Retter. Aber sie tut das in Verschmelzungsterminologie. Als rettende «Rasse» sind die Cyborgs ein hermaphroditisches Wahngebilde. Dennoch nähert sich die Realität ihnen in bestimmter Hinsicht an. Das Smartphone existiert noch nicht einmal zwei Jahrzehnte. Und doch deutet bereits alles darauf hin, daß es im Begriff steht, einen neuen Menschenschlag zu produzieren. Seinen überwältigenden Erfolg schien es zunächst lediglich daraus zu ziehen, daß es überallhin transportierbar ist. Daß es dadurch einen Allgegenwärtigkeitsgrad bekommt wie kein Gerät zuvor; daß es dem Körper seines Nutzers förmlich anwächst; daß es zu einem Körperteil zu werden scheint, und zwar zu dem potentesten, den menschliche Körper je hatten; daß es dadurch zur Neujustierung des gesamten Körpergefühls nötigt: das alles stellt sich erst nach und nach heraus.

Es ist kaum übertrieben, diese neue Symbiose von Gerät und Körper «Cyborg» zu nennen. Wenn jemandem sein Smartphone unentbehrlicher als ein Finger oder ein Zeh wird; wenn er nur ruhig schlafen kann, solange es griffbereit auf dem Nachttisch liegt; wenn er Panik bekommt, sobald er es verlegt oder verloren hat; wenn es im Zuschauerraum der New Yorker *Metropolitan Opera* in dem Moment, wo der

Vorhang fällt, durch kollektives Aufleuchten von Smartphones hell wird, noch ehe die Saalbeleuchtung in Gang kommt: dann wird das Gerät zwar wie ein identitätsstiftendes Körperorgan empfunden und sein – auch nur temporärer – Verlust wie eine Amputation erlebt. Aber nur der Mensch ist materiell und emotional abhängig vom Gerät, nicht das Gerät von ihm. Er ist nach ihm süchtig, aber nicht einen Moment mit ihm verschmolzen – genausowenig wie ein durch die Lippe gezogener Metallring mit dieser verschmilzt. Die real existierenden Cyborgs werden nie zu Hermaphroditen. Sie bleiben «lebendige Anhängsel» der Maschinerie.[90]

Nicht jeder Smartphone-Nutzer ist ein Cyborg. Es gibt durchaus Zeitgenossen, die fähig sind, einen dosierten, effizienten Gebrauch von diesem Gerät zu machen. Aber die Gerät-Körper-Symbiose, die jeder eingeht, der ein Smartphone mit sich herumträgt, übt enormen Sog aus, ein Cyborg zu werden. In den 1950er Jahren hatte Günther Anders bei Menschen, deren Job die Bedienung großer elektrischer Maschinen war, eine Verlegenheit beobachtet, die sich bei näherer Untersuchung als ein Schamphänomen erwies. Was sind meine ermüdungs- und fehleranfälligen Kräfte, verglichen mit der unermüdlichen, im Rahmen ihres Programms unfehlbaren Maschinenkraft? Der Mensch als Macher, als «Prometheus», hat begonnen, sich selbst zu beschämen, seit er Machwerke produziert, denen er unterlegen ist. Das nannte Anders «prometheische Scham»[91]. Nun hat sich in den letzten siebzig Jahren die Maschinerie beträchtlich verändert – und damit auch die Scham vor ihr. Fast jeder führt heute ganztägig eine kleine Maschine mit sich, und fast jeder gibt zu, ohne sie zur Alltagsbewältigung kaum mehr fähig zu sein. Dies kleine Ding, das

90 So nannte Marx die Proletarier; Marx 1979 [²1872], 445.
91 Anders 1956, 21 ff.

sich bequem in der Hand halten läßt, beschämt den um ein Vielfaches größeren Menschen. Es offenbart dessen Unvermögen und macht ihn dafür verantwortlich.

Scham ist Schuldgefühl über eigenes Unvermögen. Das Smartphone hingegen ist ein Inbegriff des Vermögens. Und wenn es auch nur ungefähr die Größe und Form eines Phallus hat, ist es ihm ähnlich genug, um auf unbewußte Weise an ihn zu erinnern. Wann immer ein Cyborg es beschaut, befingert, streichelt, stellt sich ihm die Frage: Was ist all meine physische Potenz gegen die ungeheure technische Potenz dieses Geräts, dessen Nähe (in der Hosen- oder Jackentasche oder auf dem Nachttisch) ich auch dann spüren muß, wenn ich es gerade nicht bediene? Ich bin kastriert, wenn ich es verlege oder verliere. Je mehr es als eigenes Körperorgan gefühlt wird, als Sitz der eigenen Potenz, als Stifter der eigenen Identität, desto beschämender für das unzulänglich Organische der eigenen Geschlechtsorgane. Sie werden zu einem Inbegriff des Unvermögens. Das Smartphone erinnert daran, daß die Urform der Scham Geschlechtsscham ist – und kodiert sie neu: nicht mehr als Scham, die eigenen Geschlechtsteile zu zeigen, sondern als Scham, überhaupt welche zu haben.

Beschneidung

Wenn dem aber so ist, wird die sprunghafte Zunahme der Gender-Dysphorie in der Generation Smartphone mehr sein als eine bloß zufällige äußerliche Koinzidenz. Freilich ist der Zusammenhang kein plump kausalmechanischer. Wo Smartphone, da Gender-Dysphorie – so einfach ist es nicht. Nicht einmal das Umgekehrte ist verallgemeinerbar: Wo Gender-Dysphorie, da Smartphone. Jeder Fall ist anders. Wie nicht jeder Aufmerksamkeitsmangel unter ADHS fällt, so ist nicht jede Gender-Dysphorie smartphoneaffin. Nach wie vor kann

eine nicht mehr aufhellbare Frühfixierung oder eine Früh-
störung der Hormonentwicklung oder verleugnete Homosexualität ihr Motiv sein. Doch keiner ihrer Einzelfälle macht
verständlich, warum sie im letzten Jahrzehnt so enorm ex-
pandiert. Und repräsentative Befragungen? Die münden alsbald in die Auskunft: ‹Ich fühle mich im falschen Körper.›
Ohne tiefenpsychologische Hilfe ist hier kaum ein Weiter-
kommen.

In den *Studien über Hysterie* hatte Freud bei seinen Patienten die Neigung entdeckt, sozial unverträgliche Triebregungen, die ihr Nervensystem peinigten, in Neuralgien, Bewe-
gungs-, Seh-, Stoffwechselstörungen, Zwangshandlungen etc.
zu materialisieren.[92] Wenn das diffus Quälende eine lokalisierbare Gestalt gewann, war es eingegrenzt, greifbar, weniger
unheimlich. Dazu verhalf das tiefenseelische Zweiergespann,
das Freud später auch im Traum auffand und als dessen
«Werkmeister» bezeichnete: Verschiebung und Verdichtung.
Einen unangenehmen Reiz an einen bestimmten Ort verschieben und ihn dort mit anderen gleichsam zusammenkneten,
ihn einfrieden, unkenntlich machen: diese seelische Elemen-
tarleistung (Freud nannte sie später «Primärvorgang»[93])
findet aber nicht nur in Individuen statt. Sie hat ein Synergie-
potential zwischen Menschen, die an ähnlichen seelischen
Problemen laborieren. In einer Masse kann sie sich, wie Freud
eindrucksvoll gezeigt hat, potenzieren, ohne daß die Individuen wissen, wie ihnen geschieht.[94] Soziale Medien wie Facebook und Twitter haben auch das Internet zu einem Ort solcher Massenwirksamkeit gemacht. Wenn Gender-Dysphorie,
die lange Zeit ein recht seltenes Symptom war (wer wußte

92 Breuer/Freud 1991 [1895], 66 ff.
93 Freud 1975 [1915], 145
94 Freud 1974 [1921], 61 ff.

schon außerhalb von Fachkreisen, was das ist?), sich auf dem Weg zu einem Massenphänomen befindet, dann spricht viel dafür, daß sie in die Rolle eines Magneten für kollektive Verschiebungs- und Verdichtungsvorgänge geraten ist: daß sie quälenden heimatlosen Regungen, die anderswo herkommen, eine Auffang- und Sammelstation mit Namen und Adresse bietet.

Diffus streunendes Unbehagen, welches aus mikroelektronisch gelenkter Dauerunterbrechung und -überreizung kommt, ist in triebtheoretischem Sinn durchaus heimatlos. Durch die Spezifikation *gender* bekommt es eine faßbare Gestalt, einen lokalisierbaren Ort, ja geradezu die Plattform eines neuen gemeinsamen Erlebens. Psychodynamisch funktioniert es nach dem Muster der Konversionshysterie. Jugendliche im Stadium beginnender Geschlechtsreife etwa, die unsicher sind, ob das, was da in ihnen reift, tatsächlich Ihres ist; ob sie die Frau oder der Mann, zu denen sie gerade werden, überhaupt sein wollen: Sie sind hochempfänglich für Internet-Kommunikationspartner, die sich ‹im falschen Körper› befinden. ‹Genau wie ich!› Schlagartig glauben sie zu verstehen, woran sie laborieren. Und je mehr Individuen dieses Gefühl teilen, desto mehr erscheint es als genuines Leiden mit allem Anrecht auf einen eigenen Platz im internationalen Leidensregister ICD. An etwas gesellschaftlich Anerkanntem leiden erleichtert. Das ist bei der Gender-Dysphorie kaum anders als bei ADHS. «Ich bin froh, dass das Kind jetzt einen Namen hat. Ich weiß nicht, ob das der richtige Name ist, aber ich kann mich jetzt selbst besser unter Kontrolle bekommen. Wenn mein Kind sich wieder mal unmöglich benimmt, sage ich mir, es hat ADS, es ist krank, es kann ja nichts dafür».[95]

Wo quälende innere Dissoziationszustände zur Flucht in

95 Dammasch 2006, 189

die Gender-Dysphorie führen, kann diese durchaus seelisch stabilisierend wirken. Wenn «das Kind einen Namen hat», vermag der Patient damit oft besser umzugehen. Er leidet zwar real. Doch sein Leiden ist zugleich sein Notanker – in bestimmter Hinsicht gewollt. Psychotherapeuten stehen vor einer schweren Unterscheidungsaufgabe. Wann ist Gender-Dysphorie ein hysteroider Notanker, den man dem Patienten erst einmal *erhalten* muß, ehe man ihn dazu bringt, seine seelische Gemengelage so durchzuarbeiten, daß er des Ankers nicht mehr bedarf; und wann ist sie ein derart intensives genuines Leiden, daß ihr anders als durch physische Geschlechtsumwandlung kaum Linderung widerfahren kann? Der Blick dafür kann sich schwerlich schärfen, wo der Mythos vom ursprünglichen Hermaphroditismus und der von der Transgender-Schwelle die Sicht trüben.

Diese Mythen lenken von der Hochtechnologie ab. Sie helfen das Beschämungspotential zu verdrängen, das in der Dissoziations-, Verflüchtigungs- und Entkörperlichungskraft von Bildmaschinen steckt. Wir, die Homines sapientes, sind es, die diese Kraft entfesseln. Unsere Identifikation mit ihr macht, daß ihre Sucht- und Burnoutwirkung sich stetig erhöhen. Wir sind dieser Wirkung gegenüber impotent, und wir sind schuld an ihr. Nicht jeder treibt diese Entwicklung in gleichem Maße voran. Nicht jeden beschämt sie gleich stark. Zudem gehört zur Scham der Drang, sich zu verbergen. Das ändert nichts an der beschämenden Kraft dieser Maschinerie. In der Smartphone-Technologie hat sie offenbar ein Stadium erreicht, in welchem sie sozusagen an den sexuellen Gleichgewichtssinn zu rühren beginnt: die Geschlechtsidentität. Wo das geschieht, ruft sie auch neue, intensivere körperliche Reaktionsbildungen hervor. Die *body modification* modifiziert sich weiter. Der Bedarf nach ichbildenden Einstichen, die dem Nervensystem Orientierung und Halt geben, läßt sich durch die Techniken von Tattoo und Piercing allein nicht mehr dekken. Es wird Tiefergehendes, Einschneidenderes ersehnt: physische Geschlechtsbeschneidung.

Der Wunsch nach derart krasser Selbstverletzung könnte nicht gedeihen, wenn er nicht auch ein tiefer Wunsch nach Wiedergutmachung wäre. All jene einschneidenden Erfahrungen, die in der eigenen Kindheit versäumt wurden; all jene Formen der Zurechtstutzung, Wiederholung, Strukturierung und Ritualisierung, die infantile Triebregungen herkömmlicherweise zu einem stabilen Ich zusammennehmen: sie sollen nachgeholt werden. Der Wunsch nach Wiedergutmachung ist aber auch einer nach Selbstbestrafung für versäumte Ichbildung. Das Versäumnis wird als Versäumnis *des Ich* verspürt: als seine eigene Schuld. Nachträgliche Selbstverletzung soll das Versäumte entgelten. Und wie Piercing und Tattoo an den archaischen Opferkult anknüpfen, so tut es auch die Beschneidung.

Sie ist ein Ritus, der nach allem, was wir wissen, am ausgebuchteten Geschlechtsorgan begonnen hat, also am männlichen. Das Alte Testament verrät noch halbwegs unverstellt, wie sie aus dem Opfer der Erstgeburt im Frühling hervorgegangen ist. «Israel ist mein Erstgeborener»,[96] sagt Jahwe und wünscht dessen Errettung aus Ägypten. Und während Jahwes Engel durch alle Häuser Ägyptens geht und die Erstgeburt «schlägt»[97], läßt er die Häuser Israels, in denen das Passahlamm geschlachtet wurde, unbehelligt.[98] Dieser Prozeß der Ersetzung des Menschenopfers durchs Tieropfer wird aber auch am Menschen selbst durchlaufen. Die Kastration des Erstgeborenen ist nur noch seine partielle Opferung, die Beschneidung nur noch die partielle Kastration. Lediglich ein

96 Exodus 4,22
97 Exodus 12,29
98 Exodus 12,5

kleiner, entbehrlicher Zipfel Menschenfleisch wird der Gottheit noch dargebracht, dem Kind aber dabei das Stammesgesetz (der «Bund») vorweg eingeschnitten,[99] ehe es durch vielfältige Triebbeschneidungen, Wiederholungen, Rituale darin eingeübt wird. Sein Lebtag wird es an einem seiner empfindlichsten Organe das Zeichen des Gesetzes tragen – als stetige Mahnung, aber auch als Zeichen einer Ich-Bildung, die ihm zu vollbringen ermöglicht, was das Gesetz von ihm verlangt.

Klitorisbeschneidung ist als gezielte Abtötung weiblicher Lust noch um einiges kastrationsähnlicher als Penisbeschneidung. Beide sind archaische Riten, für deren Fortsetzung kein vernünftiges Argument spricht, zumal es längst sublime Formen der Trieblenkung gibt, die auch ohne blutige Einschnitte und körperliche Züchtigung auskommen. Aber ausgerechnet in einer Epoche, wo die Zurechtstutzungen des kindlichen Trieblebens sublim bis zur Flüchtigkeit geworden sind, regt sich ein neuartiger Wunsch nach alten Einschnitten, nach ichbildenden Maßnahmen, die nicht bloß verbal und körperlich Grenzen setzen, sondern tief ins eigene Fleisch gehen sollen. Menschen, die mit herkömmlichen Beschneidungsriten nichts zu tun haben, verlangen nach einer weitaus intensiveren Beschneidung, als sie der jüdische oder muslimische Ritus praktiziert – in der Überzeugung, durch diesen Eingriff zu werden, was sie zu sein glauben. Sie opfern nicht nur symbolisch ein Zipfelchen Haut auf, sondern ganze organisch gewachsene Geschlechtsteile – zugunsten von artifiziellen anderen, die ihnen angemessener sein sollen. Sie unterziehen sich einer Trans-Beschneidung, die in ganz wörtlichem Sinne für Transzendenz sorgen soll: den Übergang in ein authentisches Dasein.[100] Ich werde nur ich, wenn ich ein anderes Wesen werde, als ich bin.

99 Genesis 17,10
100 Die Vorsilbe «trans» entwickelt sich im gegenwärtigen Sprach-

Erst die Hochleistungsmedizin des 20. Jahrhunderts hat physischen Geschlechtswandel möglich gemacht. Doch mit all ihren hormonellen und chirurgischen Finessen führt sie nicht weiter als bis zur Ersetzung der eigenen organischen Geschlechtsteile durch Implantate und Prothesen, die das andere Geschlecht simulieren. Man kann sich mit Prothesen zwar durchaus fortbewegen; die Paralympics führen das eindrucksvoll vor. So kann man unter günstigen Umständen wohl auch im neuen Geschlecht sexualpartnerschaftsfähig werden; aber nie, ohne einen Großteil jener sensiblen Hautpartien aufzuopfern, die den Fundus erotischer Lust ausmachen. Was danach an Lust noch bleibt, ist zumindest teuer erkauft. Und es stellt sich die Frage, was am neuen Zustand eigentlich genossen wird: das Lustpotential, die Grenzüberschreitung («Transzendenz») oder lediglich die Käuflichkeit, gemäß dem denkwürdigen Geständnis: «Ich fühle mich vielleicht in meiner Weiblichkeit auch deswegen wohl, weil ich einen ungeheuren Preis dafür bezahlt habe.»[101] Gewisse Zahlungen hören übrigens nie auf; etwa die Medikamenteneinnahme, damit der Körper die Implantate nicht abstößt; meistens bleibt auch Psychotherapie ein Dauerbegleiter auf dem weiteren Lebensweg.

Geschlechtsumwandlung geht nie ohne Beschädigung des Erotik-Fundus. Der aber läßt sich weder herbeikonstruieren noch beliebig umkonstruieren. Er ist Natur. Eine Gestalt schön, eine Stimme einschmeichelnd, einen Geruch betörend zu finden: das impliziert zwar immer schon Deutung. Aber es hat einen Fundus in Auge, Ohr, Gaumen, Nase, Haut. Sie

gebrauch zu einem eigenständigen Adjektiv, offenkundig als Kürzel für «transzendent». Da schwingt das ganze theologische Gewicht dieses Wortes mit, ohne daß man es stemmen müßte.

101 Siehe oben, S. 186, Fn. 71

müssen unbeschädigt genug sein, damit solche Deutung überhaupt stattfinden kann. Empfindungsfähigkeit ist die Naturbasis jeder kultivierten Lustempfindung. Die Geschlechtsumwandlung greift diese Naturbasis vital an – durch Darbringung natürlich gewachsener Organe. Ihr Opfercharakter ist offensichtlich. Es entstehen bereits neue Opferzeremonien.[102] Aber auch wenn die Umwandlung ganz schlicht erfolgt, hat sie etwas von einer heiligen Handlung. Wie einst der Gang ins Kloster die Ausübung der eigenen Sexualität dem höheren Zustand einer Marien- oder Christusminne aufopferte, so wird hier das angestammte physische Geschlecht der «wahren» Geschlechtsidentität dargebracht. Der Wunsch danach kommt aus Not, auch dort, wo er von prickelnden Erwartungen des *Hip*-Seins begleitet wird und eine Häufigkeit bekommt, die durchaus unter die «Flaggensignale der kommenden Dinge» zu rechnen ist: die Mode. Und wie an der Klosterschwelle die Theologen standen, die dem Novizen beim Übertritt in die neue Identität ermunternd beistanden, so fehlt es heute nicht an Sexualtheologen, die beim Überschreiten der Transgender-Schwelle behilflich sein wollen und die «seelische Verfaßtheit» der Transsexuellen «ein Kunstwerk des Menschen»[103] nennen. Das klingt wie Werbetext für die Gender-Klinik von Frau Olson-Kennedy. Aus dem vernünftigen Gedanken sexueller Selbstbestimmung wird das Gaukelbild einer künstlerischen Identitäts-Selbsterschaffung aus nichts. Die radikale Dekonstruktion aller vorgegebenen Geschlechtsidentität mündet in eine hemmungslose (Selbst-)Schöpfungstheologie.

102 Der Reality-Show-Star Jazz Jennings feierte seine Umwandlung zur Frau in den sozialen Medien mit einer «Penis-Farewell-Party» (cf. Ahrbeck/Felder 2020, 89).
103 Sigusch 2013, 185

Im Alltag unserer verwissenschaftlichten Zivilisation sieht man dem radikalen Konstruktivismus seine theologischen Abgründe kaum an. Viele Natur- und Sozialwissenschaftler sympathisieren mit ihm, weil sie gerade *nicht* «ontologisch» oder «essentialistisch» werden, sondern offenbleiben wollen für neue wissenschaftliche Konstrukte und die Fehlbarkeit ihrer eigenen. Und für viele konkrete Forschungsergebnisse ist unerheblich, ob sie in konstruktivistischem oder positivistischem Geist erzielt wurden. Bei der Gender-Forschung ist das anders. Und im Fall der neuen Gesetzgebung zur Transsexualität in Deutschland und den USA zeigt sich der radikale Konstruktivismus unverblümt als das, was er im Grunde immer schon ist: Kreationismus. Er konstruiert aus nichts oder aus nichts Bestimmtem. Den Feminismus, an dessen Busen er sich gestärkt hat, saugt er dabei übrigens aus. Auf der Plattform von Simone de Beauvoirs schöner Formel «Man kommt nicht als Frau zur Welt, man wird es»[104] hatten sich alle versammeln können, die für die rechtlich-soziale Gleichstellung der Geschlechter eintraten. Dem feministischen Dekonstruktivismus war das nicht radikal genug. Da war «Frau» ja noch das Gegenstück zu «Mann»; da wurde noch binär gedacht. Hatte sich nicht aber die Binarität als Wurzel allen Übels, namentlich des Patriarchats und des Kapitalismus, geoffenbart?

Wo immer der Feminismus dieser Offenbarung aufsaß, betrieb er nun seine Selbstabwicklung, die Vervielfältigung der Geschlechter und ihre Auflösung in Kategorien des Zugehörigkeitsempfindens.[105] Jede Fraktion der LGBTTI-Commu-

104 Beauvoir 2000 [1949], 334
105 Manzei 2018, 46 ff.

nity gründet sich auf nichts als Empfindung. Ihre Identität hängt davon ab, daß sie sich angemessen spürt. *Sentio ergo sum*: Ich spüre, also bin ich; aber auch: Ich bin so, wie ich mich spüre. Das ist Ontologisierung der Empfindung zur *ultima ratio*. Ihre soziale Ausdrucksform ist Empfindlichkeitspolitik. Jede Fraktion muß permanent darauf achten, ob ihre Besonderheit in der Öffentlichkeit angemessen repräsentiert ist, ob es genügend Toiletten für sie gibt, ob Worte so gegendert werden, daß auch sie dabei ausdrücklich eingeschlossen sind. Der Geschlechterkampf diffundiert zum Vielfrontenkampf von lauter Diversen, die sich permanent benachteiligt fühlen und aufs empfindlichste ihre Berücksichtigung und Inklusion verlangen, ohne das gesellschaftliche Ganze, in das sie eingeschlossen zu werden wünschen, noch nennenswert zu thematisieren.

Wer mit der Konstruktion, Umwandlung, Abgrenzung, Aufrechterhaltung seiner eigenen Geschlechtsidentität befaßt ist, hat alle Hände voll zu tun und kaum noch einen Blick dafür, wie die umfassende Macht tickt, zu deren Konditionen alle Geschlechter sich ihren Lebensunterhalt verdienen. Wenn diese Macht, der globale Kapitalismus, in ihren High-Tech-Zentren gelernt hat, Geschlechtervielfalt zu propagieren, so deswegen, weil ihr alle Geschlechter egal sind. Arbeitskräfte nimmt sie vornehmlich unter dem geschlechtslosen Drang nach Kostenersparnis und wirtschaftlichem Wachstum wahr. Jede neue Maschine, die Arbeitskräfte ersetzt und den Grad von Naturbeherrschung erhöht, verheißt Wachstum, und jedes Wachstum ermöglicht wiederum technischen Fortschritt. Er macht Neues machbar. Das *muß* er freilich auch tun, sonst stagniert die Wachstumsschraube und mit ihr das ganze System. Je mehr aber machbar wird, desto notwendiger die Suggestion, daß über kurz oder lang alles machbar sein wird. Im Wachstumszwang steckt selbst schon die Doktrin des radikalen Konstruktivismus: Natur ist lediglich ein Konstrukt und im Prinzip unbegrenzt formbar.

Damit geht die LGBTTI-Community ganz konform. Längst hat sie neoliberalen Rückenwind. Das ändert nichts daran, daß sie überall dort als Haßobjekt firmiert, wo man glaubt, die Expansionskräfte des globalen Kapitalismus dadurch eindämmen zu können, daß man «unnatürliche» Auswüchse an ihm kappt. Und zu denen werden neben Migration aus andern Kulturkreisen mit Vorliebe Homo-, Bi- und Transsexualität gerechnet, als seien sie von «der Natur» oder von Gott als ihrem Schöpfer eigentlich nicht gewollt worden. Der naturalistische Fehlschluß ist in allen politisch rechtslastigen Milieus tief verankert. Allerdings ist nicht zu vergessen, daß er im konstruktivistischen Fehlschluß sein Gegenbild hat, welches seinerseits nicht dagegen gefeit ist, rechtsextreme Farbe anzunehmen. Die sogenannten «Reichsbürger»[106] zum Beispiel, die nicht gesonnen sind, die ihnen bei Geburt «zugewiesene» Identität als Staatsbürger der Bundesrepublik Deutschland zu akzeptieren, sondern sich dem alten Deutschen Reich zugehörig fühlen und die Dokumente, die die Bundesrepublik (und seinerzeit auch die DDR) als Rechtsnachfolger des Reichs ausweisen, allesamt als ungenügend erachten: sie argumentieren strukturell verblüffend ähnlich wie diejenigen, die die ihnen bei Geburt «zugewiesene» Geschlechtsidentität durch eine lediglich empfundene ersetzen. Politisch könnte der Gegensatz kaum größer sein: Hier eine reaktionäre, deutschtümelnde, gewaltbereite Ideologie, die alle transsexuellen Wünsche als widernatürlich verfemt; dort die Forderung, jedem seine sexuelle Identität und Orientierung freizustellen. Und doch haben die Extreme einen Berührungspunkt. Gemeinsam ist ihnen das *Sentio ergo sum*: Ich bin das, als was ich mich fühle. Diese Ontologisierung der Empfindung ist auf kein politisches Milieu mehr beschränkt. Sie geht

106 https://de.wikipedia.org/wiki/Reichsbürgerbewegung

in allen um. In der Internetöffentlichkeit, wo jeder direkt eintreten, sich ungehemmt mitteilen und alles, was seinen Empfindungshaushalt ausmacht, in eine narzißtische Blase einschließen kann, hat sie ein globales Treibhaus gefunden. Das internetverstärkte *Sentio ergo sum* ist als Beschleuniger sozialer Fluktuation und kaleidoskopartig wechselnder Koalitionen und Verwerfungen aller Aufmerksamkeit wert.

Der Klimawandel ist lediglich eine Konstruktion, meint Donald Trump. Er konstruiert sich die Weltklimalage durch «alternative Fakten» und bringt Vicos *Verum et factum reciprocantur* auf ein plattes «Alles Gemachte ist auch wahr» herunter, das Lügen mit wissenschaftlichen Studien gleichstellt. Doch wenn etwas solchen hemmungslosen Konstruktivismus *ad absurdum* führen kann, dann das Klima. Zwar ist es etwas hoch Interpretationsbedürftiges und verschieden Interpretierbares. Dennoch läßt es wie kaum ein anderes Phänomen erahnen, daß die Natur nicht bloß menschliche Knetmasse ist. ‹Sie läßt sich nicht gefallen, was Menschen mit ihr anstellen›; ‹sie rächt sich›, ‹sie schlägt zurück›: das sind Redewendungen, die, verstärkt durch die *Fridays for Future*, im öffentlichen Diskurs große Geläufigkeit gewinnen. Sie setzen Zeichen gegen die Allianz von Wachstumszwang und Machbarkeitswahn. Dringend ist, daß diese Zeichen sich stabilisieren, ohne ins Ontologische zurückzukippen, in Behauptungen darüber, was die Natur an sich sei: Quell aller Weisheit, auf Ausgleich bedacht, maßvoll, sparsam, Anleitung zum guten Leben. Denn als alles das läßt sie sich nicht erweisen. Und dennoch ist sie nicht nur das, was wir aus ihr machen. Sie ist selbst etwas. Sie hat einen Eigensinn. In dessen Inneres können wir zwar nicht hineinschauen. Aber er gibt sich als Widerstand kund, wenn wir ihn ignorieren oder mit einer Knetmasse verwechseln. Absurd, die Natur lediglich für eine menschliche Konstruktion zu halten. Menschen sind selbst bloß Naturwesen. Sie können die Übermacht der Natur handhaben, reproduzieren, verstärken oder dämpfen, aber nicht loswerden.

Der paradiesische Anfangszustand, in dem Mensch und Natur noch eins waren, ist als nach rückwärts projiziertes Wunschgebilde allzu offensichtlich. Dennoch hat er in Francis Bacons großem Gedanken, daß die Fortschritte der Naturbeherrschung allesamt nur Rückannäherungen ans Paradies seien, eine vernunftfähige Wendung genommen.[107] Durch Hochtechnologie paradiesische Zustände herstellen zu wollen wäre zwar Wahn. Aber es macht einen entscheidenden Unterschied, ob Naturbeherrschung um ihrer selbst willen stattfindet oder auf ihr eigenes Gegenteil aus ist: das gewaltlose Zusammenstimmen aller Naturwesen. Ein solches Zusammenstimmen hat es nie gegeben. Nur dem Homo sapiens kann es dank seines mentalen Naturüberschusses vorschweben. Wo immer es aber den Nachdruck einer Leitidee gewinnt, wird die alltägliche Naturbeherrschung sowohl naturgemäßer als auch menschengemäßer. Sie vollzieht sich sowohl in vollem Respekt für den Eigensinn der Natur als auch in dem Bewußtsein, daß dessen Grenzen noch nicht definitiv ausgelotet sind. Wie weit sich die Härten der Natur mildern und ihre Resonanzpotentiale ausbauen lassen, steht noch dahin. Es tut sich hier ein Spielraum des Fingerspitzengefühls auf. In ihm beharrlich und behutsam auszuprobieren, was machbar ist: das ist Humanisierung der Natur.

107 Siehe oben, S. 22 f.

Nachbemerkung

Während ich dieses Buch abschließe, ist die Corona-Epidemie zur Pandemie geworden und hat weltweit Produktion, Verwaltung, Ausbildung und öffentliches Leben ungleich mehr zum Erliegen gebracht als je ein Generalstreik. Um so fieberhafter wird in den lebenswichtigen Sektoren der Medizin, Lebensmittel- und Materialbeschaffung gearbeitet. Viel eindrücklicher als jede philosophische Argumentation demonstriert diese Pandemie die Übermacht der Natur. Gleichwohl regen sich schon Stimmen, die das Covid-19-Virus für eine bloße Konstruktion erklären: erfunden von China, um den Westen zu schwächen, von den Regierungen, um die Menschenrechte auszuhebeln, oder von der WHO, Pharmaindustrie, Gates-Stiftung etc., um ein Riesengeschäft zu machen. Konstruktivistischer Schöpfungswahn artikuliert sich hier als Verschwörungsphantasie. Die aber wird schwerlich in gleichem Maße expandieren wie das Virus selbst. Zu offensichtlich ist, daß sie etwas Entscheidendes verdreht: Die politischen und wirtschaftlichen Profiteure von Covid-19 sind nicht seine Erfinder, sondern bloß die geschicktesten Nutzer seiner Naturgewalt.

Für die westliche Welt ist es eine tiefe, in ihren Folgen noch kaum absehbare Kränkung, daß selbst sie nicht immun gegen eine Pandemie ist. Einige Koordinaten der Weltwahrnehmung werden sich dadurch verrücken. Nicht nur, daß die neue Bedrohung samt ihren wirtschaftlichen Folgen zumindest kurzfristig alle anderen Themen in den Schatten stellt. Auch an bestimmten Grundsatzeinstellungen wird sie nagen. Radikaler Konstruktivismus und Dekonstruktivismus dürften nun entschieden kleinlauter daherkommen – eine gute Gele-

genheit, ihnen die Stimmführerschaft im Kulturbetrieb strei-
tig zu machen und eine Rückbesinnung auf die Natur einzu-
leiten. Selbstredend kein «Zurück zur Natur», das darauf
hinausliefe, sie einmal mehr als das ursprünglich Gute, als
Subjekt, ethische Instanz oder Leitliniengeber mißzuverste-
hen. Vielmehr ist Demut gegenüber ihrem Eigensinn ange-
sagt: lernen, daß er das Substrat aller menschlichen Konstruktionen ist; daß man ihm nicht in die Karten schauen kann und
ihn dennoch nicht loswird; daß sich nur an den eigensinnigen
Reaktionen eines Virus ein Impfstoff gegen ihn erproben und
entwickeln läßt; daß kein Geld der Welt medizinische Schutz-
kleidung schneller herbeischafft, als ihre Herstellung und ihr
Transport Zeit brauchen; daß Ökonomie von Haus aus der
sorgsame Umgang mit *Natur*ressourcen und damit auch Vor-
ratshaltung ist, nicht bloß eine elektronische Produktions-
und Distributionsanlage, die lagerungskostenfrei *just in time*
alle Nachfragen befriedigt. Viel wäre gewonnen, wenn die
Corona-Pandemie den Status eines weltöffentlichen Menete-
kels bekäme; wenn die Gewalt ihrer winzigen Viren, die sogar
Regierungschefs in Quarantäne und auf die Intensivstation
zwingt, das Gespür für die Naturgewalt der auf uns zukommenden klimatischen Bedrohungen bis in die globalen
Machtzentren vordringen ließe. In dem historischen Moment,
wo die Mächtigen gewahr werden, daß es auch sie trifft, auch
um ihre Haut geht, ist Macht nicht mehr die *ultima ratio*, und
es bekommt eine Chance, was im Neuen Testament *metánoia*
heißt: Umkehr, Insichgehen, Umdenken.

Die hier vorgelegte philosophische Rückbesinnung auf die
Natur war auch schon vor der Corona-Krise dringlich. Die
Pandemie hat ihr zusätzlichen Nachdruck verliehen.

Dank

Der medizinisch-psychoanalytische Beistand von Werner Balzer war für dieses Buch unentbehrlich. Seine Bedenken und Anregungen konvergierten in verblüffendem Maße mit denen von Stefan Bollmann, der von anderer Warte aus, mit stets wachsamem Lektorenblick, die Ausarbeitung begleitete und förderte.

Literatur

Die Bibel, antike griechische Autoren und Kirchenväter werden gewöhnlich in eigener Übersetzung und nach alter Kapiteleinteilung
oder Paginierung zitiert, nicht nach modernen Buchausgaben. Sie
werden im Literaturverzeichnis nicht eigens aufgeführt.

Ahrbeck/Felder 2020: Bernd Ahrbeck/Marion Felder, ‹Gender Identity›, das Elternrecht und die pädagogische Kapitulation, in: Pädagogische Korrespondenz, Heft 61, Budrich, Opladen und Toronto

Anders 1956: Günther Anders, Die Antiquiertheit des Menschen I,
C.H.Beck, München

Armbruster 2017: Alexander Armbruster, Er macht die Computer
immer schlauer, Frankfurter Allgemeine Zeitung, 11.7.2017

Bacon 1990 [1620]: Francis Bacon, Neues Organon, hg. v. Wolfgang
Krohn, Teilband 1, Felix Meiner, Hamburg

Bacon 1984 [1603]: Francis Bacon, Valerius Terminus, hg. v. Franz
Träger, Königshausen und Neumann, Würzburg

Bacon 1982 [1624]: Francis Bacon, Neu-Atlantis, hg. v. Jürgen Klein,
Reclam, Stuttgart

Balzer 2020: Werner Balzer, Das Sensorische und die Gewalt, Psychosozial, Gießen

Beauvoir 2000 [1949]: Simone de Beauvoir, Das andere Geschlecht,
Rowohlt, Reinbek

Benjamin 1966: Harry Benjamin, The Transsexual Phenomenon,
Julian Press, New York

Benjamin 1977 [1916]: Walter Benjamin, Über Sprache überhaupt
und über die Sprache des Menschen, Gesammelte Schriften (ed.
Tiedemann/Schweppenhäuser), Band II. 1, Suhrkamp, Frankfurt
am Main

Benjamin 1974 [1936]: Walter Benjamin, Das Kunstwerk im Zeitalter
seiner technischen Reproduzierbarkeit, Gesammelte Schriften (ed.
Tiedemann/Schweppenhäuser), Band I. 2, Suhrkamp, Frankfurt
am Main

Benjamin 1982: Walter Benjamin, *Das Passagen-Werk*, Gesammelte Schriften (ed. Tiedemann/Schweppenhäuser), Band V. 1, Suhrkamp, Frankfurt am Main

Beyerlin 1975: Walter Beyerlin (Hg.), *Religionsgeschichtliches Textbuch zum Alten Testament*, Vandenhoeck & Ruprecht, Göttingen

Bittner 2018: Günther Bittner, *Körper ohne Gewicht? Über Gender, Gender Roles und Gender Identity*, in: Bernd Ahrbeck, Margret Dörr, Johannes Gstach (Hg.), *Der Genderdiskurs in der Psychoanalytischen Pädagogik*, Psychosozial, Gießen

Blech 2009: Jörg Blech, *Geheimnis der Gesundheit*, DER SPIEGEL, Nr. 40

Bleuler ¹³1975: Eugen Bleuler, *Lehrbuch der Psychiatrie*, Springer, Berlin, Heidelberg, New York

Blumenberg 1981: Hans Blumenberg, *Die Lesbarkeit der Welt*, Suhrkamp, Frankfurt am Main

Bloch 1973 [1935]: Ernst Bloch, *Erbschaft dieser Zeit*, Suhrkamp, Frankfurt am Main

Bloch 1977: Ernst Bloch, *Zwischenwelten in der Philosophiegeschichte*, Suhrkamp, Frankfurt am Main

Breuer 2019: Ingeborg Breuer, *Gender Trouble. Warum Geschlechterforschung so umstritten ist*, Deutschlandfunk, Aus Kultur- und Sozialwissenschaften, 17.10.2019

Breuer/Freud 1991 [1895]: Josef Breuer/Sigmund Freud, *Studien über Hysterie*, Fischer Tachenbuch, Frankfurt am Main

Butler 1991: Judith Butler, *Das Unbehagen der Geschlechter*, Suhrkamp, Frankfurt am Main

Butler 1993: Judith Butler, *Körper von Gewicht*, Neue Rundschau, Heft 4, Fischer, Frankfurt am Main

Butler 2014: Judith Butler, *Politik des Todestriebs. Der Fall Todesstrafe*, Turia + Kant, Wien–Berlin

Butta 2002: Carmen Butta, *Die handgemachte Frau*, DIE ZEIT Nr. 2, 3.1.2002

Canterbury 1962 [1099]: Anselm von Canterbury, *Proslogion*, Frommann-Holzboog, Bad Cannstatt

Cassirer 1994 [1923]: Ernst Cassirer, *Philosophie der symbolischen Formen, Zweiter Teil: Das mythische Denken*, Wissenschaftliche Buchgesellschaft, Darmstadt

Charlier 2007: Mahrokh Charlier, *Macht und Ohnmacht. Religiöse Tradition und die Sozialisation des muslimischen Mannes*, in: PSYCHE 11/2007

Dammasch 2006: Frank Dammasch, *ADHS – endlich hat das Kind einen Namen*, in: Marianne Leuzinger-Bohleber/Yvonne Brandl/Gerald Hüther (Hg.), *ADHS – Frühprävention statt Medikalisierung*, Vandenhoeck & Ruprecht, Göttingen

Deleuze/Guattari 1976: Gilles Deleuze/Félix Guattari, *Rhizom*, Merve, Berlin

Derrida 1983 [1967]: Jacques Derrida, *Grammatologie*, Suhrkamp, Frankfurt am Main

Derrida 2018: Jacques Derrida, *Die Todesstrafe I. Seminar 1999–2000*, Passagen, Wien

Descartes 1959 [1641]: René Descartes, *Meditationen über die Grundlagen der Philosophie*, Meiner, Hamburg

Descartes 1955 [1644]: René Descartes, *Prinzipien der Philosophie*, Meiner, Hamburg

Dhejne u. a. 2011: Cecilia Dhejne/Paul Lichtenstein, Marcus Boman/Anna L. V. Johansson/Niklas Långström, Mikael Landén, *Long-Term Follow-Up of Transsexual Persons Undergoing Sex Reassignment Surgery: Cohort Study in Sweden*, PLoS One. Online Feb 22, https://www.ncbi.nlm.nih.gov/pmc/articles/PMC3043071/

Eribon 1991 [1989]: Didier Eribon, *Michel Foucault. Eine Biographie*, Suhrkamp, Frankfurt am Main

Fichte 1972 [1794]: Johann Gottlieb Fichte, *Über den Begriff der Wissenschaftslehre*, Reclam, Stuttgart

Fichte 1971 [1801/02]: Johann Gottlieb Fichte, *Darstellung der Wissenschaftslehre*, Meiner, Hamburg

Foerster 2002: Heinz von Foerster, ‹In jedem Augenblick kann ich entscheiden, wer ich bin›, in: Bernhard Pörksen (Hg.), *Die Gewissheit der Ungewissheit. Gespräche zum Konstruktivismus*, Carl-Auer-Systeme, Heidelberg

Foerster 2006: Heinz von Foerster, *Das Konstruieren einer Wirklichkeit*, in: Paul Watzlawick (Hg.), *Die erfundene Wirklichkeit*, Piper, München

Foucault 1983 [1976]: Michel Foucault, *Der Wille zum Wissen. Sexualität und Wahrheit 1*, Suhrkamp, Frankfurt am Main

Foucault 1987 [1963]: Michel Foucault, *Das Denken des Außen*, in: derselbe, *Von der Subversion des Wissens*, Fischer Taschenbuch, Frankfurt am Main

Foucault 1991 [1972]: Michel Foucault, *Die Ordnung des Diskurses*, Fischer Taschenbuch, Frankfurt am Main

Foucault 1978: Michel Foucault, *Dispositive der Macht*, Merve, Berlin

Foucault 1987 [1971]: *Jenseits von Gut und Böse*, in: derselbe, *Von der Subversion des Wissens*, Fischer Taschenbuch, Frankfurt am Main

Foucault u. a. 1998: Michel Foucault u. a., *Über Hermaphroditismus. Der Fall Barbin*. Hg. v. Wolfgang Schäffner, Suhrkamp, Frankfurt am Main

Freud 1972 [1900]: Sigmund Freud, *Die Traumdeutung*, Studienausgabe (StA), Band II, Fischer, Frankfurt am Main

Freud 1972 [1905]: Sigmund Freud, *Drei Abhandlungen zur Sexualtheorie*, StA, Band V

Freud 1974 [1912/13]: Sigmund Freud, *Totem und Tabu*, StA, Band IX

Freud 1975 [1914]: Sigmund Freud, *Erinnern, Wiederholen und Durcharbeiten*, StA, Ergänzungsband

Freud 1975 [1915]: Sigmund Freud, *Das Unbewußte*, StA, Band III

Freud 1969 [1916/1933]: Sigmund Freud, *Vorlesungen zur Einführung in die Psychoanalyse*, StA, Band I

Freud 1975 [1920]: Sigmund Freud, *Jenseits des Lustprinzips*, StA, Band III

Freud 1974 [1921]: Sigmund Freud, *Massenpsychologie und Ich-Analyse*, StA, Band IX

Freud 1975 [1923]: Sigmund Freud, *Das Ich und das Es*, StA, Band III

Freud 1975 [1925]: Sigmund Freud, *Die Verneinung*, StA, Band III

Freud 1974 [1930]: Sigmund Freud, *Das Unbehagen in der Kultur*, StA, Band IX

Freud 1994 [1940]: Sigmund Freud, *Abriß der Psychoanalyse*, Fischer Taschenbuch Verlag, Frankfurt am Main

Freud 1964 [1936]: Anna Freud, *Das Ich und die Abwehrmechanismen*, Kindler, München

Fuchs ⁵2016: Thomas Fuchs, *Das Gehirn – ein Beziehungsorgan*, Kohlhammer, Stuttgart

Gassner/Steger 2018: Ulrich M. Gassner/Florian Steger, *Geschlechtergerechte Medizin – juristische und ethische Aspekte*, in: Ulrich M. Gassner u. a. (Hg.), *Geschlecht und Gesundheit*, Nomos, Baden-Baden

Gilgamesch 2005: *Das Gilgamesch-Epos*, neu übersetzt und kommentiert von Stefan M. Maul, C.H.Beck, München

Glasersfeld 2002: Ernst von Glasersfeld, ‹*Was im Kopf eines anderen vorgeht, können wir nie wissen*›, in: Bernhard Pörksen (Hg.), *Die Gewissheit der Ungewissheit. Gespräche über den Konstruktivismus*, Carl-Auer-Systeme, Heidelberg

Glasersfeld 2006 [1985]: Ernst von Glasersfeld, *Einführung in den radikalen Konstruktivismus*, in: Paul Watzlawick (Hg.), *Die erfundene Wirklichkeit*, Piper, München

Haag 1983: Karl Heinz Haag, *Der Fortschritt in der Philosophie*, Suhrkamp, Frankfurt am Main

Habermas 1988: Jürgen Habermas, *Der philosophische Diskurs der Moderne*, Suhrkamp, Frankfurt am Main

Halperin 1995: David M. Halperin, *Saint Foucault. Towards a Gay Hagiography*, Oxford 1995

Hansbury 2019 [2018]: Griffin Hansbury, *Das männliche Vaginale. Die Arbeit mit der Körperlichkeit queerer Männer an der Transgender-Schwelle*, in: PSYCHE 8/2019

Hegel 1970 [1835]: Georg Wilhelm Friedrich Hegel, *Wissenschaft der Logik II*, Werke (herausgegeben von Eva Moldenhauer und Karl Markus Michel), Band 6, Suhrkamp, Frankfurt am Main

Hegel 1970 [1820]: Georg Wilhelm Friedrich Hegel, *Grundlinien der Philosophie des Rechts*, Werke, Band 7

Hösle 1990: Vittorio Hösle, *Vico und die Idee der Kulturwissenschaft*, Einleitung zu: Giovanni Battista Vico, *Prinzipien einer neuen Wissenschaft über die gemeinsame Natur der Völker*, Teilband I, Meiner, Hamburg

Hösle 2018: Vittorio Hösle, *Kritik der verstehenden Vernunft*, C.H.Beck, München

Husserl 1985 [1913]: Edmund Husserl, *Die phänomenologische Fundamentalbetrachtung*, in: derselbe, *Die phänomenologische Methode*, Ausgewählte Texte I, Reclam, Stuttgart

Husserl 1986 [1918–1926]: Edmund Husserl, *Analyse der Wahrneh-*

mung, in: derselbe, *Die phänomenologische Methode*, Ausgewählte Texte II, Reclam, Stuttgart

Illerhaus 2011: Florian Illerhaus, *Marduks Kampf gegen das Chaos-
Ungeheuer Tiamat. Darstellungen des babylonischen Schöpfungs-
mythos und die Vielfalt der Deutungen*, GRIN, München

Jungk 1990 [1951]: *Die Zukunft hat schon begonnen. Amerikas All-
macht und Ohnmacht*, Heyne, München

Kant 1968 [1787]: Immanuel Kant, *Kritik der reinen Vernunft*, Werke
(herausgegeben von Wilhelm Weischedel), Band III, Suhrkamp,
Frankfurt am Main

Klapeer 2007: Christine M. Klapeer, queer. *contexts. Entstehung und
Rezeption von* Queer Theory *in den USA und Österreich*, Studien-
Verlag Innsbruck/Wien/Bozen

Klein 2000 [1946]: Melanie Klein, *Bemerkungen über einige schi-
zoide Mechanismen*, Gesammelte Schriften, Band III, Frommann-
Holzboog, Stuttgart–Bad Cannstatt

Kleist 1982 [1810]: Heinrich von Kleist, *Über das Marionettenthea-
ter*, Sämtliche Werke und Briefe, Band III, hg. v. Helmut Sembd-
ner, Carl Hanser, München/Wien

Köhler u. a. 2018: Andreas Köhler, Jana Eyssel, Peer Briken,
Timo O. Nieder, *Transsexualität, Transgender, Trans**. Aktuelle
Entwicklungen in Forschung und Gesundheitsversorgung*, in:
Gassner/Steger 2018: Ulrich M. Gassner/Florian Steger, *Ge-
schlechtergerechte Medizin – juristische und ethische Aspekte*, in:
Ulrich M. Gassner u. a. (Hg.), *Geschlecht und Gesundheit*, No-
mos, Baden-Baden

Korte 2019: Alexander Korte, «*Macht doch endlich, sonst bringe ich
mich um*», Spiegel-Gespräch, DER SPIEGEL Nr. 4

Lacan 1986 [1966], Jacques Lacan, *Über eine Frage, die jeder möglichen Behandlung der Psychose vorausgeht*, Schriften, Band II,
Quadriga, Weinheim/Berlin

Lea 1985 [1905 ff.]: Henry Charles Lea, *Die Inquisition*, Greno,
Nördlingen

Lange 1908: Helene Lange, *Die Frauenbewegung in ihren modernen
Problemen*, Quelle und Meyer, Leipzig

Lukasiewicz 1957: Jan Lukasiewicz, *Aristotle's Syllogistic from the
standpoint of modern formal logic*, Oxford

Mahnkopf 2019: Claus-Steffen Mahnkopf, *Philosophie des Orgasmus*, Suhrkamp, Berlin

Manzei 2018: Alexandra Manzei, *Was heißt Geschlecht?*, in: Ulrich M. Gassner u. a. (Hg.), *Geschlecht und Gesundheit*, Nomos, Baden-Baden

Marx 1974 [1844]: Karl Marx, *Ökonomisch-philosophische Manuskripte*, Marx-Engels-Werke (MEW), Ergänzungsband 1. Teil, Dietz, Berlin

Marx 1985 [1859]: Karl Marx, *Zur Kritik der Politischen Ökonomie*, MEW 13

Marx 1979 [²1872]: Karl Marx, *Das Kapital I*, MEW 23

Maturana/Varela 1987: Humberto Maturana/Francisco Varela, *Der Baum der Erkenntnis*, Goldmann, München

Mensching 1992: Günther Mensching, *Das Allgemeine und das Besondere. Der Ursprung des modernen Denkens im Mittelalter*, J. B. Metzler, Stuttgart

Moore 1970 [1903]: George M. Moore, *Principia Ethica*, Reclam, Stuttgart

Nagel 1992: Thomas Nagel, *Der Blick von nirgendwo*, Suhrkamp, Frankfurt am Main

Natorp ²1921: Paul Natorp, *Die logischen Grundlagen der exakten Wissenschaften*, Teubner, Leipzig und Berlin

Niemann/Schaaf 2019: Anna-Lena Niemann/Julia Schaaf, *122 Frauen von ihrem Partner getötet*, Frankfurter Allgemeine Zeitung, 26.11. 2019

Nietzsche 1988 [1878]: Friedrich Nietzsche, *Menschliches, Allzumenschliches*, Kritische Studienausgabe (KSA), herausgegeben von Giorgio Colli und Mazzino Montinari, Band 2, Deutscher Taschenbuchverlag, München

Nietzsche 1988 [1882]: Friedrich Nietzsche, *Die fröhliche Wissenschaft*, KSA 3

Nietzsche 1988 [1883]: Friedrich Nietzsche, *Also sprach Zarathustra*, KSA 4

Nietzsche 1988 [1889]: Friedrich Nietzsche, *Der Antichrist*, KSA, Band 6

Oldenberg 1959 [1881]: Hermann Oldenberg, *Buddha*, Cotta, Stuttgart

Otto 1963 [1917]: Rudolf Otto, *Das Heilige*, C.H.Beck, München

Pfäfflin/Junge 1992: Friedemann Pfäfflin/Astrid Junge, *Nachuntersuchungen nach Geschlechtsumwandlung*, in: Friedemann Pfäfflin/Astrid Junge (Hg.), *Geschlechtsumwandlung. Abhandlungen zur Transsexualität*, Schattauer, Stuttgart/New York

Rickert ⁶1928: Heinrich Rickert, *Der Gegenstand der Erkenntnis*, J. C. B. Mohr (Paul Siebeck), Tübingen

Roth 1994: Gerhard Roth, *Das Gehirn und seine Wirklichkeit*, Suhrkamp, Frankfurt am Main

Runte 1992: Annette Runte, *Verschriftete Spiegelbilder. Über autobiographische Diskurse Transsexueller 1930 bis 1990*, in: Friedemann Pfäfflin/Astrid Junge (Hg.), *Geschlechtsumwandlung. Abhandlungen zur Transsexualität*, Schattauer, Stuttgart/New York

Schweppenhäuser 2018: Gerhard Schweppenhäuser, *Revisionen des Realismus. Zwischen Sozialporträt und Profilbild*, J. B. Metzler, Stuttgart

Sigusch 2013: Volkmar Sigusch, *Liquid Gender*, in: Zeitschrift für Sexualforschung 26

Spinoza 1907 [1675]: Baruch de Spinoza, *Brief Nr. 74 an Albert Burgh*, Philosophische Bibliothek, Band 49, Dürr'sche Buchhandlung, Leipzig

Spizzirri u. a. 2018: Giancarlo Spizzirri u. a., *Grey and white matter volumes either in treatment-naive or hormone-treated transgender women*, in: Scientific Reports, Band 8

Türcke 2002: Christoph Türcke, *Erregte Gesellschaft. Philosophie der Sensation*, C.H.Beck, München

Türcke 2005: Christoph Türcke, *Vom Kainszeichen zum genetischen Code. Kritische Theorie der Schrift*, C.H.Beck, München

Türcke 2008: Christoph Türcke, *Philosophie des Traums*, C.H.Beck, München

Türcke 2009: Christoph Türcke, *Jesu Traum. Psychoanalyse des Neuen Testaments*, zu Klampen, Springe

Türcke 2012: Christoph Türcke, *Hyperaktiv! Kritik der Aufmerksamkeitsdefizitkultur*, C.H.Beck, München

Vico 1979 [1710]: Giambattista Vico, *Liber metaphysicus*, Wilhelm Fink, München

Vinken 2019: Barbara Vinken, *Liebe Bürger*innen*, Süddeutsche Zeitung, 26.1.2019

Whitehead 1995: Alfred North Whitehead, *Prozeß und Realität. Entwurf einer Kosmologie*, Suhrkamp, Frankfurt am Main

Wittgenstein 1984 [1918]: Ludwig Wittgenstein, *Tractatus logico-philosophicus*, Suhrkamp, Frankfurt am Main

Philosophie bei C.H.Beck

Dieter Henrich
Ins Denken ziehen
Eine philosophische Autobiographie
Im Gespräch mit Matthias Bormuth und Ulrich von Bülow
2021. 282 Seiten. Gebunden

Vittorio Hösle
Kritik der verstehenden Vernunft
Eine Grundlegung der Geisteswissenschaften
2018. 503 Seiten. Gebunden

Heinrich Meier
Nietzsches Vermächtnis
Ecce homo und *Der Antichrist*
2019. 351 Seiten. Gebunden

Corine Pelluchon
Manifest für die Tiere
Aus dem Französischen von Michael Bischoff
2020. 125 Seiten. Klappenbroschur

Wolfgang Welsch
Glanzmomente der Philosophie
Von Heraklit bis Julia Kristeva
2021. 218 Seiten. Paperback

C.H.Beck

Aktuelle Sachbücher bei C.H.Beck

Susan Arndt
Sexismus
Geschichte einer Unterdrückung
2020. 416 Seiten. Gebunden

Werner Bätzing
Das Landleben
Geschichte und Zukunft einer gefährdeten Lebensform
2020. 302 Seiten mit 27 überwiegend farbigen Abbildungen, 3 Karten
und 3 Tabellen. Gebunden

Johann Hinrich Claussen
Die seltsamsten Orte der Religionen
Von versteckten Kirchen, magischen Bäumen und verbotenen Schreinen
2020. 239 Seiten mit 20 Illustrationen von Lukas Wossagk. Gebunden

Karin Mölling
Viren
Supermacht des Lebens
2020. 348 Seiten mit 26 Abbildungen. Paperback

Heinrich August Winkler
Wie wir wurden, was wir sind
Eine kurze Geschichte der Deutschen
2020. 255 Seiten. Gebunden

C.H.Beck